权威·前沿·原创

皮书系列为

“十二五”“十三五”“十四五”时期国家重点出版物出版专项规划项目

智库成果出版与传播平台

中国产业新城发展报告（2022~2023）

ANNUAL REPORT ON CHINA INDUSTRIAL NEW CITY (2022-2023)

产业新城与县域经济高质量发展

主　编／刘　珂
副主编／刘凤伟　陈　昱

社会科学文献出版社
SOCIAL SCIENCES ACADEMIC PRESS (CHINA)

图书在版编目(CIP)数据

中国产业新城发展报告.2022~2023：产业新城与县域经济高质量发展 / 刘珂主编；刘凤伟，陈昱副主编.--北京：社会科学文献出版社，2023.9
（产业新城蓝皮书）
ISBN 978-7-5228-2455-0

Ⅰ.①中… Ⅱ.①刘… ②刘… ③陈… Ⅲ.①城市发展-研究报告-中国-2022-2023 Ⅳ.①F299.2

中国国家版本馆 CIP 数据核字（2023）第 165081 号

产业新城蓝皮书
中国产业新城发展报告（2022~2023）
——产业新城与县域经济高质量发展

主　　编 / 刘　珂
副 主 编 / 刘凤伟　陈　昱

出 版 人 / 冀祥德
组稿编辑 / 任文武
责任编辑 / 刘如东
责任印制 / 王京美

出　　版 / 社会科学文献出版社 · 城市和绿色发展分社（010）59367143
　　　　　地址：北京市北三环中路甲 29 号院华龙大厦　邮编：100029
　　　　　网址：www.ssap.com.cn
发　　行 / 社会科学文献出版社（010）59367028
印　　装 / 天津千鹤文化传播有限公司

规　　格 / 开 本：787mm×1092mm　1/16
　　　　　印 张：20.5　字 数：307 千字
版　　次 / 2023 年 9 月第 1 版　2023 年 9 月第 1 次印刷
书　　号 / ISBN 978-7-5228-2455-0
定　　价 / 128.00 元

读者服务电话：4008918866

产业新城蓝皮书编委会

主编简介

刘　珂　博士，郑州轻工业大学经济与管理学院教授，硕士研究生导师。中国人的发展经济学学会副会长，河南省商业经济学会副会长，河南省企业家协会理事，河南省高校科技创新人才，河南省人文社会科学重点研究基地——产业与创新研究中心主任，河南省重点学科工商管理学科带头人。主要研究方向为产业集群、产业转移、产业转型升级。主持及参与完成国家社会科学基金项目4项，省部级课题15项；发表论文60多篇，出版专著及教材10部。获河南省社会科学优秀成果奖二等奖2项，河南省政府发展研究奖二等奖3项、三等奖1项。

摘　要

县域经济既包括城镇经济，也包括农村经济，是国民经济的重要组成部分。县域经济高质量发展是实现国民经济高质量发展的基石。经过多年发展，我国县域经济整体实力不断提升、发展水平不断提高、发展动能不断增强，在构建我国经济发展新格局中发挥着基础性作用。近年来，包括各类产业园区和开发区在内的产业新城快速发展，产业新城能够通过效率变革、动能转换、结构优化、要素集聚等多种机制推动县域经济高质量发展。本书以“产业新城与县域经济高质量发展”为主题，客观评估了当前我国县域经济高质量发展的现状、趋势和制约因素，全面总结了产业新城在推进县域经济高质量发展中的成就与问题，深入探讨了产业新城促进县域经济高质量发展的机制与路径，并从不同视角提出了通过产业新城建设提升县域经济发展质量的对策建议。本书对于推进产业新城建设和县域经济高质量发展具有重要的理论价值和实践指导意义。

本书共分四个部分，结构和内容如下。

第一部分是总报告。总报告概括了我国县域经济的发展成就，梳理了当前我国县域经济高质量发展面临的约束和挑战，探讨了产业新城促进县域经济高质量发展的机制，总结了产业新城推进县域经济高质量发展的路径，提出了通过产业新城推进县域经济高质量发展的对策建议。我国县域经济高质量发展面临的主要挑战是区域差距明显、关键要素支撑不足、产业发展质量不高。为提升产业新城发展水平并充分发挥其在推动县域经济高质量发展中的作用，县域产业新城建设需要从以下几个方面着力：利用县域比较优势发展特色产业，集聚创新要素提升园区创新能力，打造产业链体系推进产业转型升级，提升园区功能推进品牌化经营。

第二部分为县域经济发展篇。其由9篇报告组成，分别从县域工业、县域农业、县域服务业、县域金融业、县域旅游业、县域数字经济、县域民营经济、县域特色产业集群和商业体系建设等方面报告了县域经济高质量发展的现状、问题和对策建议。产业发展是县域经济高质量发展的基础，当前县域产业发展的基础比较薄弱，土地、资金、技术、高端人才等资源要素严重不足，导致县域产业发展质量不高、产业集聚度和城乡产业融合度偏低，约束了县域经济高质量发展。需要通过强化资源要素支撑、引入高端要素、提升创新能力来推动县域经济高质量发展。

第三部分为产业新城发展篇。其由7篇报告组成，分别报告了产业新城在推动县域经济创新发展、协调发展、绿色发展、共享发展、营商环境优化、高质量就业与承接产业转移等方面的成就、问题和对策建议。产业新城能够通过多种途径推动县域经济高质量发展：集聚创新资源和要素，推动县域经济创新发展；加快产城融合、城乡融合、一二三产业融合，推动县域经济协调发展；加快产业和技术升级，推进县域经济绿色发展；促进民营经济发展和提升居民收入，推进县域经济共享发展。

第四部分为案例篇。其由3篇报告组成，介绍了三个产业新城推动县域经济高质量发展的典型案例。案例一介绍了河南省太康县产业集聚区的发展经验。该产业集聚区目前形成了纺织服装、锅炉制造、节能环保、食品加工4个主导产业集群，通过规模经济效应推动县域经济高质量发展。案例二介绍了陕西省子长市工业园区推动县域经济高质量发展的经验。该园区增加了县域经济总量，推进了产业升级，创造了就业岗位，提升了城镇建设水平，有效推动了县域经济高质量发展。案例三介绍了河南省西峡县香菇产业园一二三产业融合发展带动县域特色产业振兴的经验。

关键词： 产业新城　县域经济　产城融合　高质量发展

目　录

Ⅰ　总报告

Ⅱ　县域经济发展篇

Ⅲ　产业新城发展篇

Ⅳ　案例篇

皮书数据库阅读使用指南

总 报 告

General Report

B.1 产业新城与县域经济高质量发展报告

刘 瀑 刘凤伟*

摘 要： 县域经济既包括城镇经济，也包括农村经济，是国民经济的重要组成部分。经过多年发展，我国县域经济整体实力不断提升、发展水平不断提高、发展动能不断增强，在构建我国经济发展新格局中发挥着基础性作用。但是，当前我国县域经济也面临着区域差距明显、关键要素支撑不足、产业发展质量低等多种约束和挑战。近年来，包括各类产业园区和开发区在内的产业新城快速发展，产业新城能够通过效率变革、动能转换、结构优化、要素集聚等多种机制推动县域经济高质量发展。为提升产业新城发展水平并充分发挥其在推动县域经济高质量发展中的作用，县域产业新城发展需要从以下几个方面着力：利用县域比较优势发展特色产业，集聚创新要素提升园区创新能力，打造产业链体系推进产业转型升级，提升园区功能推进品牌化经营。

* 刘瀑，博士，郑州轻工业大学经济与管理学院教授，研究方向为产业经济；刘凤伟，博士，郑州轻工业大学经济与管理学院副教授，研究方向为区域经济理论与政策。

关键词： 产业新城 县域经济 产城融合 高质量发展

历经改革开放以来40余年的高速增长，我国经济已由高速发展转向“质量”与“速度”并驾齐驱的发展阶段，党中央提出“创新、协调、绿色、开放、共享”的新发展理念，为新时期中国经济发展指明了方向。县域经济是国民经济发展的一个重要组成部分，是新时期承载农业农村现代化、乡村振兴、城乡融合、新型城镇化和实践“五位一体发展”等多重战略的空间核心，是国家构建双循环新发展格局的基础。县域兴则区域兴，区域强则国家强。截至2022年底，我国有1866个县和县级市，占全国县级行政区划数量的65%左右，约为地级及以上城市市辖区数量的2倍，[①] 县域经济走高质量发展道路，是实现全国经济高质量发展的基础，也是加快补齐区域经济发展短板、促进城乡协调发展的迫切需要。近年来，我国县域经济发展迅速，2011~2020年，全国县域GDP增长62.66%，从24.1万亿元增至39.2万亿元，占全国GDP的比重超过38%。[②] 但是县域经济也存在发展不平衡、产业同质化、要素流失、城乡分割、生态环境破坏等“低质量陷阱”，如何进一步有效提升县域经济全要素生产效率，释放农村消费潜力，提升县域综合承载力，实现县域经济高质量发展，成为新时期经济社会发展的重要议题。2022年5月，中共中央办公厅、国务院办公厅印发的《关于推进以县城为重要载体的城镇化建设的意见》提出了县域经济高质量发展的目标：特色优势产业发展壮大，市政设施基本完备，公共服务全面提升，人居环境有效改善，建设具有特色、富有活力、宜居宜业的现代化县城。上述目标与产业新城的发展理念相吻合，因此，以产业发展为基础、以城市发展为目标、以产城融合为途径、以创新为动力的产业新城建设是实现县域经济高质量发展的突破口，产业新城建设为县域经济高质量发展提供了重要思路和实现途径。

---

① 王红茹：《县改区从严后，人口稀少的边缘小县怎么办?》，百家号，https://baijiahao.baidu.com/s?id=1736477552051571342&wfr=spider&for=pc。

② 工信部赛迪顾问县域经济研究中心：《2022中国县域经济百强研究》。

一　产业新城与县域经济高质量发展的内涵

（一）产业新城的内涵

“新城”作为城市规划领域的专业术语，可追溯到19世纪末英国社会学家霍华德提出的“田园城市”，之后各国在不同的历史情境下赋予新城不同的建设目的，也逐渐形成多种模式。其中，以产业在某一点集中发展为引擎从而带动整个区域发展的产业新城，在各国转型期发挥了重要作用。产业新城是在政府主导下，选择合适区域集中开发，依据当地特色和优势产业，通过发展产业园区的产业和发挥就业人口的集聚功能，既吸引大城市资源和某些城市功能的下移，又用城市化和工业化的理念引导县域产业转型升级，拓展和提升县域城市功能，形成产业与城市融合发展、城乡一体化的新兴城市。可从三个方面理解其内涵特征。第一，产业发展是基础。产业新城建设和发展是围绕“产业”展开的，为所在区域产业转型升级提供综合解决方案，包括产业研究规划、产业集聚、产业载体建设和产业服务运营。第二，城市发展是目标。产业新城最终目标是打造功能齐全、布局合理、宜居宜业、城乡协调发展的生态化新城。第三，产城融合是途径。产业新城建设是将工业化和城镇化相结合，产业和城市发展相结合。通过发展地方特色产业带动城市发展，通过城市的发展又进一步促进产业化发展，形成产城互动互融的良性发展。

基于上述关于产业新城的理解，本报告认为，产业新城实质上就是指因产业带动而兴起、以第二第三产业为主、以产城融合为发展模式的新区。因此，本报告中的“产业新城”不仅是指那些被地方政府命名为“某某产业新城”的新区，也包括那些实质上具备产业新城特征或发展定位与产业新城一致的新区，如现实当中发展水平比较高的各类产业园区、工业园区、经济技术开发区、高新技术产业开发区、产业集聚区，甚至特色小镇等。

（二）县域经济高质量发展的内涵

本报告中的“县域”，指的是以县或县级市为行政区划的地理空间范围，不包括城市中的县级区。县域经济是以县城为中心，以乡镇（尤其是建制镇）为纽带，以广大农村为腹地的开放型、功能完备的地方性综合型区域经济体，它既包括城镇经济，也包括农村经济，是农业和非农产业的有机统一。中国自秦朝置县以来就有了县域经济，20 世纪 50 年代的土地改革和 80 年代的“家庭联产承包责任制”，解放了农村生产力，促进了县域经济的飞速发展。2002 年，党的十六大报告第一次提出“县域”这个概念，从统筹城乡发展角度明确提出“壮大县域经济”。其后十年间，陆续出台的中央一号文件，从增加农民收入、推进社会主义新农村建设、城乡一体化、推进县域财政体制改革、提升县域产业基础等方面增强县域经济发展活力。2012 年，县域经济进入高质量发展阶段。除了在每年的中央一号文件中提出大力发展特色县域经济，还出台了专门的政策。2017 年，国务院办公厅《关于县域创新驱动发展的若干意见》提出了促进县域科技创新发展的基本原则和主要目标。2020 年，国家发改委《2020 年新型城镇化建设与城乡融合发展重点任务》支持县域打造发展新引擎，培育发展新动能。2022 年，中共中央办公厅、国务院办公厅发布的《关于推进以县城为重要载体的城镇化建设的意见》，为县域地区经济社会未来发展明确了方向。

把握县域经济高质量发展的内涵，需要在县域层面完整、准确、全面地理解和贯彻创新、协调、绿色、开放、共享的五大新发展理念，不能割裂它们之间的内在关联。

一是创新发展。县域经济高质量发展以创新为主要驱动力，通过制度创新、技术创新等一系列创新，推动县域经济发展质量变革、效率变革和动力变革，实现县域发展动能转换；推动生产要素在县域内外自由流动，提高市场在经济发展中的配置效率。

二是协调发展。县域经济高质量发展以协调为区域特征，统筹县域城乡融合发展、农业和非农产业协调发展、传统产业和新兴产业协调发展、传统乡村文明和现代城市文明协调发展、县域经济发展和生态环境保护协调发展，形成县域城乡区域协调、产业协同、文明传承的新发展格局。

三是绿色发展。县域经济高质量发展是以绿色为发展本色，打造协同联动效益的县域城乡生态空间，发展绿色低碳循环的县域城乡绿色产业，推进全面多元的县域城乡绿色建设方式，构筑多维立体的县域城乡绿色治理机制，创建生态效益和经济效益有机统一、人与自然和谐相处的绿色县城和美丽乡村。

四是开放发展。县域经济高质量发展是以开放为重要途径，立足自身区位优势、比较优势和功能定位，积极融入中心城市、都市圈和城市群的发展大局，努力参与经济全球化过程，以开放深化改革，提高县域资源配置效率，拓展县域生产和投资空间，实现县域经济更高水平的动态发展。

五是共享发展。当前农村人口空心化现象严重，县域对人才的吸引力相对不足。县域高质量发展就要吸纳人才、留住人才，充分调动人民的积极性、主动性和创造性，依靠人民群众推动县域经济高质量发展，实现人民群众共享发展成果，提高生活质量。

二　我国县域经济的发展成就

改革开放40多年来，我国县域经济经历了积极探索、发展壮大、全面展开三个阶段，当前正处于第四个阶段：高质量发展阶段。县域经济发展，带动了我国农业升级、农村进步和农民发展，推动城镇化进程，其发展成就主要体现在以下几个方面。

（一）整体实力不断壮大

1. 经济总量持续增长

县域经济发展是国民经济发展的基石。赛迪顾问公布的《2022 中国县域经济百强研究》显示，2011～2020 年十年间，我国县域地区生产总值呈现稳步增长态势，由 24.1 万亿元增长至 39.2 万亿元，是 2011 年的 1.6 倍（见图 1），占全国 GDP 比重保持在 38%以上。从省（区、市）角度看，

2020年所辖县域地区生产总值在2万亿元以上的省份有江苏省、河南省、山东省、浙江省、湖南省、福建省、四川省和河北省等8个省份；“千亿县”的数量持续增长，在2007年首次出现昆山、江阴、张家港3个“千亿县”之后，“千亿县”的数量也由2011年的5个增加至2020年的38个，2021年已达到43个（见图2）；规模以上工业企业数量也不断扩大，由2011年的183824个增加至2020年的191322个，占全国规模以上工业企业总数的50%左右。

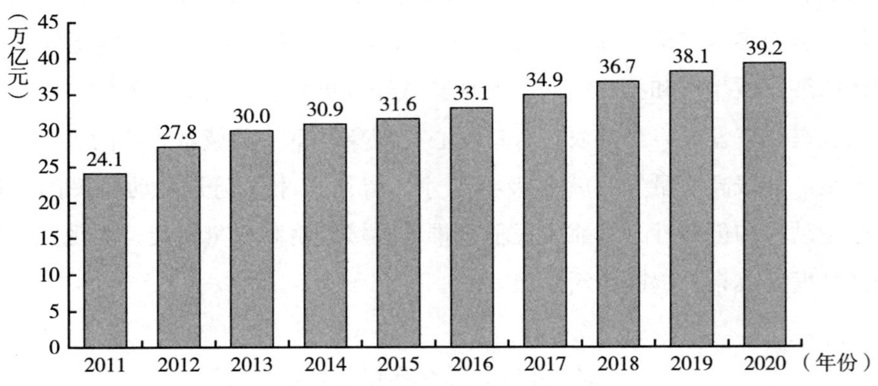

图1　2011~2020年中国县域地区生产总值

资料来源：《中国县域统计年鉴（县市卷）》（2012~2021年）。

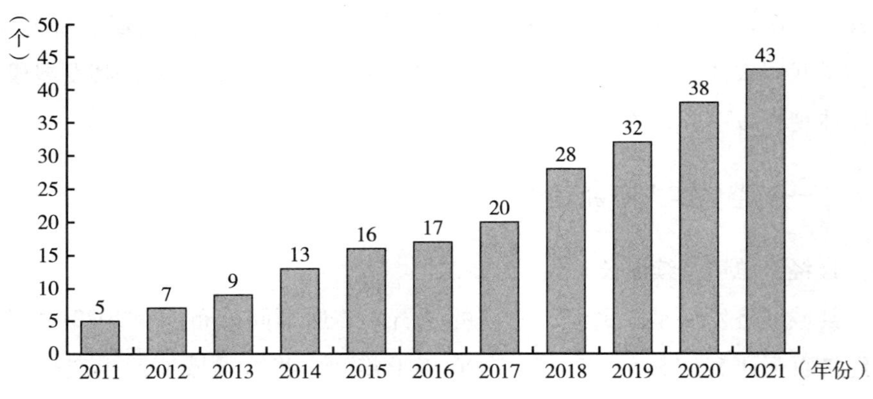

图2　2011~2021年中国“千亿县”变化情况

资料来源：《中国县域统计年鉴（县市卷）》（2012~2021年）。

2. 县域财力持续增强

全国县域地方政府的一般公共预算收入总体呈现大幅度增长的趋势。2011 年，全国县域经济一般公共预算收入总额为 13273.3 亿元，2016 年为 22116.6 亿元，2019 年达到最高，为 24602.5 亿元，是 2011 年的 1.9 倍，年均增长 7.1%，2020 年受新冠肺炎疫情影响，公共预算收入比 2019 年减少 1228.2 亿元。2016 年以来，县域一般公共预算收入占全国一般公共预算收入的比重保持在 13%左右（见表 1）。

表 1　2016~2020 年中国县域一般公共预算收入及占全国的比重

单位：亿元，%

	2016 年	2017 年	2018 年	2019 年	2020 年
县域	22116.6	22853.9	24218.6	24602.5	23374.3
全国	159605.0	172592.8	183359.8	190390.1	182913.88
占比	13.9	13.2	13.2	12.9	12.8

资料来源：《中国统计年鉴（2021 年）》、《中国县域统计年鉴（县市卷）》（2012~2021 年）。

3. 金融规模不断壮大

中国县域住户储蓄存款余额稳定增长，由 2011 年的 124539.0 亿元增加至 2020 年的 339653.3 亿元，年均增长 10.6%（见图 3）。十年间，各区域县域储蓄存款余额在全国县域储蓄存款余额所占比重基本稳定。2011 年，东部地区、中部地区、西部地区及东北地区县域住户储蓄存款余额占中国县域住户储蓄存款余额的比重分别为 45.1%、25.1%、22.7%、7.1%，2020 年，该比重分别为 40.3%、28.1%、23.9%、7.7%。具体从各省（区、市）所辖县域住户储蓄存款余额来看，县域住户储蓄存款余额居中国前 6 位的分别是河北省、山东省、江苏省、浙江省、河南省和四川省，其县域住户储蓄存款余额均超过 2 万亿元，其中，河北省县域住户储蓄存款余额最高，达到 28823.1 亿元，这 6 个省份的县域住户储蓄存款余额占中国县域住户储蓄存款余额的比重超过 40%。

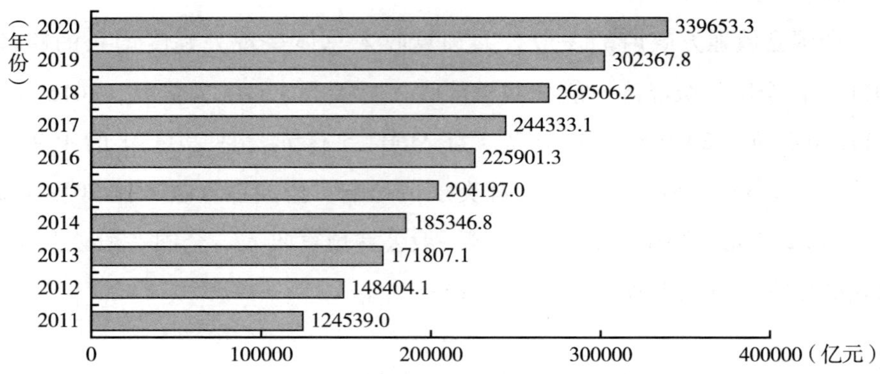

图 3　2011~2020 年中国县域住户储蓄存款余额

资料来源：《中国县域统计年鉴（县市卷）》（2012~2021 年）。

（二）发展水平不断提高

1. 产业结构不断优化

在中国县域经济发展中，第二产业比重长期占县域经济比重的半壁江山，一直是县域经济发展的最大动能。随着经济水平的提升，县域经济的结构呈现出“第二产业比重下降，第三产业比重上升”的新格局，第二产业比重由 2011 年的 53. 0%下降到 2020 年的 40. 2%；与之相反，第三产业比重则由 2011 年的 31. 3%上升到 2020 年的 44. 8%，10 年间提升了 13. 5 个百分点，成为中国县域经济发展的第一助推器（见图 4）。从省（区、市）来看，除了山西省、福建省和宁夏回族自治区 3 个省份所辖县域第二产业比重超过 50. 0%，其余 28 个省份所辖县域的第二产业比重都低于 50. 0%。

2. 人均指标增加明显

随着县域经济的发展，人民生活水平也得到显著提升。黑蚁资本的研究报告显示，县域家庭年收入平均数为 95000 元左右，月收入约为 7900 元，中位数在 9 万元左右（以上皆为税前数据）。[①] 另外，中郡研究所对 2021 年

① 黑蚁资本：《2022 年县域市场中青年消费需求趋势研究报告》。

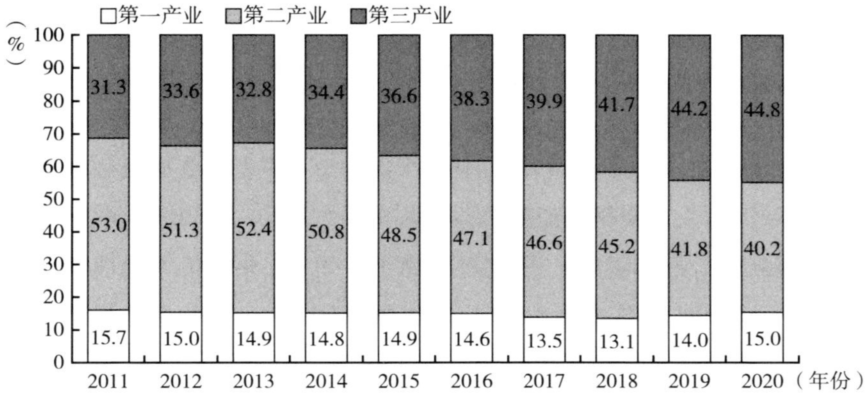

图 4　2011~2020 年中国县域三次产业结构

资料来源：《中国县域统计年鉴（县市卷）》（2012~2021 年）。

全国 1865 个县域农村居民人均可支配收入的监测发现，有 22 个县域的农村居民人均可支配收入超过 4 万元，占比 1.18%；有 62 个县域的人均可支配收入超过 3 万元，占比 3.32%。[①] 同时，脱贫地区农村居民收入持续较快增长，生活水平不断提高。国家统计局数据显示，2021 年，脱贫县农村居民人均可支配收入为 14051 元，比 2020 年名义增长 11.6%，增速比全国农村快 1.1 个百分点，脱贫县农村居民消费水平也继续提高。2021 年，脱贫县农村居民人均消费支出 12311 元，比上年名义增长 14.4%。[②]

3. 增长动力稳步提升

长期以来，固定资产投资和消费能力的提升是拉动我国县域经济发展的主要动力。稷夏智库对 400 个样本县（市）的经济数据调查发现，2020 年受新冠肺炎疫情影响，县域社会固定资产投资完成额平均增速为 5.8%，比上年回落 1.1 个百分点，不过仍然高于全国 5.4% 的增速。[③] 赛迪顾问发布

① 中郡研究所：《2021 年全国县域农村居民人均可支配收入监测报告》。

② 《脱贫攻坚战取得全面胜利　脱贫地区农民生活持续改善——党的十八大以来经济社会发展成就系列报告之二十》，中国政府网，http：//www.gov.cn/xinwen/2022－10/11/content_5717712.htm。

③ 《2020~2021 年全国县域经济形势报告》，搜狐网，https：//www.sohu.com/a/511538097_121290402。

的《2022 中国县域经济百强研究》显示，2021 年，百强县的固定资产投资总额增速平均水平为 20.2%，远高于全国平均水平的 4.9%。与经济强省比，百强县的固定资产投资增速也远高于浙江省（10.8%）、广东省（6.3%）、山东省（6.0%）和江苏省（5.8%）。[①] 随着城乡居民收入的稳步提升，县域庞大人口规模的消费效益日益显现。2016~2020 年，我国农村社会消费品零售总额年均增速为 7.1%，高于城镇 6.4%的年均增速；农村居民人均消费支出年均增速为 8.3%，高于城镇居民 4.8%的年均增速。2021 年，全国农村网络零售额 2.05 万亿元，同比增长 11.3%，全国农产品网络零售额 4221 亿元，同比增长 2.8%。[②] 县域消费市场的扩大吸引电商、直播等网络经济向县域渗透，进一步激发了县域消费市场的空间。

（三）发展动能不断增强

1. 基础设施不断优化

近些年来，县域经济发展不断强化助民生和产业发展的基础设施建设，补齐基础设施短板，为县域经济实现高质量发展注入新动力。

首先，一站式大型商业综合体成为县域的新娱乐社交空间。截至 2021 年，我国县域共拥有 2991 座购物中心，平均每个县域拥有 1.6 座。全国的 380 个万达广场中，有 40 个入驻县域（含在建）；新城控股运营及在建的 100 余家吾悦广场，22.2%的位于三线及以下城市。[③]

其次，加大交通建设。交通部数据显示，截至 2021 年底，铁路已经覆盖了全国 81%的县，农村公路总里程 446.6 万公里；在网络建设方面，工信部《2021 年通信业统计公报》显示，到 2021 年底，我国 5G 基站覆盖超过 98%的县城城区和 80%的乡镇镇区；在物流基础设施建设方面，国家

① 《最新“百强县”解析：江浙恒强，谁在悄悄逆袭?》，澎湃网，https://m.thepaper.cn/baijiahao_19149036。

② 《走进县城看发展之四十丨县域物流畅　发展活力足》，国家发改委网站，https://www.ndrc.gov.cn。

③ 黑蚁资本：《2022 年县域市场中青年消费需求趋势研究报告》。

发改委数据显示，截至 2021 年底，商务部会同有关部门累计支持建设县级物流配送中心 1100 多个、乡村电商快递服务站点 14.6 万个；国家邮政局深入推进“快递进村”工程，《2021 年邮政行业发展统计公报》指出，2021 年全国邮政农村投递线路 10.5 万条，比上年末增加 4097 条；农村投递路线长度（单程）415.5 万公里，比上年末增加 5.1 万公里。全国供销合作总社推进“供销系统农产品冷链物流体系建设工程”。

2. 创新驱动转换动力

在面临资源、环境的双重约束下，县域经济发展也由过去单纯依赖劳动力、资金等资源投入驱动转向科技、管理、制度等创新驱动。

首先，强化科技创新供给，强化创新型企业和产业建设。2018 年，我国启动首批 52 个创新型县（市）建设，三年建设期满后，有 47 个创新型县（市）通过验收。专精特新“小巨人”企业是县域经济发展的创新骨干力量和活力源泉。2021 年，我国专精特新“小巨人”企业共 4762 家，其中，县（市）企业 1405 家，占 29.5%；创新型上市企业 2546 家，其中，县（市）企业 456 家，占比 17.9%。① 2021 年，我国县（市）战略性新兴产业培育也有所突破。涉及战略性新兴产业的县（市）创新型上市企业覆盖了 9 大战略性新兴产业中的 7 大领域，其中数量靠前的行业分别有新材料产业（10 家）、节能环保产业（9 家）、生物产业（8 家）、新一代信息技术产业（8 家）、高端装备制造产业（6 家）和新能源产业（4 家）（见图 5）。

其次，加快县域制度创新发展。党的十八大以来，国家更深刻地认识到县域作为独立的区域划分，其自身经济的发展壮大对于乡村振兴和新型城镇化进程的重要意义，陆续出台一系列促进县域经济发展的支持政策，既有推进省直管县（市）财政体制改革、赋予小城镇行政管理权限等上层建筑领域改革，也有促进县域富民产业、加强县域商业体系建设和促进农民就地就近就业创业等对县域产业发展系统政策制度体系改革。

① 《2021 年中国县域创新主体行业发展回顾及促进创新动能培育的对策建议分析》，智研咨询网，https：//www. chyxx. com/industry/202201/994341. html。

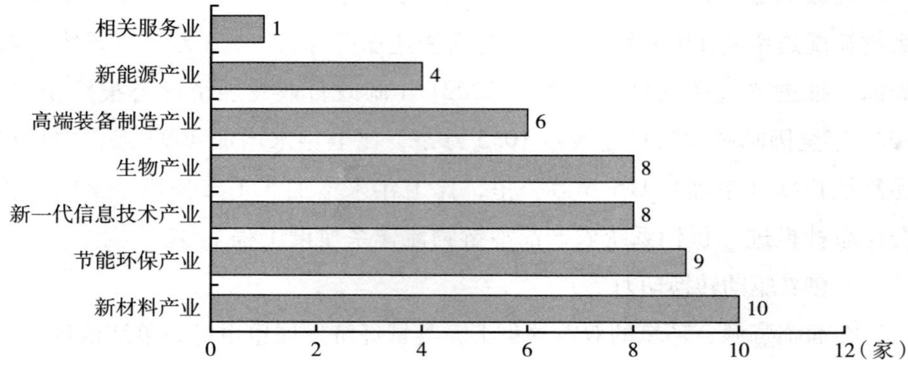

图 5　2021 年中国县（市）创新型企业的战略性新兴产业行业分布

资料来源：中国信通院、智研咨询整理。

三　我国县域经济高质量发展面临的问题

（一）县域经济发展差距有待缩小

由于交通区位、自然资源、产业结构、市场接近、社会人文等发展基础的不同，全国县域经济发展差异大。那些具备融入国内外大市场、大循环条件的县域发展迅速，但是交通不便、远离市场的县域发展较为缓慢。

1. 东中西县域经济发展差距有待缩小

东部县域经济发展较快、中部和西部紧随其后，东北部县域经济发展滞后。赛迪顾问发布的报告显示，2021 年县域高质量发展百强县中，东部地区领先，占 65 席，中部地区占 22 席，西部地区占 10 席，东北地区仅占 3 席。[①] 具体到省份来看，江苏、浙江、山东等的平均经济规模、一般公共预算收入都比较高，而西藏、甘肃、青海则都比较低。2021 年 43 个千亿县中，东部江苏省和浙江省共占据全部千亿县的 60%，中西部地区的千亿县

① 工信部赛迪顾问县域经济研究中心：《2022 中国县域经济百强研究》。

虽然也有重大突破，增加到 8 个，但与东部相比，无论是千亿县的数量还是发展质量，都有较大差距。县域经济的三大区域发展差异和各区域资源禀赋、制度差异、人才储备和发展观念等有非常密切的联系。

2. 都市圈县域经济与其他县域经济发展差距有待缩小

都市圈县域往往邻近大都市核心区、相邻区和外围辐射区，依托地缘优势，相较于其他地区拥有更多的发展机遇，其经济发展明显好于其他地区县域经济发展。在 2022 年百强县中，长三角城市群有 41 个县域，京津冀有 5 个县域，长江中游城市群有 6 个县域，而在 2021 年地区生产总值规模超过千亿元的 43 个县域中，除江苏沭阳和邳州外，其余 41 个均分布在国家重点发展的城市群地区，其中，长三角城市群共有 27 个，粤闽浙沿海城市群共有 7 个，山东半岛城市群共有 3 个，呼包鄂榆城市群共有 2 个，京津冀城市群和环鄱阳湖城市群各有 1 个。①

3. 千亿县与其他县域之间发展差距有待缩小

千亿县依托便利的交通、邻近大都市等区位优势，搭建经济技术开发区、高新技术产业开发区、海关特殊监管区等功能性平台，给予特殊优惠政策，吸引人才、技术和资金，有效承接中心城市基础设施建设及产业转移，大力发展特色制造业和服务业，提升城镇经济发展和人口吸纳能力。2021 年，43 个千亿县 GDP 7.05 万亿元，人均 GDP 为 13.7 万元，是同期全国平均水平的 1.7 倍。其中，江苏昆山市和江阴市的地区生产总值规模都超过了 4000 亿元，已经分别超过了西藏、青海和宁夏三个省区，成为县域经济发展的“巨无霸”。江苏张家港市和常熟市、福建晋江市、浙江慈溪市的经济规模也超过了 2000 亿元。此外，还有 32 个县域的经济规模在 1000 亿元到 2000 亿元之间。与此同时，我国还有 1501 个县域（约占县域总数的 80%）的经济规模低于 300 亿元，仍有 70 多个经济规模低于 10 亿元的“微型”县域。② 具体到村庄，也存在明显的分化，相差很大。中国社会科学院农村发

---

① 根据工信部赛迪顾问县域经济研究中心《2022 中国县域经济百强研究》整理而得。

② 《〈2021 中国县域高质量发展报告〉发布》，百家号，https://baijiahao.baidu.com/s?id=1710336891845901748&wfr=spider&for=pc。

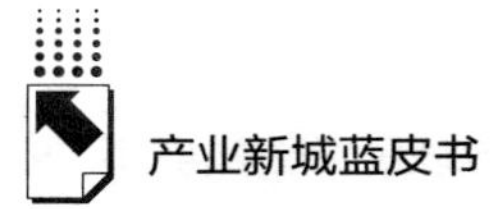

展研究所2020年对全国10个省区50个县156个乡镇308个行政村3833个农户的调查显示，户均收入最高的十个村和最低的十个村的收入倍差为25倍，即使以最高的30个村和最低的30个村比较，收入倍差也接近11倍。[①]

（二）支撑县域发展的关键要素有待加强

县域经济发展受到土地、资金、技术、人才等资源要素不足的制约，县域经济高质量发展需要强化资源要素的有效支撑。

1. 人力资源要素有待加强

充足而相对低廉的劳动力资源曾是县域参与区域竞争的核心优势之一，但是在人口老龄化和人口外流的两大趋势下，县域人力资源出现短缺，加重了县域的人力资源成本和用工难度，持续扩大县域人力资源的结构性短缺。

一是县域人口的老龄化加剧。第六次全国人口普查数据显示，城镇65岁及以上人口比例为7.80%，乡村为10.06%，分别高于2000年1.38个、2.56个百分点。第七次全国人口普查数据显示，2020年中国60岁及以上、65岁及以上人口比重，与上一个10年相比，又分别提高了5.44个和4.63个百分点。同时，长期以来县域流向城市的劳动人口以青壮年为主，导致县域劳动力不足，尤其是缺乏有知识有技术的劳动力。

二是县域常住人口数量呈逐步下降趋势。第七次全国人口普查数据显示，县域常住人口约为7.4亿人，相比于2010年，县域人口减少了约4000万人，占全国人口的比重降低了6.1个百分点，县域平均人口规模减小2.1万人。县域人户分离人口达到3.76亿人，占总分离人口的76%。在县域常住人口逐步下降的同时，县域人口净流出比重不断提高。《中国县域高质量发展报告2022》结合人口净流入指标（即常住人口减去户籍人口）考查发现，2010~2020年人口增速超过全国平均水平且人口净流入的县域仅有121个，人口增速超过全国平均水平且人口净流入超过1万人的县域仅有92个。虽然县城已成为返乡人口进城的首选且回流人口逐年快速增长，但是与流出

① 魏后凯：《县域发展已进入全面转型期》，《北京日报》2022年6月13日。

人口数据相比，短期内仍无法扭转这种失衡的局面。

三是县域科技人才匮乏。创新是引领县域高质量发展的第一动力，但实施创新驱动归根到底是要依靠高科技技术人才的引领带动。2017 年国务院办公厅《关于县域创新驱动发展的若干意见》强调，“坚持把人才作为支撑县域创新发展的第一资源，实施更加积极的创新创业激励和人才吸引政策”。2021 年中央一号文件中，人才振兴作为乡村“五大振兴”之一被特别强调。2022 年中央一号文件进一步指出“加强乡村振兴人才队伍建设”。但是受产业发展、体制机制、教育、文化、医疗和城市环境等经济社会因素制约，以及大中型城市对人才的虹吸效应，大多数县域对高端人才的吸纳力不足，面临人才引进难的问题；而本土人才又由于县域高等教育资源比较匮乏、科研单位几近于无、综合能力强的企业数量少、生活相对艰苦等因素，很难被留在县内就业，本土人才流失严重；同时，本土科技人员还存在知识老化、缺乏外出考察和学习的机会、业务水平偏低等问题，这些都造成支撑县域经济发展的科技人才供给严重不足。营造良好的生产和生活环境，优化引才、留才、用才的体制机制，成为大多数县域人才工作的着力点。①

2. 县域经济发展资金问题有待解决

县域作为我国基本的行政区划单元，肩负着乡村振兴和城乡融合的重任，需要大量的资金投入。但是，我国大多数县域经济体量较小，单纯依靠县级财政难以实现全面覆盖，而金融资本支持力度不够，难以满足县域经济社会发展的需求。

一是县域财政资金方面，多数县级财政较为薄弱，融资渠道较窄，资金流入不畅，但新型农业经营主体、中小民营企业等经济主体融资能力弱，过于依赖财政资金撬动金融资金，县域经济发展主要依靠各级财政资金的扶持。2010~2020 年，我国县域一般公共预算收入增长约 1.1 倍，县域一般公共预算支出也在明显上涨，由 2011 年的 3.09 万亿元，增至 2020 年的 7.83 万亿元，上涨约 1.53 倍，高于预算收入增长倍数，县域 2020 年整体的财政

---

① 方长春：《县域发展与人才就业何以“双向奔赴”》，《人民论坛》2022 年第 16 期。

自给率仅为33.56%，仅为地级以上城市市辖区财政自给率（64.1%）的一半,[①] 说明县域财政支出负担重，但财政收入有限，并且这种情形还有进一步增强的趋势，尤其是西部县域地区表现得更为明显。

二是金融资金方面，县域融资难仍是县域经济发展的桎梏。第一，县域金融资金供给不足。县域金融机构数量少、融资产品少、担保体系不健全，服务主动性不强，无法满足当地融资需求。58同镇联合清华大学社会科学学院县域治理研究中心、社会与金融研究中心发布的《县域创业报告》（2020年）调查数据显示，县域创业者选择民间借贷作为融资渠道的比例达到36.2%，1/3的融资需求无法通过金融产品来满足。第二，县域金融需求存在金融抑制。农户和县域中小企业主体竞争力较弱，融资信用观念淡薄，又缺乏有效抵质押物和担保，这些促使融资供给方对融资发放望而却步。

三是县域资金外流现象严重。2020年，县域住户储蓄存款占全国住户储蓄存款的比重为36.64%，但是金融机构贷款余额仅占全国金融机构贷款余额的19.62%,[②] 我国县域地区的存贷比长期低于并且是远远低于县域以上地区，其根源在于国有大行在县域地区存贷比较低，其自身的县域支行亦面临着资产业务“空心化”的问题，支持当地经济乏力，资金匮乏成为县域经济发展中的重要瓶颈。

3. 优质公共基础服务设施供给有待加强

除国家级、省级重大区域性基础设施建设外，县域大量非营利性设施的建设都需要自筹资金。在地方财政实力不足、融资渠道偏窄的情况下，多数县域在公共领域的绝对投入相对欠缺。2019年，县级城市人均市政公用设施固定资产投资仅为地级及以上城市城区的1/2左右，在城镇总市政投资中的占比约为15%，2020年，中国县域的市政公用设施投资完成额为3884亿

① 财经城市规划设计研究院：《2022县域高质量发展年度指数报告》，先导研报网，https：//www.xdyanbao.com/doc/qlmndva552？bd_ vid=7822880332243786620。

② 财经城市规划设计研究院：《2022县域高质量发展年度指数报告》，先导研报网，https：//www.xdyanbao.com/doc/qlmndva552？bd_ vid=7822880332243786620。

元，仅占全社会固定资产投资总额的0.7%左右，[①] 导致提供公共基础设施、社会保障、公共服务等的能力不足。

一是医疗服务提供不充分，县域地区医疗机构较少，医疗机构层次低，专业人才不足。《中国卫生健康统计年鉴2021》数据显示，截至2020年底，我国共有2847个县（含市辖区、县、县级市、旗、林区），有县级医院16804家，占全国医院总量（35394家）的47.48%，占全国医疗卫生机构总量（102300家）的16.4%。其中，三甲医院数量约占全国三甲医院总量的10%；县级拥有卫生人员29.3万人，占全国卫生人员总量（134.7万人）的22%。

二是缺乏优质教育资源。县域地区在教育理念、教师队伍结构、师资水平以及计算机、多媒体教室等现代化设施的普及率和教育质量等方面与城市都存在较大差距。2019年国务院关于学前教育事业改革和发展情况数据显示，全国还有4000个左右的乡镇没有公办中心幼儿园，个别地方的学前三年毛入园率还在50%以下。

三是养老保障滞后。随着全国劳动力市场的发展，农村青壮年入城务工不断增加，农村老龄化情况较城镇更加严重。2020年，乡村60岁及以上、65岁及以上老年人口占乡村总人口的比重分别为23.81%、17.72%，分别比城镇高出7.99个、6.61个百分点。[②] 但县域地区养老保障长期滞后，大部分老人是分散居家供养，集中养老模式发展缓慢，对于老年人的养老保障能力低于大中城市。

（三）产业发展质量有待提升

1. 产业集群发展有待提升

产业集群在深化县域专业分工、推动经济结构优化、提升县域竞争力方面发挥着重要作用，已成为我国工业发展的中坚力量。工信部数据显示，

① 《县城发展：潜力、模式与着力点》，网易网，https：//www.163.com/dy/article/H82GQV660550DHA5.html。

② 覃诚：《基本公共服务县域统筹的四个重点》，《农村工作通讯》2022年第8期。

2021 年近三成专精特新“小巨人”企业在县域产业集群中，但是县域产业集群在高质量发展中还存在以下问题。

一是产业集聚度需提升。其一，目前镇域的人口规模较小，产业集聚水平较低、“集而不群”。根据 2019 年的数据，县城以外平均每个建制镇镇区人口不足 1 万人，人口规模太小导致产业集聚效果不明显。① 其二，县域产业集群以中小企业居多，不少企业是由中小城镇或者农村发展起来的，以家庭作坊生产为主，龙头企业较少，从而前向、后向的产业关联带动效应小，并未形成产业集群的专业化生产链条，产业集聚度低。

二是产业集群协同效应需强化。县域产业集群内的许多企业没有自己的核心技术，以贴牌生产加工为主，从事着相同或相近的经济生产活动，缺少专业化分工和特色产品品牌，导致最终生产的产品相似度高，产品市场出路狭窄，为争夺客户资源降低产品价格，集群内企业竞争激烈，甚至引发“柠檬市场”现象，集群内企业产业关联程度较低，协作配套能力不强，尚未形成产业链条上的分工合作形态。

三是集群内服务网络尚未形成。县域产业集群多数处于全省产业链的中低端，以劳动密集型和手工作业为主的产业类型为主，技术水平较为落后，集群发展仍处于开发阶段，集群发展所需的信息咨询、融资担保、人才培训、产品检测、技术指导、市场营销及物流配送等社会中介服务网络未能形成规模，现有的社会服务水平和服务质量不能满足产业集群发展壮大的需要。

2. 特色基础产业有待夯实

因地制宜发展特色基础产业是县域经济高质量发展的生命力。因受到资源组织配置能力、要素禀赋支撑条件等因素制约，县域经济不可能走大而全，也不可能走全部是“高精尖”的发展道路，只有立足本区域的地理位置、自然资源、人文历史等资源禀赋的基础上，发挥比较优势，走发展特色经济之路。但是很多县域由于产业基础发展薄弱，缺少实力强的特色主导优

① 魏后凯：《新时期我国县域发展全面转型战略》，《光明日报》2022 年 4 月 17 日。

势产业，或者即使具有优势资源或者区位优势，也很难将其转换成产业发展优势。

一是主导特色产业不突出。县域经济发展主要依托当地的自然、历史和文化等资源，以及可获得的外部信息等形成具有本土特色的产业链条，如依靠特色农产品优势，发展农产品精加工业；依靠历史和自然资源，发展旅游和文创产业链等。但是一些县域只注重短期经济利益，产业发展没有经过专家咨询与科学论证，忽视本地资源禀赋特点，缺乏长远规划，盲目跟风、照搬经济发达县域的经验做法，县域内产业同质化现象明显，主导产业不突出，辐射带动作用较弱，难以形成引领县域经济高质量发展的良好态势。

二是特色产业发展基础薄弱。一方面，农业生产规模化不足。我国大多数县域仍然是以农业为基础的发展模式，农业仍是当地工业发展的“原料基地”。部分县域农业初步建立了生态农业产业群，但多数县域农业生产还是以分散单一的小农生产经营为主，农业产业化和规模化不足，生产经营方式不够先进，农产品深加工程度有限，家庭农场、专业合作社等新型农业经营主体的集约化和专业化程度较低。另一方面，工业潜在优势还未发挥。除了东部发达地区县域工业参与到全国甚至全球的产业链价值链生产中，多数县域工业经济主要是服务于原料及来料加工等附加值低的加工类企业，大部分产业处于价值链中低端，以中小企业居多，结构单一，缺少龙头企业，竞争力弱，抗风险能力差，企业技术改造和产业升级难度较大。

3. 城乡产业融合度有待提升

县域既包括城镇地区，又涵盖广大乡村区域，联结着城市和乡村、工业和农业，是综合性经济系统。县域经济空间结构的复杂性、多层次和功能差异化决定了融合是县域经济高质量发展的动力。但现实是，由于长期以来的城乡二元分割积累的陈年旧疴，虽然国家为推进城乡融合推出了一系列政策，但是城乡产业融合还是差强人意，其主要表现在以下三个方面。

一是县域缺乏全域城乡统筹规划。我国大多数县域的空间布局缺少统筹规划，空间规划设计往往只注重经济效益，追求局部控制，规划编制“走过场”和“浮于表面”现象严重，县域规划既没有考虑到与国家和省级的

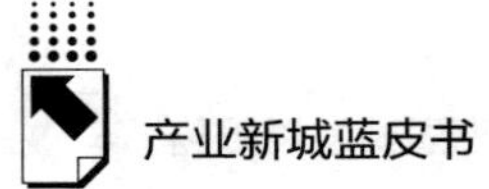

区域主体功能划分衔接，也没有考虑到县域城市和农村空间的衔接。存在“就县城论县城、就乡村论乡村”现象，缺乏将县域空间内的城市和农村、工业和农业、城镇居民和农村居民作为一个整体的统筹规划体系，以形成城乡一体设计、设施互补、各具特色、多功能融合的城乡空间，统筹城乡在产业发展、基础设施、公共服务、资源能源、生态保护和社会事业发展的一体化，为县域城乡产业融合提供政策支撑。

二是县域缺乏统筹城乡的管理体制。县域城乡管理体制混乱，部门职责交叉重复，部门间缺乏协调，出现无序开发和过度开发、空间利用不足和短缺并存的现象。如工矿建设用地、各类开发区、工业园区用地偏多且分散，存在低水平重复建设、土地利用率低，挤占大量生态空间和优质耕地空间。而在农村，随着农村人口向城镇转移，形成大量空心村和闲置的农村建设用地，农村空间利用率低，空间破碎化严重。这些都妨碍城乡要素的自由流动和平等交换，限制产业融合发展。

三是乡村基础设施还需完善。乡村物流运输储存条件需改善，缺乏完整、畅通的物流渠道，导致农村内部或农村与城镇之间的互联互通水平低下。另外，乡村基本生活设施如供水、供气、供暖等基础条件较差，都对产业融合和新消费热点的延伸起到了抑制作用。

四　产业新城促进县域经济高质量发展的机制

（一）产业新城促进县域经济高质量发展的效率变革机制

提升效率是县域经济高质量发展的重要途径。改革开放以来，我国县域经济水平显著提升，但是县域经济巨大的发展潜力还没有完全释放。截至2021年底，中国县域占全国国土面积的90%左右，占中国大陆总人口的52.2%，但其国内生产总值仅占全国总量的38.3%。赛迪顾问的报告显示，2021年，百强县固定资产投资增速平均约为11.1%，高于全国固定资产投资增速（4.9%），也高于浙江、上海、广东、江苏等主要经济大省（市）

的固定资产投资增速，这说明县域经济的发展对投资的依赖度过高。在新发展理念下，受资源与环境的双重约束，县域经济的高质量发展不能再像以往一样依赖物质资源高投入驱动，而要转向由全要素生产率提升驱动。产业新城是在县（市）规定的开发区域内引入 PPP 市场化运营模式进行，由地方政府与运营企业共同负责城镇开发，两者间建立起“伙伴关系、利益共享、风险分担、长期合作”的共同体关系，这种运作机制可以提高县域经济发展的效率。

1. 产业新城提升县域经济发展的组织运行效率

产业新城的 PPP 模式通过吸引社会资本参与城镇建设，能够发挥市场主体在资源配置、建设施工、技术、运营管理等方面的相对优势，减少地方政府对资源的直接配置和对资源要素价格的直接干预，克服地方政府融资能力较弱、运营成本较高、资源配置效率低下等问题，提高政府和资本的财务稳健性。在这种模式下，政府从微观事务中解放出来，专注于发挥服务性职能，有利于提高社会资源配置效率。对于运营商而言，产业新城 PPP 项目的社会资本收入与项目质量挂钩，使其在特定的绩效考核机制下有足够的动力不断提高产品和服务质量，从而使县域经济在投入要素不变甚至减少的情况下，提升县域经济发展的产出效益和组织运行效率，实现效率变革，提高县域经济发展质量。

2. 产业新城提升县域经济发展的投资效率

产业新城项目的选址和空间布局都是经过专业团队在深入调研、认真研究的基础上，充分分析区位优势、产业基础和市场潜力，综合考虑生产、生活、生态和产业发展的需求下，因地制宜地科学规划适合本县域发展的总体方案，使县域资源科学合理配置，县域发展特色突出，从而提高资本投资效率，避免无序开发带来投资效率偏低等问题。

（二）产业新城促进县域经济高质量发展的动能转换机制

“创新—绿色—开放”是县域经济高质量发展的动力。长期以来，我国县域经济发展基本上走的是一条重视经济增长速度、忽视经济发展质量，重视国内生产总值、工业增长速度等硬性指标，忽视环境治理、生态优美、市场开放程度等软性指标的粗放型发展道路。这种要素驱动、投资拉动的发展模式的后果是，一方面，高耗能、高排放企业对县域经济发展作出重大贡献；另一方面，其对县域资源和生态环境带来严重的破坏，人民群众生产、生活环境恶化。随着新发展阶段的到来，人民群众对美好生活的需求更加多样化、个性化，对公平、正义、环保和生态等方面的诉求更多、更高，县域经济的发展动能必须适应这些新变化和新诉求，走"创新—绿色—开放"协调发展之路。而以创新为特征、以产城融合为目标的产业新城模式，将充分调动社会资本参与城镇综合开发，既吸引城市资源和某些城市功能的下移，又用城市化和工业化的理念引导县域产业转型升级，拓展和提升县城城市功能，形成产业与城市融合发展和城乡一体化，为县域经济发展注入新动能。

产业新城促进县域经济创新发展。创新是引领县域高质量发展的第一动力。深入实施创新驱动发展战略，加快新旧动能接续转换，是壮大县域经济实力的重要途径之一。一方面，产业新城通过招商引资环节设置产业选择标准，坚持"产业优先，高新引领"的方向，衡量入驻企业的创新能力。如浙江省平湖市新埭镇的张江平湖园区，重点发展智能制造、电子信息、生命健康和高端服务业四大高端产业，聚焦引进半导体、机器人及核心零部件、5G 通信等领域优质项目，2000 年以来先后引进润泽国际和大族激光等百亿项目 2 个、10 亿~100 亿元项目 1 个、世界 500 强项目 2 个，美妆、音锋机器人、中意直升机项目等总投资超亿美元项目 4 个。[①] 另一方面，产业新城运营企业通过自建、引入或者收购孵化器，提供支持政策，培育创新企业，打造创业空间，形成以创新为主的持久驱动力。如张江平湖园区为高层次人才提供全流程、一站式服务，设有机电装备两创中心、人才创新园、智能光电产业园等创业创新载体，在上海、深圳设有三大域外孵化器，同时，还加

① 《平湖市打好临沪"三张牌"抢抓自贸区建设新机遇》，嘉兴市商务局官网，http://swj.jiaxing.gov.cn/art/2021/12/20/art_1497188_58927639.html。

快推进与知名高校合作，与复旦大学合作共建数字科技与大健康联合创新中心，与上海交大探索共建微电子研究院，谋划对接浙江大学牵头的华东高校联盟落地园区。综上所述，产业新城通过招商引资和创新孵化，打造区域创新中心，不断积聚技术和人才，让更多的创新资源为县域所用，更多的技术向县域转移，更多科技成果在县域转化，为县域经济高质量发展注入持久的创新动力，构建高效完备、开放互动的创新生态环境。

1. 产业新城促进县域经济绿色发展

县域经济传统的"高投入、高消耗、高污染"的粗放型生产模式和消费模式，在新型工业化和新型城镇化下已经难以为继，县域经济高质量发展必然是一条生态和经济协调发展、人与自然和谐共生的发展之路。而产业新城最主要的特征就是"产城融合"，是以产业发展为主，以城市为依托，集工作、生产、生活、休闲娱乐等于一体的产业高度集聚、城市功能完善、生态环境优美的新城，是"三生"协调发展的新型城镇化模式。产业新城在建设初期，就将人与自然和社会的关系纳入思考范围，将生产、生活、生态完美融合到城市的空间规划中。如固安产业新城经过多年的深耕细作，不仅形成了航天技术研发、应用、服务一条龙的完整产业链，同时形成了新型显示、航天航空、生物医药等新兴产业集群；同时，新城建设贯彻"以人为本"的理念，进行全方位的生态城市构建。截至2020年底，在规划范围内实现了"十通一平"，即累计修建道路92条153公里，完成4座热源厂、7座供水厂、2座污水处理厂、2座雨污水提升泵站、42座换热站、6座开闭站等相关基础设施配套设施建设。同时，实现蓝廊绿网全域覆盖，已建成包括中央公园、孔雀大湖公园、大广带状公园、儿童公园等众多城市公园，绿化面积超420万平方米，人均绿化面积17.8平方米。[①] 产业新城建设形成的绿色高效生产方式和绿色低碳生活方式，使县域经济走上了一条绿色高质量发展道路，实现绿色青山与金山银山的有机统一。

---

① 《河北固安产业新城持续焕发新活力》，河北新闻网，http://hebei.hebnews.cn/2020-12/28/content_8293639.htm。

2. 产业新城促进县域经济开放发展

县域一头连接着城市，一头服务于乡村，其特殊的地理位置决定了县域经济是一个开放系统。县城既是县域经济内部循环的中心节点，也是县域经济与城市经济融通发展的关键枢纽。县域经济高质量发展需要发挥县城的联结作用，积极融入区域分工体系，主动承接城市产业转移、知识溢出和技术扩散，同时为乡村振兴输送资金、技术和人才，发展乡村特色经济，实现城乡融合。产业新城的兴起正是为了缓解大城市人口拥挤、交通压力急剧上升、住房供给紧张、房价和地价快速攀升等“城市病”而孕育而生，因此天然具有承接大城市产业转移的优势，有一些产业新城发展正是在产业园（区）承载产业发展功能基础上经大量人口集聚而形成的。同时，产业新城又濒临乡村，是工业化和城镇化相结合。在选择产业发展项目时，产业新城会紧跟国际经济发展形势，结合当地的资源禀赋，因地制宜地制定适合本县域经济发展的产业规划，使县域经济发展具有国际视野，对接周边大城市，广泛集聚国内外生产要素，破除生产要素在城乡之间自由流动的体制机制障碍，促进项目本土化，形成产业链并落地生根，促进城乡区域协同发展。

（三）产业新城促进县域经济高质量发展的结构优化

产业结构优化升级是县域经济高质量发展的应有之义。县域经济经过多年的转型发展，产业结构不断优化，但农业仍然是县域经济的基础产业，从 2019 年起，县域经济中第二产业的主导地位开始被第三产业取代，第三产业比第二产业高出 0.4 个百分点，到 2020 年，第三产业更是比第二产业高出 4.6 个百分点，第三产业在县域经济中逐渐占据主导地位，但是与全国水平相比，县域第三产业比重仍然偏低。县域第一、第二、第三产业增加值分别约占全国的 76%、42%和 32%，从“千亿县”的产业结构看，第二产业的比重仍然超过 50%。[①] 因此，第二产业仍然是县域经济尤其是经济强县的

① 方达咨询：《县城“软实力”助力经济破局，城投应躬身入局》，百度网，https：//baijiahao. baidu. com/s？ id = 1750165095296001048&wfr = spider&for = pc。

发展支柱。随着人工智能、5G 等新一轮技术的发展和应用，推动区域生产网络、创新网络、物流网络等的演化，将从根本上改变要素流动和空间配置的路径，催生出以“互联网+”“云计算”为代表的一系列新产业、新业态，为县域经济结构优化提供更多可能。产业新城作为承担产业结构优化、推进新型城镇化进程、促进产业和城市建设有效融合发展的重要空间载体，为县域结构优化提供了支撑。

1. 产业新城推动县域农村三次产业融合发展

县域经济不仅包括城镇经济，更重要的是包括农村经济，广阔的土地、丰富的资源和大量的人口都分散在各个乡村，农村经济在县域经济中占有至关重要的地位，随着新技术的运用，三次产业间的边界被打破，通过产业间的联动、渗透、集聚和交叉等方式，农业由单纯的农作物生产向农产品加工、销售和服务等第二、第三产业领域延伸和交叉重组。因此，能否统筹规划县域空间、人口和产业，实现同一类产业或相关产业要素在空间内的汇聚，是真正实现农产品内部及与第二、第三产业之间融合渗透的前提和基础，新技术的广泛应用则是农村三次产业融合的保障。而产业新城正是以“统筹发展”为目标，以“产业发展”核心，以“创新”为动力，有效地推动农村三次产业融合。产业新城建设往往选择经济条件成熟、地理位置优越的县（市）实施城镇化开发，在产业新城建设前，就将城市和乡村作为一个有机整体，明确区域功能定位和经济发展重点，有效地整合县域资源，发挥各自优势和特点进行统筹规划。在产业新城运营中，又通过其强大的招商引资和创新孵化能力，打造从技术研发、成果转化到创业孵化的创新链条，形成凝聚高端创新人才和创新资源的区域创新增长极，将现代信息、生物等新兴技术逐步应用于农业生产、加工、流通及销售的全过程，在新技术革命和新兴理念的推动下形成新的产业业态，农村第一、第二和第三产业在集聚融合中实现价值增值，形成产业链的纵向延展和产业范围的横向扩大，由此带来农业生产方式和组织方式的变革，培育出新型农业经营主体，有效促进农业产业链、供应链和管理方式的创新，积极扩大农村三次产业融合的广度和深度，推进城乡之间要素融合、空间融合、生活方式融合等多维度深层次融合发展。

2. 产业新城推动县域经济新型工业化

新型工业化是县域经济高质量发展的必由之路。“千亿县”“百强县”的发展说明工业发展始终是县域经济发展的主导产业，工业强则县域经济兴。目前，我国大多数县域还未完成工业化，有些县域甚至处于工业化初期阶段，发展壮大县域经济，必须走经济效益好、资源消耗低、环境污染少、人力资源充分发挥的新型工业化道路。但是，新型工业化并不仅仅是指工业的发展，还包括农业、工业和服务业在内的各部门生产智能化、分工网络化、过程绿色化，产业新城在推动新型工业化方面发挥着重要作用。产业新城的发展规划以县域资源为依托，在区域传统主导产业发展的基础上，综合分析国内外优势企业，通过招商引资引入优质资源，找准、做大、做强主导产业，并通过一揽子管家式服务，设立创新创业、金融、商业服务、人才服务中心，实现县域“传统产业+支柱产业+新兴产业”同步发展。产业新城倡导绿色发展理念，坚持“产城融合、产城一体化”，通过建设公园、学校、医院、商务行政、国际会议中心等多样化、现代化的配套设施，使县域城市功能优化和扩大，促进县域生产要素、资源环境与生产方式的系统性、整体性变革，进而推动县域经济向集产业生产、创意创新、购物消费、文化娱乐、旅游休闲等于一体的新型工业化发展。

3. 产业新城推动县域经济特色化

县域经济发展需顺从自然环境变化规律、尊重历史人文习惯，因地制宜发展，不可能千篇一律。中共中央办公厅、国务院办公厅印发的《关于推进以县城为重要载体的城镇化建设的意见》中依据县城功能将县城发展划定为加快发展大城市周边县城、积极培育专业功能县城、合理发展农产品主产区县城、有序发展重点生态功能区县城和引导人口流失县城转型发展五大类，为县域经济特色发展指明了方向。特色化发展正是产业新城的一大优势。中商产业研究院（2018）根据产业新城形成的核心驱动力和新城城市功能的不同，认为产业新城可以细分为产业新城、田园新城、副中心新城、TOD 新城、行政新城、边缘新城六大类。具体到每一个产业新城的规划和建设，都是在结合地方产业发展基础和资源禀赋的优势下，聘请国内外专业产业规划团队，为区域产业升级和经济发展提供从产业规划、产业集聚、产业载体到产业服务运营等“一揽子”解决方案，通过培育特色产业集群，形成与中心城市产业高效分工、功能互补、错位发展的产业格局。比如，四川成都的邛崃市发展半导体材料产业，成为成都市动力电池及储能产业主承载地；贵州贵阳的清镇市在传统铝及铝加工产业基础上不断向中下游发展延伸，再生铝项目加速建设，还建设有贵阳市铝产业技术创新中心、贵阳市赤泥综合利用研究院，推动清镇市工业产业和配套高端服务业升级。

（四）产业新城促进县域经济高质量发展的集聚机制

县域经济高质量发展与生产要素集聚度、生产要素匹配度密切相关，是一定的资金、技术、人才等生产要素伴随着产业发展在区域内的流动、集聚和高效配置，并带动基础设施与公共服务不断完善。长期以来，受制于县域经济的分散性和城乡二元结构，城乡间要素自由流动受限，县域经济发展缓慢，尤其是广大乡村地区发展滞后。因此，推动县域经济高质量发展，重点就是引导各类生产要素协同向先进生产力集聚，提高要素的集聚度，发挥要素集聚带来的辐射效应。而产业新城是联结中心城市和周围乡镇的桥梁，可以更好地承接大城市的某些功能，弥补县域由资源匮乏带来的发展短板，通过整合县域经济特色产业，有针对性地引入相关产业，在产业集聚中促进县域城乡资源优化配置，推动其产业链、供应链和价值链的重构与升级。产业新城正是通过产业、要素和人才集聚，形成对乡村振兴辐射带动效应，促进县域经济高质量发展。

1. 产业新城推动高端生产要素集聚

县域经济高质量发展依赖高端生产要素的集聚。《关于推进以县城为重要载体的城镇化建设的意见》提出县域经济的发展目标是，到 2025 年，以县城为重要载体的城镇化建设取得重要进展，县城短板弱项进一步补齐补强，一批具有良好区位优势和产业基础、资源环境承载能力较强、集聚人口经济条件较好的县城建设取得明显成效。要想实现上述目标，县域经济发展就不能仅仅依靠自然资源禀赋和农村转移的劳动力，要在高端生产要素配置上下功夫。但是高端生产要素都具有逐利性，更倾向于向大城市集聚，因此县域要构建吸引资本、人才、技术等高端生产要素的体制机制，而产业新城运营模式可以担当此重任。一方面，产业新城是政府和社会资本共同合作的模式，政府是新城开发建设的审批者、决策者和监督者；产业运营商是新城的直接实施者，提供产业定位、产业规划、城市规划、招商引资、投资、产业升级等服务。这种运行机制大幅度减少了政府对资源的直接配置和对资源要素的价格干预，可以充分发挥市场配置资源作用，促进高端要素高效率地配置。另一方面，产业新城运营主体在建设初期会根据县域资源优势，根据产业规划，有针对性地招商引资，引进高端生产要素；在新城建设中，通过建设产业园区、建立创新孵化中心、改善县域基础设施、提供公共服务、打造宜居宜业的生活环境等方式筑巢引凤，为高端生产要素落地提供良好的条件。

2. 产业新城推动产业集聚

县域经济和城市经济资源禀赋不同，决定了县域经济在以农产品、矿产等资源为主导的产业原材料规模集聚方面具有优势。虽然很多县域在中间品生产方面已形成一定的规模，但在产业链精深加工方面还处于初期阶段，已有产业主要集中在附加值较低的产业链条前端，企业规模较小，缺乏龙头企业带动。尽管县域已经逐渐认识到构建完整产业链条的重要性，然而由于市场合力较弱，招哪些相关产业、如何招、到哪儿招都不太明确，落地项目数量少、规模偏小，难以产生产业集聚效应，导致分散的农户、小规模生产经营者在多变的市场交易中处于不利地位。产业新城的运营模式恰好可以解决这些问题。产业新城运营商拥有强大的产业大数据平台、专业的招商团队，可以针对不同行业，分析研判企业生命周期、资本活跃度、产品生命周期，在国内寻找合适的落地企业，极大地提高招商引资的工作效率。例如，作为国内专业的新型产业运营商，星河产业集团设立专业的星河产城研究院，以星河产业运营实践为基础，汇聚整合各界智力资源选定项目的主导产业、支柱产业以及基础产业等，打造集“研究+规划+实践”于一体的全链条产城赋能型智库。产业新城强大的招商团队根据县域产业发展基础和产业发展阶段，量身定制产业发展规划，由专业的招商团队吸引产业链上下游企业投资建设，将分散的小生产者通过产业链条联结成一个有机整体，改变县域农户和小企业在市场交易中的不利地位，为县域经济打造高质量的产业集群。

3. 产业新城提高县域综合承载能力

提高县域综合承载能力是县域经济高质量发展的基础。当前，我国县城和乡村基础建设总体较为滞后，综合承载能力较弱，主要表现在县域市政公用设施不完善，环境基础设施缺口较大，公共服务有效供给不足、社会治理成本较高，这既在一定程度上拉高了企业生产成本和交易成本，使得本地产业难以发展壮大、承接地转移产业难以落地生根，也拉大了县域与城市生活的差距，难以留住人才，更不能满足城乡居民追求美好生活的需求。提高县域综合承载能力，就要因地制宜补短板、强弱项，统筹生产、生活、生态和安全的需要，而产业新城模式有别于传统开发模式的关键特征就是“产城融合”，是“以人为中心”的新型城镇化，产业新城不仅仅是引入企业、发展产业即可，还注重城市文化娱乐、医疗教育、公共设施配套发展，强调城市“三生”功能均衡，为新城居民提供多元化、综合化的城市服务，满足多元化需求，同时，促进县城基础设施和公共服务向乡村延伸覆盖，实现县域经济规模与资源环境容量、人口规模与经济规模、公共服务能力与人口规模相匹配。

五　产业新城推进县域经济高质量发展的路径

（一）集聚创新资源，提升创新能力，推动县域经济创新发展

1. 依托科技园集聚创新资源，提升县域创新能力

江苏省昆山市多年来居于综合实力全国百强县首位，是我国县域经济发展的标杆。2021 年全市 GDP 为 4748 亿元，人均 GDP 达到近 4 万美元。在昆山市经济社会快速发展的过程中，集聚了大量创新资源的阳澄湖科技园发

挥了重要的作用。昆山阳澄湖科技园始建于2002年，现在包括四个创新平台：昆山科教园区、昆山市工业技术研究院、清华科技园昆山分园和昆山高新技术创业服务中心，是小核酸、机器人等高新技术产业基地。科技园目前建设有昆山杜克大学、解放军外国语学院昆山校区等4所高校，拥有2个国家级创业服务中心，1个国家级重点实验室和2个国家级博士后工作站；引进了1个江苏省科技创新团队、4位中科院院士和3位中科院“百人计划”专家。科技园的创新资源高度集聚，创新能力强大。园区同时建立了技术转移中心和知识产权办公室，专门从事技术转移和产业化的管理工作，还引入了多家科技中介机构，能够为入园项目提供关于技术转移、知识产权等方面的法律和管理咨询。中心湖商业设施等生活基础设施完善了阳澄湖科技园的生活保障体系，能够为创新创业人才提供优质生活服务。阳澄湖科技园吸引了大量的国内外一流创新创业人才和团队，形成科技园独具特色的创新创业体系，提升了县域创新能力。大量创新资源诞生了一批创新型企业和科研成果，有效推动了昆山市的产业和技术升级。

2. 依托产业园区集聚高端人才和项目，推进县域产业升级

江苏省江阴市多年来居于综合实力全国百强县前几名的位置，江阴国家高新技术开发区是江阴市经济发展的火车头，2021年以占全市5%的土地面积创造了全市1/4的地区生产总值，迈入千亿元大关。开发区成立于1992年，于2011年升级为国家高新技术开发区，特钢新材料、集成电路、生命健康、智能装备、新能源汽车及关键零部件等高新技术产业集群是江阴高新区的支柱产业，在特钢新材料及制品领域已拥有20余家中型企业、200余家小型企业，科技小巨人企业达45家。大企业开放资源，把信息、人才、设备输送给中小企业；中小企业做专做精单一领域，为大企业转型升级注入新鲜血液，大中小企业密切协作，形成了良好的创新氛围。江阴高新区长期坚持“引进一个项目集聚一批人才”和“一个领军人才和一个优秀团队带动一个新兴产业”的人才建设理念，不断引进各类人才支撑企业技术升级和产品研发，实现创新发展。高新区目前集聚了国家级孵化器3家、科技企业加速器1家、众创空间4家，国家工程技术研究中心、重点实验室、企业技术中心、博士后工作站 9 家，省级工程技术中心、院士工作站 48 家。高新技术产业园区产生了大批科研创新成果，不断推出新的技术和新的产品，给县域经济发展提供了持久的动力。

3. 依托产业园区发展高新技术产业，推动县域经济创新发展

浙江省乐清市多年居于全国百强县市前 20 名，乐清经济开发区培育出的电气产业集群是乐清工业经济的重要支柱。乐清目前拥有电气企业超 1.4 万家，规上电气企业 1064 家，2020 年实现工业总产值 1399 亿元。乐清经济开发区成立于 1993 年，目前涵盖六个产业园，分别为乐清高新技术产业园、柳市新型电工电器产业园、北白象智能电器和新材料产业园、乐清湾港区现代临港产业园、虹桥电子信息产业园、雁荡山旅游文化创意产业园。2021 年，乐清电气产业集群成功入围国家先进制造业集群创建榜单，是全国唯一以县域为主导的制造业集群。在推动电气产业链优化提升方面，近年来乐清主攻产业数字化转型，强化产业协同式发展，激发产业创新动能，推进产业开放合作，不断提升产业链核心竞争力和配套水平，构建全链条创新生态，融入全球产业链体系，推动电气产业集群不断升级。

4. 依托开发区打造创新平台，推动县域经济跨越式发展

江西省南昌小蓝经济技术开发区位于“全国百强县”南昌县境内，是南昌县的工业主战场。该开发区成立于 2002 年，汽车及零部件产业是其第一支柱产业。开发区不断集聚创新资源，打造科技创新平台，产业规模快速提升，2012 年升级为国家级经济技术开发区。开发区目前规划建设有省级汽车零部件产业园、富山高新技术产业园、滨江高新技术产业园等多个产业发展承载平台，集聚了 7 家整车企业和 200 余家零部件企业，拥有 80 万辆整车和 62 万台汽油、柴油发动机的生产能力。2019 年 11 月同济大学南昌汽车创新研究院落户开发区，汽车科技创新平台的建设，加快了科技成果的转化，研究院与江铃集团合作开展了轻卡混合动力汽车项目，已在 2022 年底实现量产。开发区以科技创新赋能高质量跨越式发展，通过创新创造实现领先领跑，推动南昌县成为江西省县域经济第一强。

（二）加快产城融合、城乡融合、一二三产业融合，推动县域经济协调发展

1. 产城一体化建设新城区，推进县域产城融合

位于浙江省东北部的嘉善县，连续多年居于综合实力全国百强县之列，其按照产城一体化发展的思路在县城主城区南部打造了嘉善产业新城，有力推进了嘉善县的产城融合发展。产业新城于 2013 年开始建设，由产业集聚区、孵化创新区、生活配套区和人才创业服务中心组成，一揽子解决创新人才的生产和生活问题。产业新城重点打造了科技研发、软件信息、影视传媒、商贸服务四大产业集群，吸引了一批人才团队、科技成果、产业项目落户于此。经过近 10 年的发展，入驻企业的年营业收入已超过 100 亿元。嘉善产业新城的规划目标就是打造产城融合发展的新城区，因此，在推动产业发展的同时，产业新城在新型城镇化建设、民生福祉的提升方面，也取得了良好进展，不断完善城市公共服务和生活配套功能，打造宜居社区，有效导入人口，形成城市可持续发展的动力。目前，嘉善县城南部区域已成为产业和城市融合发展的新城区，嘉善产业新城也成为浙江省规划设计、基础设施和配套服务建设、产业发展的示范区。

2. 建设生态宜居的新型产业园区，推进县域城乡融合

湖南省浏阳经济技术开发区，兴起于远离城市的偏僻乡村，在做强医药产业形成世界知名生物医药产业基地的同时，建设了完善的生活配套设施，已成为生态宜居的新城区，实现了城乡融合发展。浏阳开发区创建于 1998 年，2001 年更名为浏阳生物医药园，立足于湖南省丰富的医药资源，主要经营医药、食品、化妆品和环保产业，2012 年升级为国家级经济技术开发区，2020 年 3 月，被工业和信息化部评定为国家新型工业化产业示范基地。浏阳生物医药园位于浏阳市洞阳镇，距离浏阳市区 25 公里，距离长沙市 35 公里，是一个远离城区的产业园，目前开发面积已达 16 平方公里。2021 年园区的销售收入超过 300 亿元，未来的发展目标是成为一座集医药制造、医药商贸、医药科教和健康休闲度假于一体的现代城区。园区把产业开发和城

镇建设相统一，以“生物经济社区”为发展方向，在药物研发和生产的同时，以先进的生态理念打造医药特色文化，建成了医药文化馆、药王庙、中药膳食文化街等特色街区。建园以来，累计投入基本建设资金几百亿元，已运营的生活配套设施有自来水厂、污水厂、供热公司、变电站、大型农民安置区、影视娱乐中心等。

3. 发展特色小镇，推进县域产业融合

湖南省长沙县以绿茶特色小镇——金井镇为核心，围绕茶产业延长产业链，推动县域一二三产业融合发展。金井镇位于长沙县东北部，是国家级生态镇和湖南省茶叶专业乡镇，围绕绿茶的育种、种植、加工、销售等环节，不断延伸绿茶产业链，实现绿茶产业带动观光旅游、森林康养等项目共同发展。近年来全镇每年的茶产业产值超过 10 亿元，农民人均可支配收入超过 3. 5 万元。在金井镇的辐射带动下，周边乡镇也大力发展茶产业，目前，全县已形成了以绿茶为主，红碎茶、绿碎茶、黑茶等茶产品共同发展的格局，形成了以“茶叶种植—加工—销售—茶文化—茶休闲—特色小镇一体化建设”的全产业链发展模式，推进了长沙县一二三产业融合发展。2015 年长沙县被农业部评为全国农村一二三产业融合试点县，2017 年金井镇被农业部评为全国农村一二三产业融合试点镇。

（三）加快产业和技术升级，推进县域经济绿色发展

1. 依托开发区推进产业升级，促进县域经济绿色发展

昆山经济技术开发区严格执行环保标准，推动了产业技术升级和县域经济绿色发展。昆山经济技术开发区创立于 1984 年，1992 年经国务院批准成为国家级开发区。近年来，昆山开发区遵守“经济发展绝不以破坏环境为代价”的原则，严格执行项目引进会审制、招商项目节能评估和环保准入要求，对能源资源消耗高、污染物排放量大、环境风险高的项目实施“一票否决”。在将绿色环保作为项目落户的第一准则的同时，昆山开发区以壮士断腕的决心，推动企业转型升级，调整全区产业结构。从 2017 年开始，昆山开发区针对化工、电镀、喷涂等重点行业，发布《关于推进转型升级

创新发展若干配套政策》，激励企业关停高污染生产线，进行技术改造实现节能减排。电镀企业全面关停电镀工段一次性给予最高 200 万元奖励、油性喷涂企业全面关停喷涂工段一次性给予最高 100 万元奖励等，政策执行 5 年以来，昆山开发区 8 家电镀企业关闭电镀工段、6 家企业关闭油性喷涂线、7 家企业转出化工行业，共投入奖补资金 2700 多万元，实现减排废水 1200 吨/年，减排废气 VOCs56 吨/年，空气优良天数比率提升至 86.6%。为从根本上解决环境污染问题，昆山开发区先后出台了一系列整治方案，把绿色发展制度化，编制出台了《昆山经济技术开发区区域空气质量评估及提升方案》《开发区光电产业园 VOCs 整治方案》；全面落实河湖长制，完善河道长效管护机制，统筹推进“污水处理提质增效 333 行动”；组织重点企业签订《重点监管单位土壤污染防治责任书》，督促企业开展土壤及地下水监测和隐患排查工作。在 2021 年 9 月召开的第六届中国国际绿色创新发展大会上，昆山开发区被授予“绿色低碳示范园区”称号，成为国内首批获得该荣誉的 12 个开发区之一。

2. 依托产业园区推进产业整合，推进资源节约集约利用

浙江省义乌市通过整理工业区块和推进小微企业园建设，解决了资源利用效率低和脏乱差问题，同时推进了产业升级，有效推动了县域经济绿色发展。义乌市是我国著名的小商品集散地和生产基地，有大量的小微企业。长期以来，义乌市工业区块的土地利用率比较低，平均每亩形成的年税收都在五六万元以下，而且由于管理不善，脏乱差的问题也比较突出。为了优化利用现有的存量工业用地和促进产业升级，2017 年义乌出台了《“低小散乱”块状行业整治提升方案》，开始整治印刷包装、模具加工等七大传统行业，关停了一批污染重、效益差的企业，改造了一批有潜力的企业，同时把一批小微企业整合进入产业园。工业园区整治过程中，政府根据企业亩均效益评价推进小微园建设，亩均效益评价低的企业，必须腾出土地整合进入小微企业园，达不到亩均效益要求的小微企业继续整合，通过倒逼机制推进土地集约节约利用和小微企业转型升级。2017 年以来，义乌市累计实施小微企业园建设项目近 100 个，有效解决了工业区块脏乱差问题，显著提高了土地的利用效率，推动了产业园区承载力和吸引力持续提升。

（四）加强对外合作，推进县域经济开放发展

1. 建设对外经济合作区，提升县域对外开放水平

江苏省昆山市于2013年成立了昆山深化两岸产业合作试验区，完善了昆山市的开放型经济体系，打造了更有吸引力的营商环境，推进了昆山市的对外开放水平。昆山市长期以来处于我国改革开放前沿，自1990年首家台资企业落户昆山开始，迄今台湾地区排名前100的制造企业有近80家在昆山设立有分公司或生产基地，是中国大陆地区台资最密集的地区之一，有约10万台商台胞在昆山安居乐业。2013年以来，昆山市为进一步提高对台经济合作深度和广度，在昆山市原有的国家级和省级开发区的基础上规划建设了深化两岸产业合作试验区，该试验区于2013年2月获得了国务院同意设立的正式批复。试验区在两岸产业对接、金融创新、两岸人员往来等方面出台了一些先行先试措施，同时在两岸产业技术交流、商品检验检测、产品认证、技术标准等领域开展了广泛的交流合作。尤其在金融业合作方面，试验区被赋予了许多先行先试的特殊优惠政策，便利了台资企业在大陆开展人民币借贷业务和直接投资活动。2020年12月，为推广试验区经验，在更大的区域内提升对外开放水平，国务院同意扩大昆山深化两岸产业合作试验区范围至昆山全市。

2. 成立保税区等对外开放平台，推进县域经济开放发展

江苏省张家港市处于我国对外开放的前沿地带，多年来居于全国百强县市前3名，张家港保税区的成立显著提升了张家港市的对外开放水平。张家港保税区于1992年经国务院批准设立，2008年升格转型为保税港区，成为中国政策最优、功能最齐全的特殊经济区域，也是长江流域重要的国际资本承载区、现代产业集聚地和大宗商品集散中心。经过多年发展，开发格局从单一的保税区发展到保税区、化工园区、保税物流园区、高新产业园四个功能区，规划面积从最初的4.1平方公里扩大到60平方公里。当前，张家港

保税区正在推进“科技招商、项目建设、政策突破”三大提速行动，打造临港产业新高地、创新发展新高地和改革开放新高地。2021 年，张家港保税区举办了 30 多场重要的招商活动和重大项目集中签约活动，韩国易恩科、润英联二期、比利时速的奥特性材料等 21 个优质项目签约落户，其中超亿美元重大项目 10 个；总投资超 260 亿元的杜邦胶粘剂、陶氏有机硅、海虹老人涂料、龙蟠润滑油等 35 个项目开工建设；总投资超 165 亿元的迪爱生合成树脂、海陆聚力重型装备、梅塞尔气体等 21 个项目竣工投产，一大批国际国内重大项目的引入激活了张家港保税区开发发展主引擎。2021 年 5 月，张家港市获评现代供应链创新和应用国家示范城市。

（五）促进民营经济发展和提升居民收入，推进县域经济共享发展

1. 建设小微企业园壮大民营经济，推进共享发展

县域经济中的市场主体以民营企业为主，大部分民营企业的特点是规模小、技术落后、效益低、抗风险能力差。然而民营经济的繁荣关系着千家万户的生计问题，近两三年来的新冠肺炎疫情给大量小微民营企业带来了严峻的挑战，部分小微企业的破产倒闭给一些基层群众的生活带来了一定的困难，发展好小微民营企业是让所有人共享经济发展红利的必然路径之一。浙江省慈溪市多年来居于全国百强县市前 10 名，民营经济是带动慈溪经济发展的重要力量，目前全市共有近 2 万家小微民营企业，实现工业增加值占全市工业增加值的 40%。慈溪市小微企业多而不精，发展效益不高。近年来，慈溪市把加快建设小微企业园作为破解小微企业发展瓶颈、推动资源集约节约利用、培育经济发展新动能的重要抓手，按照“企业集聚、产业集群、要素集约、服务集中”原则，打造一批产业特色鲜明、土地利用集约、功能要素齐全的新型小微企业园。从 2018 年起，慈溪市开展了全面推进小微企业园建设提升工作和整治小微民营企业“低散乱”问题工作。目前，慈溪市已建成小微企业园近 20 个，基本形成“一镇一园”格局。小微企业园的建设完善了慈溪民营小微企业的发展环境，提升了小微企业的经济效益和抗风险能力，推动了县域经济共享发展。

2. 依托产业园区扩大就业和提升居民收入，实现共享发展

湖北省仙桃市依托毛嘴镇服装产业园发展服装产业，扩大了就业，提高了农民收入，推进了县域经济共享发展。毛嘴镇服装产业园兴起于20世纪80年代，经过30多年的发展，园区不断发展壮大，服装产业的年产值已超过百亿元。在毛嘴镇服装产业园的带动下，周边乡镇也大力发展服装产业，形成了服装产业集群式发展的态势。为充分发挥毛嘴镇的引领、辐射和带动作用，仙桃市以毛嘴镇为核心规划建设了仙西服装产业集聚区，围绕纺织服装全产业链协同发展，推动形成集纱线、面料、加工制造、品牌营销于一体的纺织服装区域特色产业集群，打造三次产业产融合发展、推进新型城镇化和乡村振兴示范园区。目前，仙桃市服装产业从业者有8万余人，他们大多为当地居民，有些人过去曾经常年在外地打工，服装业的不断发展提供了大量的就业岗位，服装生产线上熟练工人的年收入可以达到10万元以上，许多本地村民不再外出打工，而是留在当地服装企业工作。近年来毛嘴镇陆续开发了一批居民住宅小区，绝大多数房子都被服装产业工人购买了。原来的农民在城镇买了房，工作和生活都在城镇，过上了稳定的生活，实现了就地城镇化。除此之外，数万服装产业工人也带来了毛嘴镇服务业的繁荣，餐饮业、娱乐业不断扩张，又给数千人提供了就业岗位，使大量家庭获得了稳定的收入，过上了安稳的生活。

六　县域产业新城发展的趋势、挑战和对策建议

产业新城作为县域经济发展的增长极，是产业集聚、招商引资和对外开放的重要平台。改革开放以来我国区域经济发展的事实表明，振兴县域经济的一个重要路径就是发展各类产业新城，东部沿海地区许多县域正是在产业新城的带动下实现了经济腾飞。县域产业园区和各类特色小镇不仅是推动县域经济发展的主要载体，而且也是解决当地农民在家门口就业的重要渠道。尤其是对于发展水平相对落后的县域，各类资源要素都比较匮乏，充分发挥

各类产业新城在带动经济发展中的作用，对于推动县域经济高质量发展具有更加重大的意义。

（一）县域产业新城的发展趋势

改革开放几十年来，尤其是党的十八大以来，我国经济社会发展取得了巨大成就，综合国力显著提升。当前，我国经济社会发展的国内外环境正发生着深刻变化，正在由高速增长阶段进入高质量发展阶段，开始向以创新、协调、绿色、开放、共享为引领的新发展格局转型。近年来的中美贸易摩擦和新冠肺炎疫情都对我国经济产生了深远的影响，引起了我国经济发展理念和发展模式的深刻变革。在此背景下，县域经济的增长动力和发展模式也在进行不断调整，各类县域产业新城长期以来依赖传统的低成本优势进行低水平扩张的发展模式已难以为继，产业新城的发展趋势正在悄然发生着变革。

1. 园区产业结构高端化

县域产业新城的产业结构正在由以劳动密集型产业为主向以资金密集型和知识技术密集型产业为主演进。劳动密集型产业因进入门槛低而成为我国大多数县域产业新城起步时的主导产业，多年来的发展导致劳动密集型产业形成激烈的竞争态势，部分技术落后的劳动密集型产业正在逐渐被市场淘汰。国际市场上，我国劳动力工资水平近年来的不断上升导致劳动密集型产业在国际竞争中已不再具有优势。上述发展趋势导致劳动密集型产业已经难以支撑县域产业新城的进一步发展，以资金密集型和知识技术密集型产业替代劳动密集型产业为方向的产业结构高端化成为趋势。产业结构高端化主要表现在以下几个方面。一是产业高附加值化，即产品销售价格中所包含的利润占比较高，这是企业技术密集程度不断提高的结果。二是产业高技术化，即在生产过程中普遍应用高新技术。三是产业高集约化，即产业集聚程度高、企业规模比较大，产生较高的规模经济收益。四是产业高加工度化，即产业链比较长和机械化程度高，形成较高的劳动生产率的利润水平。

2. 园区功能平台化

县域产业新城的传统开发模式是在水电路气等基础设施建设好的基础

上，把工业用地出售给生产企业，或者把建设好的标准厂房出租给企业，承担的主要是为企业提供基础设施和生产条件的生产功能。目前的产业园区除了保障上述基本功能外，还用“平台经济”的思维打造园区服务功能，园区功能平台化成为产业园区创新发展的主要趋势。引进和培育有潜力的平台型企业，提供创客空间、孵化器、加速器等公共平台，为创新创业提供低成本的甚至免费服务，有些平台型企业还提供产品开发、资产孵化、客户融资、专业辅导、人员培训、物业运营等完整的产业链服务。园区功能平台化是园区增强综合竞争力和提升吸引力的重要手段，从简单的硬环境建设走向为创新创业提供全方位服务，实现资源在园区内的优化整合，以此培育出能够引领产业园区发展的创新型企业。

3. 园区经营品牌化

县域产业园区正在改变“千区一面”的刻板模式，向突出园区特色和打造园区品牌转变。品牌是客户对园区提供的产品和服务的印象总和，产业品牌、企业品牌和产品品牌是园区品牌的主要内容，打造园区品牌、增强园区软实力是提升县域产业新城影响力和核心竞争力的重要途径。我国知名的县域产业园区往往具有明显的产业特色和产业品牌，如浙江省乐清经济开发区的电气产业、湖南省浏阳经济技术开发区的医药产业、浙江省义乌市的小商品产业园、江苏省张家港保税区的化工产业、江西省南昌县小蓝经济技术开发区的汽车产业，这些特色产业具有很高的知名度和美誉度，显著提升了产业园区的影响力和企业的市场竞争力。当前，创立精品园区和建设品牌园区已成为各县（市）政府发展地方经济的重要举措。

4. 产城融合一体化

产业园区由以生产为主向生产、生活、生态协调发展的产城融合模式转变。县级产业园区在发展过程中比较偏重于生产功能的开发，只重视产业的引进和培育，而忽视生活、生态功能的塑造，对居住条件和生活环境基础设施建设不足，商业服务与休闲娱乐功能缺失，对生态环境的保护力度不足，导致产业园区的可持续发展能力欠缺。目前，产业园区正在改变传统的发展模式，以“以人为本”的发展理念建设产业园区，在发展产业的同时发展生活功能和生态功能，构建产城融合的新型城镇化地区。产业园区不再仅仅是单纯的生产场所，也是适合居住和休闲的城镇家园。未来，随着绿色化、生态化等新发展理念的进一步深入人心，县域产业园区的生活和生态功能将进一步受到关注，园区功能的完善也会反过来提升产业园区对优秀人才、资金和技术的吸引力，推动园区的产业结构升级和可持续发展。

（二）县域产业新城面临的挑战

县域产业新城发展中存在诸多问题，也面临着多方面的挑战。目前来说，县域产业新城面临的最主要挑战来自产业发展方面，产业发展层次低，创新能力不足，产业集聚程度低，资源利用率低，产业缺乏特色和抗风险能力，产业新城当前的发展态势难以适应我国经济高质量发展的要求。

1. 产业层次低，创新能力弱

当前，我国产业园中国家级和省级经济技术开发区的发展水平普遍较高，入园的企业、产业定位、开发强度、经济社会效益、园区营商环境建设等方面都具有明显优势。在县域产业园区中，除少量发展状况特别好的园区被升级为国家级或省级产业园区外，绝大部分的县域产业园区和特色小镇在发展水平和资源集聚程度上明显落后于高等级的产业园区，使得县域产业园区在招商引资和高端人才引进方面缺乏竞争力，在与高等级产业园区的竞争中处于不利地位。国家级和省级产业园区以更好的基础设施、产业配套能力和营商环境对优质企业和高端人才具有更强的吸引力，而县域产业园区和特色小镇很难获得优质企业和高端人才的青睐。县域产业园区和乡镇园区总体上呈现出发展水平低、入园企业参差不齐、创新能力不足、基础设施建设滞后、园区公共服务平台落后的特征。作为数量最多、类别最多的县域产业园区和各类特色小镇，如何提升产业层次和创新能力是县域产业新城面临的挑战之一。

2. 产业集聚度低，资源利用率低

县域产业新城中，大部分产业园区处于低水平、低品质发展状态，园区难以形成产业规模，企业竞争力低、效益低，经济发展水平较低地区的县域

产业园区发展更为困难。县域产业园区大多缺少科学的产业规划，没有明确的发展定位和准入标准，招商难、盈利难，难以形成有效的产业集聚和适度的产业规模，不能形成特色产业和地域品牌，产业和企业缺乏市场竞争力。入园企业因经营不善导致破产时，其所占用的土地常常荒废闲置，导致园区的土地空置率较高，由于土地管理相关政策在操作层面遇到一些困境，破产企业所占用的土地指标也很难在短期内盘活并再次进入市场，总体上使产业园区的土地利用效率较低。县域产业园区中的企业普遍生产技术落后，资源能源的利用效率较低，污染物排放量较大，难以适应当前我国生态环境建设和实现碳达峰碳中和目标的要求。

3. 产业缺乏特色，抗风险能力弱

县域产业园区在发展上主要依赖单一的招商引资方式，缺乏对于地方特色产业的孵化和培育，这种做法一方面难以形成有地方特色的产业发展方向，另一方面很容易与周边其他产业园区发生竞争，导致园区之间出现低水平、同质化的激烈竞争，竞相以更低的土地价格和更优惠的税收政策来吸引投资，这种做法不利于提升产业竞争力和促进县域经济的长期健康发展。在土地资源日益稀缺、环保要求日益严格的背景下，产业园区的这种发展模式已不能满足县域经济高质量发展的需要。另外，由于缺乏特色产业，产业园区在宏观经济发生大的波动时缺乏抗风险能力，很容易出现企业破产和产业衰败。如何发展特色产业、提升企业的抗风险能力是县域产业园区面临的又一项重大挑战。

（三）县域产业新城发展的对策建议

1. 充分利用县域比较优势发展特色产业

产业新城在产业发展规划上要注重发挥本县域的比较优势。地方政府要通过广泛调研和比较分析找到本县域在产业基础和资源禀赋上的优势和劣势，在此基础上确定本县域重点发展的产业方向。昆山阳澄湖科技园区重点发展高科技产业，是发挥了邻近上海的优势，充分利用了上海高等院校和科研院所比较集中、创新能力比较强的优势；浏阳经济技术开发区重点发展医药产业，充分发挥了湖南省医药资源比较丰富的优势；仙桃市毛嘴镇服装产业园充分利用了当地劳动力丰富和距离全国知名的武汉汉正街服装批发市场比较近的优势。发挥了当地的比较优势，才能够在产业发展的起点上领先于其他地区，才能够在与其他地区的竞争中处于优势地位。

产业新城在产业发展上要重视个性化、差异化的产品，形成特色产业。县域产业新城在园区规模和资源配置能力上明显落后于国家级和省、市级开发区，走特色化发展道路才能在市场竞争中生存下来，因此要重视细分市场，把注意力集中到个别特色点上，挖掘深加工潜力，把特色产业做大做强，在某个细分市场领域做到全国领先甚至全球领先。义乌小商品产业园的数量众多，每个产业园都有自己的特色产业，一园一品，很多园区都把一些不起眼的产品做出特色，以低廉的价格和特色化设计畅销全中国和国际市场，形成了持续的竞争力。县域产业新城要重点支持园中园、专业化园区等具有特色化发展潜力的园区发展，形成一定的集聚效应和规模化生产能力，打造小而专的园区新经济空间。

2. 集聚创新要素提升园区创新能力

县域产业新城要为创新活动提供全方位服务和良好环境，推进产业创新。县域产业园区一般缺少大企业，多是以中小企业为主，因此，中小企业是推动县域产业园区技术进步的主要力量。要了解中小企业的创新特点和关注中小企业的创新需求，采取多种举措为中小企业提供创新平台，加强创新服务，同时要创造有利的环境吸引国内外优秀创新团队来园区创业，形成科技创新与资本市场相结合的创新型园区。一是采取措施解决中小企业的融资难问题，特别是在创业期，要通过税收优惠和财政补贴等方式鼓励风投资金注入中小企业。二是建立激励创新的人才政策。与国家级和省市级产业园区相比，县域产业园区更加缺乏创新人才，因此，要通过激励性政策吸引创新人才在县域产业园区创业。比如，可以项目的形式设立创新人才专项资金，从资金上对创新创业活动予以扶持。三是加强对于中小企业的创新服务。产业园区要针对中小企业缺乏技术信息和市场信息的特点，建立包括企业、金融、商业和技术支撑一体化的信息集散系统，为中小企业的创新决策提供依据。四是重视利用上级政府的创新资源，争取国家级和省市级科技创新计划项目对于本地中小企业的支持，让本地产业融入国家产业发展总体布局，分享更广阔的发展空间。

3. 打造产业链体系推进产业转型升级

县域产业新城在产业培育和招商引资的过程中，要重视打造产业链体系。园区的主导产业必须要有相应的上下游产业以及相关产业与之配套，才能形成产业集聚效应。打造产业链体系，产业新城要围绕重点培育的主导产业以及上下游产业进行全产业链招商，形成核心产业、支持性产业和配套服务功能协同发展的产业体系。产业新城在招商引资的过程中，要结合重点产业发展中的短板环节，从强链补链延链出发进行精准招商。园区主要领导负责重点产业链的招商引资工作，要深入园区企业了解生产销售情况，找出产业链的薄弱环节，然后有针对性地与国内外目标企业进行联络和合作，重点关注那些技术水平高、在行业内有较大影响力的头部企业和标杆企业，为企业解决入驻难题，打造核心产业和核心价值链，达到合作双赢的目的。

县域产业新城要以创新驱动和绿色低碳发展为目标，推动产业转型升级。县域产业新城以传统的劳动密集型企业和中小微企业为主，企业的技术水平、创新能力普遍较低，资源能源消耗量高、污染问题比较严重，难以适应高质量发展的要求。因此，县域产业园区要转变传统的粗放发展模式，通过技术升级和自主创新，增加产品的科技含量，向产业“微笑曲线”的两端升级，即前端的研发设计环节和后端的增值性服务环节，提高产品的附加价值。产业园区向注重培育孵化新兴技术、新兴产业和更加注重环境保护的环节转移，构造新的产业生态和盈利模式。对那些技术含量低、污染严重、升级无望的产业和企业要坚决关停和淘汰，腾出土地发展高新技术企业，提升产业园区的发展潜力。

4. 提升园区功能推进品牌化经营

加强园区公共服务平台建设，提升产业支撑能力。一是着力优化营商环境。将产业园区招商引资的工作重心由单纯的项目引进转移到基础设施和服务环境建设上，加快产城融合发展步伐，完善园区公共服务体系，为居民提供优质的公共服务，为企业提供精准的个性化服务，靠完善的基础设施和良好的营商环境吸引企业入驻。二是完善人才引进机制和政策。根据产业发展需求引进和培养高层次创新型人才和各类专业技能型人才，健全高层次人才激励机制和管理制度，确保高层次人才不仅能够引得来，而且还能留得住、用得好。三是加快园区发展由政府主导向市场主导转变。推进园区市场化运作进程，充分发挥市场机制在资源配置中的决定性作用，建立市场化运作的投融资机制，吸引民间资本参与园区建设。

园区品牌化经营就是在园区硬实力基础上打造整体发展的软实力。美国硅谷、英国剑桥科学园、日本筑波科学城以及我国的中关村科技园、张江高新区、漕河泾开发区等都依托园区实力打造成了在国际上有影响力的品牌园区。县域产业园区的影响力普遍较小，在园区品牌建设上要重点做好以下工作。一是园区要有品牌经营的理念，有专门的人员和机构负责品牌经营，并有一定的经费支持品牌建设。二是吸引有影响力的企业入驻园区，利用企业的影响力提高园区的品牌知名度。三是与知名的研发机构和高等院校联合建设研究实验基地，打造有影响力的研发机构，同时推动产业转型升级，依靠高新技术产业提升园区的品牌影响力。实践当中，很多县域产业园区仅靠自身的实力打造品牌比较困难，可以采取与国家级高新技术开发区共建园区的办法，把县域产业园区作为国家级开发区的一个园区来建设和开发，以此提升县域产业园区的知名度和影响力，即“一区多园”模式。这种模式还可以分享国家级园区丰富的产业资源和先进的管理制度等，快速提升产业园区的管理水平。

参考文献

习近平：《推动形成优势互补高质量发展的区域经济布局》，《求是》2019 年第 24 期。

张凤林：《全面推进乡村振兴背景下县域经济高质量发展研究》，《理论探讨》2022 年第 3 期。

张雷声：《新时代中国经济发展的理论创新——学习习近平关于经济高质量发展的重要论述》，《理论与改革》2020 年第 5 期。

黄群慧、张五明：《中国产业新城发展研究报告（2018～2019）》，社会科学文献出版社，2019。

范毅、王笳旭、张晓旭：《推动县域经济高质量发展的思路与建议》，《宏观经济管理》2020 年第 9 期。

袁保瑚、李继伟：《新发展格局下山东省县域经济高质量发展路径研究》，《山东社会科学》2021 年第 8 期。

陈健生、任蕾：《从县域竞争走向县域竞合：县域经济高质量发展的战略选择》，《改革》2022 年第 4 期。

郭爱君、毛锦凰：《新时代中国县域经济发展略论》，《兰州大学学报》（社会科学版）2018 年第 4 期。

王振华、孙学涛、李萌萌等：《中国县域经济的高质量发展——基于结构红利视角》，《软科学》2019 年第 8 期。

王蔷、丁延武、郭晓鸣：《我国县域经济高质量发展的指标体系构建》，《软科学》2021 年第 1 期。

许昕、赵媛、夏四友、武荣伟、张新林：《中国分县城乡人口老龄化时空差异与机理》，《经济地理》2020 年第 4 期。

王智勇、李瑞：《人力资本、技术创新与地区经济增长》，《上海经济研究》2021 年第 7 期。

方长春：《县域发展与人才就业何以“双向奔赴”》，《人民论坛》2022 年第 16 期。

方迎风：《中国县域经济发展差距的异质性与动力机制分析》，《河南社会科学》2022 年第 9 期。

完世伟、汤凯：《新基建促进县域经济高质量发展的机制与路径研究》，《区域经济评论》2020 年第 5 期。

朱华雄、王文：《经济视角下的县域城镇化：内在逻辑、难点及进路》，《新疆师范大学学报》（哲学社会科学版）2022 年第 5 期。

县域经济发展篇

Reports on Development of County Economy

B.2
县域工业高质量发展报告

李国政　李蓓蕾*

摘　要： 经济发展离不开工业的发展，工业高质量发展是新时代的新要求，也是经济高质量发展的应有之义。县域工业实现高质量发展对我国工业的发展和进步具有重大意义，但是目前我国各县域的工业发展情况不尽相同。本报告通过对我国县域工业的发展概况进行描述，发现县域工业在高质量发展中面临产业配置不合理、创新能力弱、综合竞争力不足的问题，并以此为方向，在加大创新投入力度、促进产业升级与融合等方面提出了相关建议：按照各县域工业发展情况制定策略，加快实现高质量发展；推动县域产业之间优势互补，提高县域工业发展效率；县域企业明确自身定位，提高县域工业高质量发展活力；加大科技创新力度，为县域工业高质量发展提供支撑；创新人才培养机制，增强县域工业高质量发展支持保障。

* 李国政，博士，郑州轻工业大学经济与管理学院管理科学与工程系副教授，硕士生导师；李蓓蕾，郑州轻工业大学经济与管理学院硕士研究生。

关键词： 县域工业 制造业 科技创新 高质量发展

工业高质量发展是在新发展理念指导下，工业产品加工、制造、销售全过程达到生产要素投入少、资源配置效率高、生态环境质量优、经济效益好的高水平可持续发展。因此，工业高质量发展的内涵是指通过技术创新驱动工业体系创造价值的质量，更好地满足人民的美好生活需要，同时以新发展理念为原则，以实现制造业高端化、智能化、绿色化、服务化发展为途径，促进工业实现更高层次的质量变革。① 工业高质量发展的具体表现有，企业产品品质提升，产业结构得到优化，经济、社会、环境实现绿色可持续发展等。“县域工业高质量发展”是指通过提高处于县（市）的制造业、加工业的生产质量，使其实现高标准、绿色发展，同时促进行业整体在生产水平和效率方面发生质的转变。县域工业高质量发展意味着县域工业无论是在供给与需求方面，还是在投入与产出方面，均需要满足更高水平、更可持续、更有效率的发展要求。

一　我国县域工业发展现状

县域工业主要指位于县（市）的制造业和加工业，具体包括机械制造业、交通运输设备制造业、电子及通信设备制造业、农产品加工业等。县域工业是县域经济发展的重要驱动力，县域工业的发展极大地促进了我国工业的高质量发展。由于我国幅员辽阔，不同地域之间的基本条件各不相同，比如我国的东部、中部、西部地区之间存在明显的差异，不同地区在县域工业发展的过程中也呈现出各自的特点。下面将根据近三年来我国工业百强县（市）的数据对目前我国县域工业发展现状进行简要描述。

① 赵剑波、史丹、邓洲：《高质量发展的内涵研究》，《经济与管理研究》2019 年第 11 期。

（一）我国县域工业分布情况

从整体来看，近年来我国工业较强的县域分布呈现出东多西少、南强北弱的格局。从图 1 中可以看出，江苏和浙江几乎占据总数的半壁江山；同时，福建、湖南、安徽、江西等南方省份的工业百强县（市）数量呈现增长趋势。从地理空间上来看，东部地区工业百强县（市）数量占比大，且持续保持优势地位；中部地区保持稳定增长；西部地区和东北地区的数量一直较少（见图 2）。

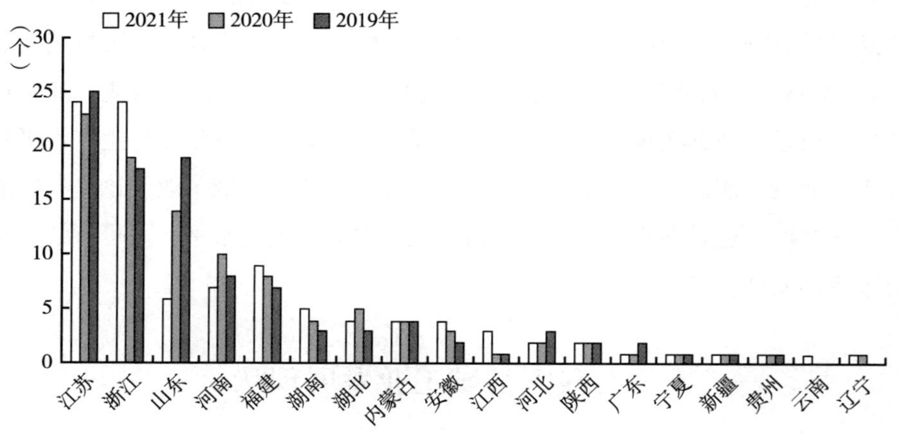

图 1　2019~2021 年中国县域工业百强县（市）发展情况

资料来源：2019~2021 年中国信息通信研究院《中国工业百强县（市）、百强区发展报告》。

东部沿海地区一直是我国制造业分布较多的地区，而且在县域工业发展过程中，东部地区县域制造业的数量持续增加，工业竞争力总体呈稳定上升状态，使得中西部地区与东部地区的县域工业竞争力的差距不断拉大。

此外，东、中、西部产业布局各不相同。东部地区是劳动密集型产业居多，同时由于产业集聚效应和相关政策的支持，东部地区不断吸引外资入驻本土，促使资本密集型产业迅速发展。例如长三角地区，内外开放水平较高，招商引资、投资结构较好，高新技术产业投资逐渐增多，工业技术改造

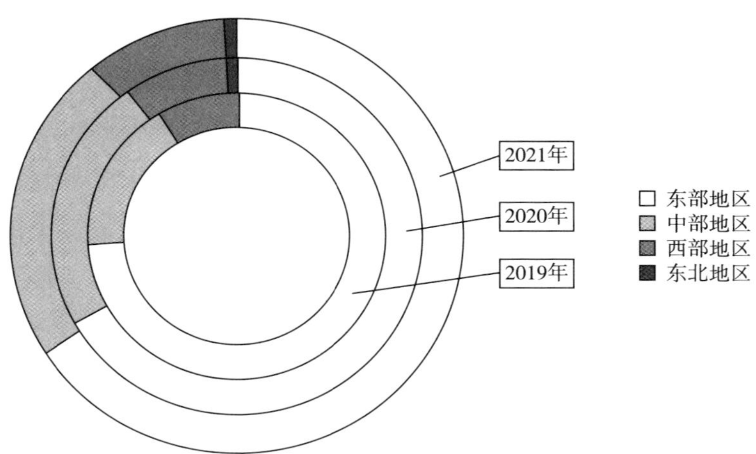

图 2　2019~2021 年中国工业百强县各地区分布情况

资料来源：中国信息通信研究院《中国工业百强县（市）、百强区发展报告（2021）》。

投资和新兴产业投资均保持较快增长。而中西部地区由于地理位置不利、产业基础较为薄弱、资金不足等因素，则是以资源密集型产业为主，对本地区的优势资源进行开发、加工，例如金属冶炼、食品加工等。中部地区在运输设备制造业方面持续稳定发展，西部地区则在航空航天设备制造业方面不断发展，两者目前均在各自的县域产业中占有较大比重。而作为老工业基地的东北地区，目前县域工业处于发展的低谷期。

（二）我国县域工业发展情况

制造业作为工业发展的核心力量，对一个区域的经济发展有着重大影响。然而各县域之间存在工业发展不平衡的问题，导致各县域制造业的发展情况及表现特征各不相同。下面以不同地区间的制造业发展情况为切入点，简要描述我国县域工业目前的发展状况和特点。

1. 主攻制造业

拉动县域经济高质量发展的强劲动力之一是县域产业，而县域产业中最重要的正是制造业。因此，许多县域主要是集中力量发展制造业。尤其是东部地区，如江苏省江阴市，一向有“制造业第一县”之称，其产业体系健全，涵盖高端纺织服装、石化新材料、金属新材料、汽车船舶四大主导产业，以及集成电路、新能源、生物医药及高端医疗器械、高端装备四大新兴产业，带动地区经济持续稳定增长。

中部地区如湖北省武汉市，其拥有完备的工业体系，从以宝武钢铁为代表的重工业到以光谷为标志的新兴技术产业，武汉在制造业发展的道路上一直处于稳定状态，光电、医药、汽车三驾马车并驾齐驱。

虽然制造业对于地区的经济发展水平影响很大，但是制造业在西部地区并不突出。与中、东部地区相比，西部地区工业的形成和发展主要依靠当地的自然资源，因此西部县域工业发展水平较低。

2. 发展特色产品加工业

虽然制造业是中国县域发展的支柱，不少县市也都将制造业作为高质量发展的主要方向，但是，目前制造业发展存在着不平衡与不协调的问题。发达地区与欠发达地区制造业发展水平差距很大，欠发达地区许多县域难以很好地发展制造业。而且我国中西部地区的县域多为农业县，其县域工业主要是从农业上延伸而来的，包括农副产品加工业以及服务于农产品销售的配套工业。

二　县域工业高质量发展中存在的问题

县域工业的发展主要是依托于其所在地区及周边城市的发展资源。我国东部地区、中部地区和西部地区的县域工业数量与当地的人口、自然资源以及产业结构几乎是同步发展的。总体来说，我国的县域工业存在地区发展不均衡的问题。例如，西部地区的传统制造业面临着技术、市场、资本、产业环境等方面的发展困境时，东部地区的制造业正迅猛发展并形成了一定的市场垄断。

但是不同县域工业在朝着高质量发展的过程中几乎都需要面对资源消耗

量大、制造业企业自主创新能力不强、县域工业核心竞争力较弱、县域产业结构不合理导致产能过剩、产品附加值低等情况。[①]

（一）县域工业的综合竞争力不足

与发达地区相比，欠发达地区的县域工业存在技术制造水平较低、产业链条短、工业企业数量较少等问题，会直接影响县域工业的产值、工业产品的附加值以及地区资源整合能力等处于低端的位置，从而导致县域工业缺乏综合竞争力。

1. 县域工业同质化问题突出

县域工业大多还处于产业链的中低端，先进工艺、产业技术基础能力较为薄弱，易出现县域工业企业发展项目选择类似的现象。即使是新兴产业以及新建设的产业园区，也会存在扎堆现象。正是由于县域地区工业发展项目细分不充分，工业集中区在主导产业确定、招商引资、项目建设方面统筹推进、错位发展不够，没有形成特色鲜明、资源共享、优势互补的发展格局。

同时县域内新兴产业自身造血功能普遍不强，多数情况下需要依靠地区产业协作，而同质化问题的出现使得县域内资源分散，难以有效集聚，最终导致低端产能过剩、高端产能不足，削弱区域工业的竞争力。

2. 产业集聚发展不足

县域工业在发展过程中存在特色不够鲜明、产业规模整体偏小、配套设施不足、用于建设标准化厂房的土地利用率低、资金保障不够、企业创新能力较弱等发展难题。具体表现为，县域内制造业集聚发展不足，使得部分产业园区缺乏清晰的产业定位，普遍存在产业同质化的问题，导致高附加值产业发展缓慢，产业链条也难以更好地延伸，最终生产优势和生产资源不能得到有效发挥。[②] 同时在招商引资上，重点关注招商引资的企业数量，而对招商引资项目评估不足，设置门槛不高，对产业链条的延伸缺乏重视，致使最

---

① 余东华：《制造业高质量发展的内涵、路径与动力机制》，《产业经济评论》2020 年第 1 期。

② 韩树宇：《河南县域制造业高质量发展的思路与对策研究》，《现代工业经济和信息化》2022 年第 8 期。

终产出效益不高，产业层次低，产业协同效应和产业集群效应不明显，生产资源和优势难以得到有效发挥。

3. 工业产品的销售渠道和物流体系不完善

工业类产品由于本身存在单价高、交付周期长的特征，面向的客户群主要是企业客户，批量采购。与消费类产品相比，县域制造业企业产品的推广和销售渠道较为单一，往往通过行业展销会获得大批量订单。而对于发展加工业的县域来说，存在部分产品销售价格偏低、产品种类少而出现议价能力弱、难以在市场上占据优势的问题，比如加工农产品。

此外，目前物流业与县域工业发展不同步，两者还未实现资源共享。县域地区的物流体系还不完善，即使有些县域工业企业已经发展了自营物流，但在工业产品的仓储、运输和配送服务方面耗费成本较高。而选择与第三方物流合作的企业，虽然节约了部分成本，但当前物流配送服务难以满足工业企业的多样化需求。

（二）县域工业企业创新能力不足

产品创新能力不足是限制县域工业高质量发展的关键因素。目前我国县域制造业产品同质化问题较为突出，大多数产品的基本功能类似，在产品的差异性、档次、技术含量、品牌知名度等方面与高端制品的标准相比还存在一定的差距，而制造业高质量发展最终是要体现在为市场或社会提供更高质量和技术性能的产品或服务的。

另外，由于我国许多县域缺乏高校或者科研院所，县域制造业的创新主要依靠当地企业，而大多数企业的产品研发机构主要分布在城市的中心区域，因此县域制造业企业普遍存在创新能力不强的问题。以中部地区的农产品加工业为例，虽然其保持着持续快速发展，但在工业中的地位有所下降。加工农产品的产品附加值不高，缺乏市场竞争力，同时农产品加工业主要集中在产业链的中游或者上游，高端和终端产品较少，产品附加值不高，产品的整体竞争力不强，缺乏市场竞争力。

（三）县域工业发展缺乏高端要素配置

一方面是在数字经济的影响下，县域工业高质量发展缺乏高层次人才。数字经济的快速发展促使产业向新业态、新模式的方向加速转变，而县域工业企业的人才储备不足，致使产业升级时面临人才掣肘。同时，与城市中心地区的基础设施、公共服务以及区位条件相比，县域工业在这些方面具有明显差距，而且县域拥有的高端企业数量本来就少，在吸引高端人才方面存在劣势。

另一方面是融资体系不健全导致县域制造业企业面临融资难的问题。县域工业发展受制于自然禀赋和县市财政收入不足，县域融资体系不健全，自我造血能力差，发展进程缓慢。同时由于县域工业产业层次较低、抵押资产较少等因素，融资渠道单一，而且近年来经济下行导致部分制造业企业盈利能力下降，融资成本提高。

三　县域工业高质量发展的对策

在数字经济快速发展的时代背景下，新一代信息网络技术的发展和应用，为制造业向智能化方向发展提供了技术基础，为实现工业高质量发展创造了便利条件。因此，对于推动县域工业高质量发展，同样要重视县域制造业的高质量发展。一方面地方政府要做好统筹规划，另一方面需要县域内工业企业做好协调配合。具体包括以下几点。

（一）按照各县域工业发展情况制定策略，加快实现高质量发展

县域工业的高质量发展需要因地制宜，因此当地政府需要对本地区的特色资源、工业企业等做好统筹规划和调研，在此基础上为各县定制专项发展策略，培育和发展合适的支柱工业，改善区域工业发展不平衡不充分的局面。同时完善产业链，与上下游环节形成高效率匹配，避免重复建设、产能过剩。

因此，要抓住县域工业高质量发展的机遇，对县域产业进行定位，确定要重点发展的制造产业，明确本县域内的优势产业是否需要鼓励企业集聚，以及鼓励何种类型和规模的企业集聚，稳定县域工业的发展优势。同时要强化当地的特色产业，改善制造业企业的发展环境，为县域工业的高质量发展提供动力。

（二）推动县域产业之间优势互补，提高县域工业发展效率

以县域内的特色产业为着力点，完善县域工业的价值链。对于依靠区域自然资源而形成的相关工业企业，需要明确自身优势，发展特色工业。通过对优势产业进行产业化、集群化发展，不断完善上、中、下游的产业链条，同时加快发展配套服务，形成现代化县域工业发展基地，增强县域高质量发展的竞争力。

建立县域工业高质量发展标准，构建区域产业协同体系。首先，要对县域工业的发展做出合理评判，并找出各地区优势产业和资源，以实际情况为参考，制定区域工业高质量发展规划。其次，要加强各县、市工业与服务业之间的产业融合，加强不同工业企业间的优势互补，促使各县域工业企业之间共同发展，形成地区之间优势、资源共享，最终推动县域工业差异化发展的工业格局。①

对于靠近区域中心城市或者与大城市相邻的县域来说，加强交通基础设施建设对于缩短县域与周边城市的运输距离、降低两点之间的物流成本具有重要意义。对于一些劳动密集型产业，建设良好的交通运输设施，形成连接周边的交通网络，加强区际联系，加速与周边区域进行产业融合，可以降低一部分工业企业生产成本，改善其产业分工和配套，进而优化县域产业结构。

对于缺乏优势条件的县域来说，可以考虑利用大型项目建设对产业层次

---

① 郭朝先：《产业融合创新与制造业高质量发展》，《北京工业大学学报》（社会科学版）2019年第4期。

进行提升，对产业园区的发展水平进行突破。例如，引进相关产业的龙头企业，或者通过产业园区引进可以与当地工业企业相适配的项目，进而形成有一定竞争力的产业集群，使得本地区工业进入高质量发展的行列，还可以带动县域经济的发展。同时，还需要提升产业园区的发展水平，从而为即将入驻的企业提供高质量的基础设施和配套服务。此外，产业融合和产业集聚要鼓励县域制造业企业向产出效益的目标看齐，在建设工业园区时合理利用土地，尽量避免只是追求大企业、大规模而造成的土地浪费。

（三）县域企业明确自身定位，提高县域工业高质量发展活力

明确县域工业企业的发展目标和战略，确定工业产品定位。企业通过采取质量领先的差异化产品定位，以工业产品及相关服务的差异性吸引客户，提高产品的竞争力。同时加强与供应商之间的联系，最大化地降低产品成本和费用；建立健全产品营销信息管理，做到及时为企业营销决策提供信息支持；定期开展顾客满意度调查，不断完善差异化售后服务体系。

对于县域制造业企业来说，分析本企业的优势和劣势，找到与业内先进企业间的差距，才能更好地引导企业高效率发展。同时密切关注行业的技术发展动态，为企业进一步发展提供决策依据。而以加工农产品为主的县域企业，主要是通过销售加工农产品为县域工业提供经济力量，具体可以通过提高农产品加工技术、完善销售渠道以及物流配送服务促进县域工业进一步发展。比如，引进先进技术和设备，增强自主学习能力，通过吸收或者创新技术要领，提升加工水平；加强与电商平台的合作，拓宽销售渠道，同时加强与电商物流企业合作，优化仓储服务和物流运输路径，降低物流成本。

（四）加大科技创新力度，为县域工业高质量发展提供支撑

营造科技创新的良好环境，突出工业的数字化、服务化、智能化，进一步强化科研创新的驱动力度。以县域工业现有的技术和人力资源为基础，将数字技术应用于县域工业生产制造的各个环节中，通过对工业技术以及工业管理等方面的改进，促进县域工业与相关产业的融合发展，进一步延伸产业

链条，促使县域工业加快实现高质量发展。以人工智能和大数据等新一代信息技术为依托，实现县域工业企业层面的数字化发展，积极推进“智能+”“5G+制造”等技术的创新性应用，强化工业智能化对县域制造业的积极影响。①

通过采取完善基础设施建设和引进高校研发人员等方式，及时掌握县域工业高质量发展的新动向，以便县域制造业企业的科研成果转化为高质量产品。同时引入竞争机制，以县域工业企业为主体，利用市场引导县域内外的各类企业参与进来，带动当地工业结构调整，实现县域工业高效发展。

（五）创新人才培养机制，增强县域工业高质量发展支持保障

县域工业高质量发展离不开资金和人才的支撑，需要进一步优化营商环境，创新人才培育机制以及县域工业投融资体系，夯实县域工业高质量发展的基础。

一方面，充分利用县域及周边地区的高校和高职院校的教育资源，创新人才培养和引进的新模式，加强县域工业高质量发展与创新路径研究方向的人才培养，充分推进校企合作，加快培育能在县域工业发展领域起到引领作用的人才队伍，同时做好人才招引工作，吸纳更多的优秀人才，为县域工业高质量发展持续提供智力支持。另外，还要优化县域人才政策，鼓励青年人才回乡创业，并加强信息化人才队伍建设，培育核心竞争优势，以此带动县域制造业企业劳动生产率的提升。同时加强岗位培训，提高劳动者的素质，依靠以人才为主导的技术创新，发展县域工业企业的核心竞争能力。

另一方面，帮助县域工业企业拓宽融资渠道，为其发展提供资金支持。各县政府可以根据工业发展情况，设立专门的县域工业企业担保基金和贷款担保机构，同时鼓励社会资金参与，共同解决工业企业融资难题。对于规模大、拥有自主品牌且市场占有率较高的企业，县政府可以帮助企业上市，从

① 唐晓华、迟子茗：《工业智能化对制造业高质量发展的影响研究》，《当代财经》2021年第5期。

而获得更多资金支持。而对于中小企业，当地政府可以通过开展多种形式的联保贷款活动，为其提供融资服务。

四　结语

县域工业高质量发展应围绕“质”与“量”稳步提升。县域制造业应尽快走出资源要素投入过多的传统模式，依靠创新驱动各个县域工业企业间的交流合作。进一步通过新技术、新组织形式以及新的产业集群，形成县域工业高质量发展的新机制。

创新是推动县域工业高质量发展的核心动力，绿色发展是县域工业高质量发展的实现途径。企业是创新的重要载体，而创新在县域制造业高质量发展过程中发挥着显著作用。因此，应持续加大县域制造业的研发投入力度，使县域制造业企业保持稳定的创新能力。加强创新推动力和人才支撑力，借助当前工业改革和发展的动力，改善县域制造业企业发展条件，加快提升当地工业发展水平。

此外，推动县域工业高质量发展，是加快实现县域经济高质量发展的前提和基础，稳定县域制造业在产业发展中所占的比重，有利于巩固县域实体经济的根基。与此同时，为了更好地实现县域工业高质量发展，需要根据各县域的实际情况，适时调整发展思路或者转换发展动力，进而打破惯性思维，推动县域制造业发展模式的改变和提升，使县域工业在发展速度、质量和效益方面实现协调统一。

目前，我国工业正处于向智能化发展的重要阶段，要满足县域工业高质量发展的要求，必须具备创新能力提升、生产要素质量和效益改进、产业结构优化、产品品质及品牌升级等条件。并且要深刻认识到工业智能化驱动县域工业高质量发展的潜力，推进智能化在县域工业生产环节的应用与融合，加快推进绿色制造，提升县域工业智能化发展水平，使县域制造业实现可持续发展，从而推动我国工业化水平更上一层楼，并且能够更加从容地应对新工业革命的挑战。

参考文献

赵剑波、史丹、邓洲：《高质量发展的内涵研究》，《经济与管理研究》2019 年第 11 期。

余东华：《制造业高质量发展的内涵、路径与动力机制》，《产业经济评论》2020 年第 1 期。

韩树宇：《河南县域制造业高质量发展的思路与对策研究》，《现代工业经济和信息化》2022 年第 8 期。

郭朝先：《产业融合创新与制造业高质量发展》，《北京工业大学学报》（社会科学版）2019 年第 4 期。

唐晓华、迟子茗：《工业智能化对制造业高质量发展的影响研究》，《当代财经》2021 年第 5 期。

B.3
县域农业高质量发展报告

胡　好*

摘　要： 县域农业高质量发展的关键是新技术的推广使用，区块链技术在农业领域的应用能够深刻改变生产和经营手段，有力推动农业高质量发展。“区块链+农业产业链”是中国农业现代化的现实需要。“区块链+”作为“互联网+”的拓展，具有去中心化、信息不可篡改和点对点等特征，与农业产业链结合能更深层次地释放产业链信息的生产力，消除信息不对称，提高组织抗风险能力。当前，区块链赋能农业产业链还存在数据采集困难、技术支撑薄弱和农户认知存在偏差等困境。基于此，可以通过优化数据采集流程、强化人才培养、加大资金投入和消弭农户认知偏差等途径加以解决。

关键词： 区块链　农业产业链　农业现代化

农业是稳民心、安天下的战略性产业。农业的高质量，意味着农产品的高品质、农业的高效益和农业资源的可持续利用。早在 2018 年，农业部就把当年定为“农业质量年”，提出农业要高质量发展，推动农业由增产导向转向提质导向，不断提升农业质量、效益和竞争力。县域农业高质量发展需要三方面的支撑，一是政府出台有力的农业政策，二是构建高效率的农业经营体系，三是农业新技术的不断应用。本报告限于篇幅，仅讨论新技术在农

* 胡好，博士，郑州轻工业大学经济与管理学院讲师，研究方向为电子商务与信息管理。

业高质量发展中的应用这一主题，重点探讨区块链赋能农业产业链构建问题。

一　农业产业链与农业高质量发展

中国农业发展的一个关键性目标就是实现农业现代化。本质上而言，农业产业化进程即为农业产业链健全发展的进程。技术在农业及其产业链健全发展进程中发挥着重要作用，根据政府农业发展政策要求，需不断将先进科技持续融入农业产业链，这是中国农业产业发展的切实需求，也是当前推动农业高质量发展的重要支撑。

农业产业链涵盖了从地头到餐桌的诸多链环，即农产品生产资料供应以及农产品生产、加工、物流、存储、销售等，参与主体有农户、金融机构及企业等，农业产业链运行的稳定性对农户利益与农产品市场供给存在直接的影响，还从根本上关系农业平稳健康发展，并且为脱贫致富、全方位助推乡村振兴提供保障。中国农业现代化发展的一个主要方向就是积极助推搭建农业产业链。然而，中国农业产业链目前仍需解决相当多的问题，诸如产业链中农户和企业等相关主体间协作不稳定、利益分配不均、信息沟通不畅通等，不利于中国现代农业的稳健发展。基于此，现代农业发展亟须解决的一个关键性问题是，怎样确保农业产业链稳健运行进而确保农产品市场供应，同时增加农业产业链收益。随着科技的发展，数字技术赋能现代农业产业链布局已成为农业发展的一个导向。区块链是具有领先性的现代信息科技，可以为中国社会经济发展提供关键技术支持，积极助推区块链融合于农业产业链可以有力提升农业总体市场竞争优势。

目前，我国农产品存在极大的供需不平衡问题，农业产业链即为一种网链式联盟，其核心是农产品，是农产品由生产材料购买至末端的市场消费品的各种主体所组成的有序运作系统，内部涵盖着相当繁杂的资源互换活动与相互合作关系。该运作系统的正常运转离不开系统内各个关涉主体的相互协作，而产业链所包含的信息交流和沟通则是各个节点主体相互协作的基础。

目前来看，农业产业链系统内的信息沟通还有着相当多的不足，主要表现在以下三个方面。第一，龙头企业和农户、合作社存在信息不透明情况。由于自身市场地位优势，部分产业链主体如龙头企业能够得到相对充足的信息；而其他主体如合作社、农户等则难以获得充足的信息，龙头企业对其获取信息有一定的限制。第二，供应链信息的真实性有待提升，从利益角度出发，产业链主体存在为了确保自身能够在产业链协作进程中得到更高收益而修改关键节点信息的问题。第三，在农业产业链中，其信息输入及存储的节点都是主体，大量碎片化的信息围绕于组织周边，信息无法有效整合。近些年，尽管农业产业链逐渐引入包含互联网等在内的信息技术，优化了农业产业链环内信息交流的效率，虽然能在一定意义上消弭部分产业链内信息沟通的障碍，然而还是存在部分产业链内信息不透明、信息的安全水平及切实性有待提升等问题，产业链内各节点信息差距仍然存在且交易的智能化水平仍需提高。农业产业链内部信息交流所存在的这些问题，导致难以切实有效配置产业链内部资源。此外，产业链所关涉的主体之间合作活动推进效率较低，这使得农业产业链难以快速应对市场需求，不利于农业产业的健康发展。同时，应用区块链技术的农产品产业链所提供的真实信息可为金融机构如银行、乡村基层组织服务与治理提供有力支持，也对基层组织机构对农业产业链的支持政策与举措的实际收效产生积极影响，推动基层乡村治理。因为农产品具有大批量、保质期短的特征，真实有效的信息沟通能够稳定农产品的市场价格，并会对农民的收益带来直接影响。

作为中国社会经济发展中具有领先性的信息技术，“区块链+”是“互联网+”的进一步优化，能更深层次地释放产业链信息的生产力。在农业产业链中积极引入区块链，可以给予农业产业链更大的发展动力。区块链是一种分布式数据库，其基础是非对称加密算法与共识机制，主要特征是去中心化与点对点的组网形式，这和农业产业链关涉多个主体协作的模式具有相当高的匹配度，可以切实推动产业链自身连接更为紧密，与外部的协同更为高效；由于技术具有无法篡改的特征，各项数据的修正、核验与传递均要获得各个主体的共同认证，在相当程度上提升了信息的共享与安全性，较为适用在农产品国际性跨区域性监测、追溯及预警；智能合约技术能够支持自动落实合约内容，夯实“共享利益、共担风险、共建诚信”的非单一层级利益联盟模式的技术基石。在农业产业链中融入区块链，能够积极解决产业链中所存在的供应与需求相脱离及循环不流畅等问题，疏通生产链中所关涉的各个链环，诸如生产、分配、流通及消费等所存在的阻碍、薄弱环节，处理好瓶颈点，切实达成非单一主体间的共识、共同治理及共享；具有针对性地落实涉及多个区域每个链环的全面性的监测与追溯，从源头确保农产品的品质水平及安全性，进一步提高市场对农产品的信赖，进而冲破区域、资源、时间等制约因素，打通农业产业链内部与外部双循环，有力推动区域间的共同和谐发展。随着经济全面进入新常态，区域之间综合实力的竞争已经转变为产业链竞争，拓展、延伸现代农业产业链，提高农产品附加值，让农民充分享有农业生产、加工、流通等全链条的增值收益，已成为我国优化农业产业结构的重要目标。但是，目前对区块链技术全面应用于农业领域的研究还远远不够。

因此，对区块链赋能农业产业链布局的功能及困境进行深入研究具有一定的现实指导意义，区块链技术也将为我国农业产业链转型升级注入新的驱动力。

二　区块链技术在农业产业链构建中的作用

当前，世界农业竞争已经由企业和产品竞争转变为产业链竞争。因此，可以从以下三个方面着手提升农业竞争力。一是拓展和延伸产业链，提高农产品精深加工比例，实现产业链价值增值，提高市场竞争力。二是进行组织创新，促进农业产业化经营，因地制宜地构建多种组织模式的农业产业链，确保产业经营各环节协调发展。三是提高小农户的科学素养，对这一群体进行技术应用再教育，使其具备更高的产业链参与能力。现代农业产业链是以产品为主线、以全程质量控制为核心的，涉及众多关联环节的网络组织，区块链技术可以不依赖第三方的稳定性，通过自身分布式节点进行网络数据的存储、验证、传输和交流，两者的结合能够较好地实现技术网络与组织网络的协同创新。

在农业产业链各个环节中融入区块链有助于突破认知制约和信息限制，给予农业全产业链优化升级以不同以往的基础网技术支持。区块链技术具有中心化、可追溯性、点对点传递与不易被篡改等特征，因此区块链技术不但能够使我国农业全产业链模式得以革新，还能够解决中国农业发展中存在的诸多瓶颈问题，如食品安全、追溯及地理标志认证等。现在以区块链为基础，积极融合其他新信息技术后得以形成“区块链+”已被各大行业认可。如“区块链+云计算”“区块链+物联网”等技术的应用，能够节约成本、提升效率，并且优化农业产业链下游环节。在农业产业链中，区块链最为普遍的应用即农产品各个环节的记录与溯源，进而为农产品的安全性提供保障。此外，区块链的智能合约技术能够在无中心的情况下自动执行合约，进而为农业产业链中所关涉的每个链环及主体的权责对等性提供保障，促使实现利益分配的公正性。在农业产业链中引入区块链有着相当多的优点。

第一，“区块链+”能够有力助推农业产业链科技创新。基于互联网条件下实现科技创新的重要前提是信息治理能力，而其主要包含四个因素，分别为信息关注、传递、共享及内化。“区块链+”有助于持续深化农业产业链自身的信息交流，促使之前相对松散的产业链通过信息共享加强彼此间的协作，进而有力增强产业链信息治理能力，给予产业链创新以支持。与此同时，区块链技术有助于增进产业链内部技术沟通，冲破常规产业链组织彼此间的技术界限，深化农业产学研用的结合，使产业链中各个主体彼此间的技术得到融合与共同发展，有助于打造良好的产业链技术不断创新的条件。

第二，在农业产业链中融入“区块链+”有利于提升农业产业链支持政策的切实收效。农业发展的一个关键性动力源就是国家政策支持，而产业切实状况反馈则是政府政策设计的基础。一方面，“区块链+”能够推动政府与产业信息共享，使得政府能够在第一时间掌握产业发展所需进而制定相应的政策措施；另一方面，由于区块链技术具有数据难以篡改等特征，其应用能够有力提升产业信息的可靠性，这样就可以根据切实信息以制定政策，进而优化政策的实际收效情况。

第三，应用“区块链+”有助于合理整合农业产业链自身优势。农业产业链一般由多个主体构成，而众多的农户与农业合作社是重要的主体，产业链总体架构不够紧凑，难以快速地进行资源配置。区块链技术的应用能提升农业链内部信息的共享效率，进而使得农业产业链内部架构得到优化，助推农业链合理有序分工及一体化运营，产业链链环间能够取长补短，协同发展。

第四，“区块链+”有利于增强农业链规避风险的能力。不断增强产业链内部信息的可靠性与促进产业链内部信息共享，有助于农业链自身搭建信任环境，同时持续强化产业链内部合约稳定性，进而使内部交易风险得到有效控制。利用助推农业产业链所关涉的主体间的协作与链环协作，提升信息交流与合理配置资源效率，进而可以提高产业链快速应对市场效率与决策效率，有效应对产业链外围市场风险。

三　区块链赋能农业产业链构建的困境

区块链技术应用于现代农业产业链不仅具有可行性，还给现代农业产业链拓展、延伸提供了广阔的创新平台，显示了强大的生命力和广阔的发展前景。但作为一项新兴数字技术，区块链自身并不完善，广泛应用于现代农业产业链布局还面临较多困境。

（一）数据采集困难

区块链技术为农业产业链内部数据上传提供了不可篡改、高度加密、点对点传输的保障，却难以保证数据采集时的可靠性。区块链上数据不可篡改和点对点传输的技术优势是建立在假定农业产业链各参与主体所记录的数据是真实可靠的基础上的，但在农业物资投入、农产品生产作业等环节的数据采集在已有的技术条件下还未能实现全智能化，必须借助人工采集。农业领域与工业领域不同，其标准化程度相对较低，加之小农户生产经营比较分散，借助物联网技术进行全自动化数据采集难以实现。一些数据无法自动采集，必须借助于人工，人为因素的介入就不可避免地出现数据“失真”的问题。即使在那些能够实现数据智能化采集的少数环节中，大量高灵敏、低功耗的农业传感器的使用也会大幅度地提高农业生产成本。因此，如果不能保证数据的真实性，区块链赋能现代农业产业链拓展、延伸就难以实现。

（二）技术支撑薄弱

区块链针对交易的信任和安全问题提出了分布式账本、对称加密和授权技术、共识机制、智能合约四个核心技术，分布式账本和数据结构的运行范式已初具规模，但智能合约还仅限于简单地编程后按指令执行，所具备的功能有限，未达到较完美的智能化。这对于农业产业链布局的支撑是远远不够的，仍需要更多地以区块链为基础的技术创新支撑，即与加快现代农业产业链发展需要相适应的物联网、数据存储和传输、对称加密、大数据等技术创新。当前，“区块链+农业产业链”的应用场景主要局限在农产品溯源方面，要广泛应用于农业产业链的各个环节，在较大程度上还受制于农业物联网和大数据的技术短板。区块链技术作为一项新兴的数字技术，发挥其最大作用的前提是要具备较完善的信息化基础设施，不仅需要配备可移动的农业生产设施和农产品流通设施的互联网终端设备，实现产业链全程的数据采集和信息交流，还要配备信息存储与传递所需要的系统、便于区块链运行和小农户使用的操作系统与浏览系统、数据采集所需要的传感器，这也恰恰是农业基础设施建设的薄弱环节。

（三）农户认知存在偏差

区块链作为一个去中心化的数据库，实现了多个主体之间的协作信任和一致行动。区块链赋能现代农业产业链拓展、延伸的前提是人们了解并接受它，但作为一项新兴的数字技术，其作用机制、价值观念和我国长久以来所坚持的常规价值观念有着相当大的差异。绝大多数农民仅限于听说过，对其认知极其有限，更别谈将它与自己的农业生产经营活动结合起来。具体来说，农民受教育程度普遍较低，农村地区信息相对闭塞，另外，由于小农经济思想的长久影响，农户的一般心理是尽可能地规避风险。规避风险包含对新技术应用的“观望”态度，即使农民对区块链技术有了一定程度的认知，也会因为对技术的不信任而排斥。但作为农业产业链重要参与者的农民，如果不能积极参与其中，区块链赋能农业产业链布局也就无从谈起。即使通过宣讲区块链在金融领域方面广泛的、成功的应用能够有效吸引受众，但在农业产业链中对新技术接受较快的参与者也会对区块链技术在农业领域里的未来持有不可预期的心态，进而在实际应用中出现相对保守的行为。此外，作为推进现代农业产业链的主导者——各组织机构难以全面及时地了解掌握区块链技术，这就致使在区块链技术应用时出现相对保守的状态。

四　区块链赋能农业产业链构建对策分析

区块链在赋能现代农业产业链构建的过程中虽面临重重困难，但也能够立足中国实际，立足消费端升级和供给侧结构性改革的现实，及时把握区块链技术应用于现代农业产业链拓展、延伸的机遇，规避技术风险，优化现代农业产业链布局。

（一）优化数据采集流程，统筹发展规划

优化数据采集流程，减小数据失真的概率。一是把数据保真监管延伸到小农户端，完善小农户数据采集质量与区块链技术下的产业链利益挂钩机制，采取奖惩结合的方式，激励数据采集的“保真”动机。二是加大数据采集规范培训的力度，提升小农户对产业链内部流通数据规范的认知水平，同时确保数据采集恰当合规。

在农业产业链中，乡村基层组织发挥着重要作用，特别是在农产品产与销中的诸多链环中，乡村基层组织既是产业链协作的监管者，又是产业链利益的维护者，并能够对产业链的统筹规划发挥管理作用。区块链融入农业产业链关系相当多的主体，链环繁杂，需对关涉主体利益进行协调。本质而

言，乡村基层组织在管控进程中为产业链内部涉及的运营利益主体彼此间能够有效沟通提供保障，进而能够综合处置区块链与农业链综合进程中的诸项问题。利用与农户的有效沟通，乡村基层组织可构建快捷、方便的信息反馈机制，进而辨别农户在区块链融合农业产业链进程中所面临的困难，同时协同企业、银行、技术部门等实施专业处置，积极应对区块链融合农业产业链过程中的实际问题。基于区块链信息技术，乡村基层组织还能够及时获得产业链运作数据，强化监管产业链运作过程，对企业侵权活动进行约束，进而搭建农业链协调平台，助推产业链中各个主体得到共同协调发展。

（二）加强新基础设施建设，推动技术创新

目前，区块链融合农业产业链可以有效打破各个主体间的边界与体制阻碍，建立健全产业链各个环节的农业信息及技术支持系统，推动产学研用系统建设。首先，区块链融合农业产业链将涉及生产、监督管理、金融、物流等各领域，因此，需在落实区块链关键性技术发展进程中积极权衡不同领域具体特征健全对应的配套设施，尤其是应用层及其下层的设施以推进融合进程。其次，需大力解决信息“最后一公里”的难题，深入农业产业链的前端，大力推动农业链信息的全方位采集，积极构建大数据平台与农业物联网，给予农业发展以全面的信息支持。此外，还需积极攻克区块链数据处理与存储规模、信息安全与隐私包含、系统彼此间的沟通与关联等关键技术，进而为区块链融合农业产业链的推进提供具备自主知识产权的关键性技术支持。

鼓励科技部门积极发挥引导作用，并与农业部门配合集中多方专业人士拟定区块链融入农业产业链的统一技术及行业标准，进而为区块链在农业产业链中应用提供借鉴。应积极推进区块链技术创新，深度融入农业产业链发展之中，大力支持区块链技术创新应用于农业产业链发展，持续开拓使用场景。区块链技术发展应坚持将解决农业发展切实难题作为出发点。根据农业产业链自身具体特点，在区块链实际使用条件下不断探寻产业链模式，搭建监管系统，优化区块链的实际运用效果，以推进协调共同创新发展。此外，

为积极攻克区块链核心技术，获得区块链技术在农业产业链中应用的主导权，政府应积极促进构建国内的标准区块链，并且利用多种途径与方式阐释我国意见与建议，如参加全球性的相关会议、积极加入相关全球性组织等，还需参与在农业产业链中应用区块链的有关全球性标准研究事务，不断助推我国标准和全球性标准的沟通与交流。

（三）强化人才培养，提供智力支持

推动“区块链+农业产业链”发展的核心点是积极培养有专业知识的人才队伍。专业人才队伍的培养，一方面要加强区块链人才队伍建设，积极推动强化区块链企业和高等教育院校之间的合作，坚持落实相关发展策略，将区块链发展的实际需求与高等教育院校授课内容有机结合，使区块链领域能够逐步实现产学相结合。根据区块链技术应用于农业产业链的发展要求，可与农业方面的高校如中国农业大学等进行相应布局，拟定与农业区块链相关的人才培育计划。另一方面，应积极强化建设农村技术人才队伍。相关部门可从薪资报酬、政策环境、职业规划等方面，根据区块链应用于农业产业领域实际需要制定并落实培养科技人才的规划，开展人才引进工作，将与农业相关的高等教育院校毕业生吸引进涉农行业中工作，组织安排对回乡创业者进行区块链技术宣导与培训，进而积极壮大人才队伍。应加强已有人才的不断优化提高，增强当前已有专业人才的区块链思想意识，对其进行系统性的技术培训，从而构建起人才支持的长期有效体系。在积极大力培养人才的同时，还需构建完善农村技术人员医疗、养老、薪资等收入与社会保障制度，增强涉农工作的竞争优势，使人才发展没有后顾之忧，这样农业产业链不但可以吸引人才，还可以将人才留下来。此外，应大力支持回乡人员等产业主体，最大限度发掘产业各个链环所蕴含的创业投资机会，给予农业产业链不断发展以重要支撑。

（四）加大资金投入

全方位促进“区块链+农业产业链”发展，应当保证农业及农村投入，

保持其运转同样需要足够的资金支撑。首先，“区块链+农业”领域的技术研究离不开资金支持。其次，相关技术宣传、设施配备、人才培训与后续维护系统等均要求强劲的资金支撑。因此，根据区块链融于农业链的实际情况，各个地区及部门需积极发挥统筹整合专项资金的长效机制作用。从技术研发方面来说，基于农业链发展的具体需求，教育及科技部门可设置农业领域区块链专项研发课题，借助国家相关科研基金如国家自然科学基金带动提升对农业领域区块链技术的科研资金支持力度。与此同时，在农业发展方面，地方财政也需积极发挥其支持作用，通过专项财政资金的设置以支持农业链区块技术科研与优化农业链设备，大力助推各个地区农业链的转型升级。积极吸纳社会力量与金融资本，拓宽区块链融于农业链发展的资金渠道。增强并积极发挥金融机构作用，打造区块链应用与农业链的优化专门金融产品，积极发展农业新业态。大力引导金融机构设置为区块链应用与农业产业链提供服务的专门性机构，进而可结合具体情况提供具有专业性的金融服务。

（五）消弭农户认知偏差

互联网不但使民众的交流方式得到了改变，还改变着传递信息的方式，信息可以通过数字化模式实现线上共享，而区块链可使得民众的共识机制、价值沟通形式得到改变，价值可以通过数字化的形态进行在线共享，实现信息互联网向价值互联网的转变，并“成为社会重构的工具”。因此，与信息在互联网内的传播途径类似，区块链的出现将颠覆人们的价值认知。重构这一价值认知，需要增强产业链关涉主体的产业链总体意识，进而协同畅通产业链所涉及的物流、资金流及信息流等，获得最大整链效益。畅通农业产业链不但能够提升农户在生产中的收益，还可以享受到产品加工、流转链环中的效益，实现利润最大化。这需要让小农户、小规模的合作组织认识到区块链技术之于农业价值提升的必要性，转变农业参与者尤其是小农户的价值观念，并结合不断推进组织创新，实行产业化运营，通过提供专业化服务，让小农户不但可以运营自己所生产的初级产品，还可以满足农产品大宗流通及深加工的要求，切实走向市场。为达到此目标，应积极提升小农户价值认知，对小农户进行专业性的培训与教育，借助职业技能与科技相关知识培训以提升小农户的专业素养，让农民能够切实参与到产业链之中，构建区块链融入农业链的现代模式。

（六）完善区块链应用法律法规，加强行业监管

从法律层面来看，“区块链+农业产业链”发展会关涉相当多的法律问题，应当借助健全相关法律法规，进而为区块链在农业产业链中的应用实践提供法律法规依据，确保其可有序依法推进。应当在法律上将区块链技术实际应用的基础问题进行明确，对区块链提供方、应用方对应权责、监督管理渠道进行区分，并以法律方式明确相关违法犯罪行为的法律依据，如区块链遭受破坏与攻击情况下所对应的法律法规。在制定出台区块链应用的相关法律法规时，可以司法部门为主导，广泛听取法律专业人士、行业协会、科研组织及企业的意见与建议。在制定针对区块链的法律进程中，需充分认识到区块链的独特性。互联网背景下，建模算法与虚拟空间的逻辑和常规物理空间的逻辑规则相碰撞并出现矛盾的时候，后者取代前者或对前者强加干预，将对监管或者取证方式的正当性产生影响。因此，针对区块链应用还需积极促进区块链管理法律法规的数字化。与此同时，基于区块链应用所存在的差异性，需结合农业产业链使用范围设定运行要求、准入标准，同时拟定对应的惩罚治理措施。为规范区块链融合农业产业链，需在目前已出台的农业领域相关法律，如《农产品质量安全法》，补充区块链应用的有关内容。健全优化区块链与农业产业链相结合的监管架构，不但需给予常规产业链监管模式以重视，诸如农产品抽查、实地检查等，还应充分利用区块链所具有的信息共享等特性，促进企业、政府、金融机构、行业协会等相关监管部门协作运行，进而搭建产业链上监管中心，使产业链上、下监督二者相结合，建立更为全面的监管系统。

参考文献

付豪、赵翠萍、程传兴：《区块链嵌入、约束打破与农业产业链治理》，《农业经济问题》2019 年第 12 期。

贺超、刘一锋：《融合区块链的新型供应链模式研究》，《管理现代化》2020 年第 1 期。

汪普庆、瞿翔、熊航：《区块链技术在食品安全管理中的应用研究》，《农业技术经济》2019 年第 9 期。

尚杰、吉雪强、陈玺名：《区块链与生态农业产业链结合：机理、机遇与对策》，《农村经济》2021 年第 1 期。

尚杰、陈玺名：《全面推进乡村振兴背景下区块链与农业产业链融合》，《理论探讨》2022 年第 1 期。

韩江波：《“环—链—层”：农业产业链运作模式及其价值集成治理创新——基于农业产业融合的视角》，《经济学家》2018 年第 10 期。

芦千文：《区块链加快农业现代化的理论前景、现实挑战与推进策略》，《农村经济》2021 年第 1 期。

B.4
县域服务业高质量发展报告

刘芳宇*

摘　要： 服务业不仅是发展国民经济的“压舱石”，也是促进传统产业转型升级的“助推器”，还是推动新经济、新动能加速成长的“孵化器”，县域服务业的高质量发展将成为提升县域经济韧性与活力的重要引擎。目前，县域服务业发展存在县域服务业东西部差异较大，头部领先优势明显；县域公共性服务业落后，与城市差距明显；县域生产性服务业发展不平衡，发展层次低；县域消费性服务业规模总量小，产品同质化严重等问题。县域服务业摆脱困境迈向高质量发展还受到以下制约因素影响，县域政府对服务业高质量发展支撑作用不足，县域服务业资金投融资渠道单一，县域服务业知识型人才流失严重，城市群与都市圈对县域服务业的辐射带动作用不足等。因此，本报告提出以下县域服务业高质量发展路径：持续优化县域服务业发展软环境，加快发展特色产业筑牢县域服务业载体发展根基，积极打造高质量的现代服务业体系，构建完善的服务业人才供给体系，打造具有区域辨识度的特色化服务业品牌。

关键词： 县域经济　产业新城　县域服务业　服务品牌

作为经济发展中新兴产业的服务业，在国民经济中所占的比重越来越

* 刘芳宇，郑州轻工业大学经济与管理学院讲师，研究方向为区域经济学。

大，具有举足轻重的地位，从世界各国的经济发展中可以看出，服务业在其国民经济中的占比及发展水平可以直接反映出一个国家的发达程度。2020 年，我国第一、第二、第三产业占 GDP 的比重分别从 2012 年的 9.1∶45.4∶45.5 调整为 7.3∶39.4∶53.3，服务业占我国 GDP 的比重不断提高，服务业的主导地位日趋巩固，已成为国民经济的“半壁江山”。服务业不仅是发展国民经济的“压舱石”，也是促进传统产业转型升级的“助推器”，还是推动新经济、新动能加速成长的“孵化器”。在大数据、云计算、物联网、人工智能等现代信息技术的推动下，服务创新日趋活跃，传统服务业加速转型升级。服务业与第一、第二产业加速融合，平台经济、共享经济、数字经济风起云涌，旅游、健康、养老、文化、体育五大“幸福产业”蓬勃发展，服务业已成为提升中国经济韧性与活力的重要引擎。县域服务业在吸纳就业人口、维护社会稳定、增加财政收入、增强地方实力等多方面发挥着举足轻重的作用，是县域经济高质量发展的突破点。大力发展县域服务业是提升县域经济竞争力、加快承接产业转移步伐的需要，是县域经济增长的新引擎。

一　县域服务业高质量发展现状

服务业可分为公共性服务业、生产性服务业和消费性服务业三大类。公共性服务业包括政府的公共管理服务、基础教育、公共卫生医疗及公益性信息服务，涉及供水、供电、通信、燃气、公交、供热、物业、房管、医疗以及警察、城管、电视广播等。生产性服务业包括交通运输业、信息服务业、金融业、房地产业、商务服务业、科技服务业 6 个行业。消费性服务业可分为文化、体育与教育培训服务，房地产业与建筑装潢业，租赁和维修服务，零售业，旅游和娱乐服务以及社区服务业。本节将从整体县域服务业、公共性服务业、生产性服务业和消费性服务业四个方面梳理县域服务业高质量发展的现状。

（一）县域服务业东西部差异较大，头部领先优势明显

赛迪顾问县域经济研究中心于2021年对全国1870个县域的服务业发展进行了系统研究和综合评估，发布了服务业百强县榜单。榜单显示，我国县域经济发展不平衡不充分问题突出，2021年百强县以占全部县域不到3.0%的土地、11.0%的人口，创造了县域约1/4的GDP。同时，县域服务业发展水平东西部地区差异较大。在百强县中，东部地区县市最多，中部地区居中，而西部地区与东北地区最少，具体数据如下。百强县中有74个县域属于东部地区，并且榜单前十县域中有9个属于东部地区。中部地区有17个县域，西部地区有6个县域，东北地区有3个县域。从具体省份来看，江苏省、浙江省及山东省上榜县域数量最多，分别有27个、22个、15个入选服务业百强县；福建省有6个县域，河南省有5个县域，湖南省和安徽省各有4个县域，四川省、湖北省和广东省各有3个县域。从竞争实力来看，百强县服务业增加值达4.5万亿元，超过浙江省、山东省；金融机构本外币存款余额达12.4万亿元，超过山东省；社会消费品零售总额达3.5万亿元，超过浙江省、山东省。由此可见，东部地区不但百强县绝对数领先优势明显，头部县市数量也拥有绝对的领先优势。

从榜单还可看出，服务业百强县头部领先优势明显，中部竞争激烈，尾部县市服务业增加值较小。从服务业增加值来看，头部昆山、江阴、张家港、常熟、义乌、晋江6县市服务业增加值均超1000亿元，其中昆山服务业增加值更是达到2254亿元，领跑服务业百强县。中部县市竞争激烈，长沙等18县市服务业增加值在500亿~1000亿元，各县市差距不明显。桐乡、沭阳、泰兴等服务业增加值在300亿~500亿元的县市达到52个，各县市服务业增加值差距较小，竞争较为激烈。尾部嵊州、高密、永康等24县市服务业增加值在200亿~300亿元，其中，延吉市（202.0亿元）、苍南县（207.2亿元）、邓州市（209.2亿元）服务业增加值较低。由此可见，在发布的服务业百强县名单中的头部县域与尾部县域的服务业增加值的差值已达2000亿元，未上榜的其余县域服务业增加值则与头部的差值只会更大。

（二）县域公共性服务业落后，与城市差距明显

县域公共性服务业在基础设施、公共卫生医疗、教育及社会保障水平上与城镇差距较为明显。

首先，城乡公共资源配置以城市优先，呈现由城市到县城再到村镇逐渐递减的特征。《中国城乡建设统计年鉴（2021）》的数据显示，城市在用水普及率、燃气普及率、污水处理率和园林绿化等方面均明显高于县域（见表1）。

表 1　2021 年中国城市/县域市政公用设施基本情况

区域	用水普及率（%）	燃气普及率（%）	人均道路面积（平方米）	污水处理率（%）	园林绿化			每万人拥有公厕（座）
					人均公园绿地面积（平方米）	建成区绿化覆盖率（%）	建成区绿地率（%）	
城市	99.38	98.04	18.84	97.89	14.87	42.42	38.70	3.29
县域	97.42	90.32	19.68	96.11	14.01	38.30	34.38	3.75

资料来源：《中国城乡建设统计年鉴（2021）》。

其次，乡村医疗卫生条件大幅度落后于城市地区。从每千人卫生技术人员来看，城市每千人卫生技术人员为 11.46 人，而农村地区只有 5.18 人，即乡村地区每千人卫生技术人员不足城市的一半；从每千人医疗卫生机构床位数来看，城市地区是 8.81 张，而乡村地区为 4.95 张，即乡村地区的床位数仅为城市地区的一半左右。[①]

再次，城乡教育基础设施存在较大的“数字鸿沟”。随着全国城乡基础教育事业不断发展和持续改善，农村地区的办学条件在人均教师数量和校舍建筑面积等方面与城市相差不大，但两者存在较大的“数字鸿沟”。2019 年全国教育统计数据显示，乡村学校数量是城市学校数量的 2 倍，但城市学校

① 《中国统计年鉴（2021）》，中国统计出版社，2021。

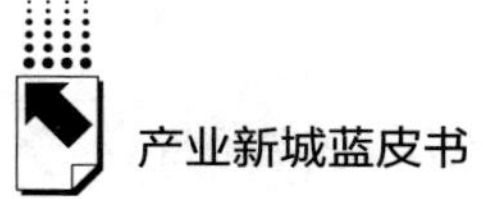

的固定资产却是乡村学校的 2.5 倍；乡村学校在互联网普及、校均计算机台数、多媒体教室校均间数、学校建立校园网占比等方面完全处于劣势，短时期内很难赶上城市中小学。

最后，乡村社会保障水平大幅落后于城市。我国居民可支配收入指标中，2020 年城镇居民人均可支配收入为 43833.8 元，其中转移净收入为 8115.8 元；而农村居民人均可支配收入为 17131.5 元，其中转移净收入为 3661.3 元；无论是人均可支配收入还是转移净收入，农村居民均未达到城市的一半。从基本养老保险指标来看，2020 年城镇职工基本养老保险已经达到 973 元/月（包括退休职工），农村居民基本养老保险仅为 174 元/月，两者相差甚远。

（三）县域生产性服务业发展不平衡，发展层次低

生产性服务业伴随制造业产业分工精细化而从中逐渐剥离，与制造业的价格、技术、劳动等生产要素关联紧密，通过产业链的前后向关联更好地与制造业生产过程相匹配，产业集聚效应明显。县域生产性服务业在基本满足县域生活和生产需要的基础上，很大程度上取决于当地制造业的发展水平，也会受到当地信息化水平、市场发育程度、政府作用、城市化水平和对外开放水平等因素的限制。因此，县域生产性服务业东西部差异大、头部领先优势明显，呈现出地域发展不平衡的态势。

从生产性服务业内部结构来看，传统生产性服务业与现代生产性服务业呈现出发展不平衡、布局不合理的特点。传统的生产性服务业主要由交通运输、邮电业、金融业组成，现代的生产性服务业由技术、信息和知识相对密集的现代物流业、信息传输与计算机服务和软件业、科学研究与技术服务业、租赁与商务服务业等产业组成。县域经济的制造类企业多处于产业体系中加工制造环节，产品技术含量低、新增附加值不高，企业竞争策略主要依赖成本优势和价格竞争。低水平制造业对生产性服务业市场需求的不足，会抑制知识密集型高端生产性服务业的发展，限制生产性服务业规模化与专业化优势，继而从终端产品、研发设计、品牌管理到营销服务等高附加值服务

能力较弱。而知识密集型、高附加值的生产性服务业发展相对缓慢，会进一步限制生产性服务业向制造业输送技术、知识等生产要素作用的发挥，难以形成促进知识密集型生产性服务业快速发展的市场需求“拉力”，进一步造成相互制约的恶性循环。因此，县域生产性服务业发展的结构层次较低，传统产业所占比重较高，向新兴领域转换较慢，生产性服务业对推动经济增长、促进制造业升级和提升制造业竞争力的作用不明显。

（四）县域消费性服务业规模总量小，产品同质化严重

随着城镇化进程的深入推进和乡村振兴战略的实施，居民的消费方式和县域商业环境不断升级，县域消费性服务业取得了长足的发展。但长期以来，由于缺乏战略性安排和创新性政策指引，人才、资本、技术等生产要素难以向县域集聚，县域消费性服务业大多提供本地生活和生产需要，表现出以需求为导向的服务供给同步发展的趋势。这导致县域消费性服务业受到地域、人口、消费水平等条件的限制，缺少横向协同，市场拉动能力较弱，规模化、产业化水平低，难以构建标准化流程进而形成规模经济。规模经济能有效降低企业生产成本，优化资源配置，同时提升服务质量与效率。规模总量小将进一步导致县域消费性服务业效率不高，服务质量低。同时，从县域消费性服务业的结构来看，传统服务业占据主导地位。传统服务业普遍存在规模小、需求少、集群弱、链条短等问题，这也阻碍了县域消费性服务业规模化的发展。

县域消费性服务业的规模总量小，企业资源配置水平有限，这进一步导致县域消费性服务企业自主创新能力弱，不敢尝试新产品与新概念。缺乏政府对现代服务业的谋划指导，缺乏良好营商环境、资金投入、知识型人才的引入与培养等相应政策的支撑，平台经济、分享经济、体验经济等创新业态发展大势很难靠市场自发地形成，使得县域消费性服务业产品同质化严重，竞争愈发激烈。产品同质化的一个严重后果是导致消费性服务业内激烈的价格竞争。价格战暂时能给消费者带来价格红利，但某些企业会在激烈的价格竞争中偷工减料，降低服务质量，甚至靠欺骗降低服务成本，从而在激烈的

价格竞争中胜出，这会催生“劣币驱逐良币”现象。产品同质化还会使企业难以形成品牌。每个服务企业所提供的服务、营销手段等相似，这样的服务对于消费者来说差别不大。另外，服务企业创新能力弱、创新动力不足，也使得企业很难形成品牌优势。

二　县域服务业高质量发展的制约因素

县域服务业摆脱困境迈向高质量发展还受到以下制约因素影响：县域政府对服务业高质量发展支撑作用不足，县域服务业资金投融资渠道单一，县域服务业知识型人才流失严重，城市群与都市圈对县域服务业的辐射带动作用不足等。

（一）县域政府对服务业高质量发展支撑作用不足

从香港、纽约、阿拉斯加等现代服务业发达地区的经验来看，现代服务业需要政府在营商环境、资金投入、知识型人才的引入与培养等方面给予有力的支持与配合。目前，县域政府在促进服务业高质量发展的过程中，还存在以下不足。

首先，受县域经济整体水平影响，县域服务业基础设施不够完善，功能区划分规划不够科学，导致现代服务业发展不够集聚、人气不足、规模不大、结构不优。

其次，县域政府科学规划产业发展的资金匮乏，难以借助外力结合当地特色与优势制定服务业战略发展方向，导致县域现代服务业总体发展速度缓慢、产业结构不合理、升级速度慢等。

再次，县域政府的服务意识不强，协调力度不够。在较多县域基层部门中，官本位现象还比较普遍，对于服务业发展中遇到的新问题，不敢不愿意主动地、创造性地帮助解决，甚至是局限于现行的政策进行约束。

最后，政府对服务业软实力的培养力度不够，包括信息化服务效率、非政府组织和行业协会的支撑，以及知识型人才的引入和培养，与发达地区存在差距。很多县域城市缺乏涵盖政务服务、生活服务、交通出行、政民互动、社会治理等领域的综合政务平台，造成服务业运营效率低；缺乏对非政府组织和行业协会的培育和发展，无法有效推动现代服务业高质量发展；对知识型人才的引入和培养不重视，未与职业院校、普通高校建立高层次、高水平服务人才的培养体系。

（二）县域服务业资金投融资渠道单一

首先，县域公共性服务业建设资金以县政府担保兜底偿还为前提，以国家、省级和市级政府的专项拨款为主，来源较单一。社会投资占比小，BOT、PPP 等融资方式尚未广泛应用。据统计，人均县级财政收入的平均水平远低于全国平均人均财政收入，县级财政收入占 GDP 比重较低，财政收入增速下降。若地方政府盲目追求经济的快速增长和城镇化率的提升，基础设施建设资金会超出地方财政的承担能力，再加上地方政府承担的教育、医疗等民生项目，容易造成隐性债务不断累积，债务风险不断增加。

其次，县域金融机构数量及服务质效还无法充分满足当地服务业的融资需求。[①] 目前，县域金融体系形成了以农村信用社合作金融为基础，农业银行商业金融和农业发展银行政策金融各司其职、分工协作，以民间金融为补充的农村金融体系。但国有大型银行、股份制银行县域业务开展水平有限，无法深入基层；以农信社为主的县域金融机构，金融融资产品少、信贷不良率偏高；农业发展银行等政策性银行融资服务主动性不强，服务范围偏小，服务对象偏少，造成县域金融主体不全、功能仍欠佳。

最后，服务业的市场化、产业化进程仍受到垄断与壁垒的阻碍，还未形成真正的公平准入机制，外资、民间资金还未能以管理、设备等资本形式自由进入县域服务业行业。

（三）县域服务业知识型人才流失严重

现代服务业是以“人”为本的行业，竞争力的核心是人才。发展县域

---

① 杨德勇：《县域融资问题深层分析》，《中国县域经济报》2022 年 7 月 14 日。

服务业的关键因素是人才，特别是知识密集型、高附加值的现代服务业人才。县域现代服务业的发展面临着知识型人才流失严重的制约。一是受到城市“虹吸效应”的影响，大量青壮年为谋求更好的发展和获取更多的机会来到城市，《中国统计年鉴（2021）》数据显示，从 1982 年到 2020 年我国城镇人口比重从 20.91%上升至 63.89%。二是县域生产性服务业发展不平衡，发展层次低；消费性服务业规模总量小，产品同质性严重，这些导致县域服务业对人才特别是高层次人才需求不足，无法吸引高端人才回流，进而进一步限制知识密集型、高附加值的现代服务业的发展，形成相互制约的恶性循环。三是受到县域经济发展整体水平影响，县域的薪资水平不高。《中国统计年鉴（2021）》数据显示，城市人均收入水平几乎是县域人均收入水平的 3 倍，这也导致县域对人才的吸引力不足，特别是收入较高的新兴产业从业人员，如设计师、律师等。四是县域劳动合同的法律约束力不强，企业的培训成本与收益不成比例，培训投入动力不足，员工的成长空间有限。五是县域城乡公共资源配置失衡，基本公共服务差距较大，休闲娱乐等配套设施严重短缺，生活环境的落后也无法吸引及留住知识型人才。

（四）城市群和都市圈对县域的辐射带动作用不足

综观国际大都市，周边一般都有发展关联程度较高的城市群，如日本东京城市群、美国纽约城市群、英国伦敦城市群等。这些城市群以东京、纽约、伦敦等城市作为核心增长极，有较强的辐射发散作用，带动周边城市群快速成长。城市群内各城市根据自身的基础和特色，承担不同的职能分工，使城市群具有区域综合职能和产业协作优势。从 2011 年开始，我国开始持续强化以城市群为主要载体的城镇化道路，至今基本确定“19+2”城市群分布格局。但是，不少中心城市的生产要素尚处于集聚阶段，带动周边城市的能力不足；同时，城市群规划空间过大、行政壁垒错综复杂，成本分担和利益共享机制还不成熟，城市群协调发展成效并不明显，区域一体化发展难度大。都市圈空间范围小于城市群，居于城市群的中心，成为城镇高质量发展的新抓手。2019 年以后，国务院批准了多个都市圈建设规划。但都市圈的发展也存在问题，比如都市圈内空间发展战略对接不充分、经济尚未形成紧密有机联系、区域政策协调机制不完善等，中心城市与周边城市还未形成经济发展梯度依次递进的“放射式”经济发展格局。城市群和都市圈对县域服务业发展的带动作用还需进一步提升。

三　县域服务业高质量发展的路径

面对县域服务业高质量发展存在的问题，考虑到现实制约因素，本报告提出以下县域服务业高质量发展路径：持续优化县域服务业发展软环境，加快发展特色产业筑牢县域服务业载体发展根基，积极打造高质量的现代服务业体系，构建完善的服务业人才供给体系，打造具有区域辨识度的特色化服务业品牌。

（一）持续优化县域服务业发展软环境

政府在现代服务业发展过程中，扮演着组织者、执行者和监督者的角色，起到十分重要的作用。县域服务业的高质量发展需要政府持续优化县域服务业发展软环境，为服务业赋能。

首先，县域服务业的高质量发展需要科学的规划和战略布局，政府应充分结合自身区位、要素禀赋、资源、文化底蕴选择特色产业，加大对特色产业的扶持力度，实施优惠政策鼓励相关产业的发展。

其次，鼓励银行贷款放款，积极引导风险投资，增加融资途径，实施财政税收优惠政策等，在金融政策方面积极解决企业融资难等问题。

再次，加快基础设施一体化建设，完善服务业基础设施，科学规划功能区。通过构建通畅的公路网，打造高效物流网络，提升物流效率，保障生产要素的自由流动；通过打造多元化高层次的休闲娱乐、文体生活配套设施及良好的生态环境，进一步吸引高层次知识型人才的到来。

最后，提升县域政府数字化服务能力，加快县域公共服务数字化改造。

以数字化助推城乡发展和治理模式创新，推进智慧城市建设、城市数据大脑建设，构建面向人民群众的高质量公共信息服务体系。

常熟市 2020 年服务业增加值达到 1179.03 亿元，实现税收 117.72 亿元，位列服务业百强县第 2 位。常熟市一方面加快中小企业“上云上平台”，推动工业企业高端化、智能化转型，培育华为云（常熟）工业互联网创新中心、菱创智能科技等数字化智能化服务商；另一方面打造“市采通”“运融通”等一批涵盖贸易服务、物流、现代供应链管理、公共管理、电商及创意等门类的互联网公共平台，整合服务业形成发展合力，更好地推动服务业高质量发展。

（二）加快发展特色产业筑牢县域服务业载体发展根基

发展特色产业是地方做实做强做优实体经济的一大实招，县域经济竞争力的高低在一定程度上取决于经济特色化的程度和水平。各县可以立足资源禀赋、产业基础、区位条件，按照主体功能区定位，明确主攻方向错落布局，选择确定 1~2 个优势主导产业，坚持集群化品牌化发展，形成具有较强竞争优势的产业集群，继而带动相关服务业的快速发展。县域产业特色化可以从区位优势、资源优势、文化底蕴优势、生态禀赋优势等多方面挖掘，形成县域特色产业，进而引领县域服务业的发展升级。

绍兴 e 游小镇主要培育数字出版、数字试听、数字游戏、数字动漫、数字影视、网络文学等数字经济产业，目前已基本形成完整的数字游戏产业链和充满活力的数字文创生态圈。从企业梯队看，集聚金科文化、盛趣游戏、中手游等一批头部企业，宇石网络、南湾科技、真库网络等一批腰部企业，以及安瑞思网络、十勇士网络等许多高成长型初创企业；从企业结构看，已涵盖研发、运营、发行等产业链；e 游小镇因其数字经济特色产业于 2018 年成为省级特色小镇“亩均效益”领跑者。

（三）积极打造高质量的现代服务业体系

以深化供给侧结构性改革为主线，以需求侧为牵引，以改革创新为根本动力，坚持高端发展、数字赋能、系统集成、产业融合，聚焦发展高端服务领域，培育具有较强竞争力的龙头企业、知名品牌及服务产业。推动现代服务业同现代农业、先进制造业等行业深度融合，巩固服务业的基础配套和提升带动作用。拓展服务业数字化场景应用，构建新时代服务业数字创新发展新体系。积极融入区域城市群、大都市经济圈服务业体系，加快推进服务业国际化、高端化、数字化、融合化、品牌化，积极培育服务业新业态新模式，构建新时代县域服务业发展体系，提升现代服务业竞争新优势。推动数字化服务在医疗、养老、教育等重点领域的普惠应用，创新服务模式和服务产品。结合县域发展实际和需要，培育发展人工智能、大数据、云计算等新兴数字产业，拓展5G应用场景；培育发展个性定制、柔性制造等新模式。

（四）构建完善的服务业人才供给体系

现代服务业发展对人力资源具有高度依赖性，高技能人才是驱动现代服务业发展的重要资源要素，县域服务业的高质量发展离不开完善的服务业人才供给体系。首先，鼓励企业与职业院校、高等院校合作，以企业需求为引导，协同培育，保证现代服务业人才的数量和质量。其次，应对服务业人才市场多维性、动态性和成因复杂性，搭建现代服务业人才供需动态监测平台，动态更新现代服务业人才市场供求，形成稳固有效和响应敏捷的人才供需机制，及时平衡现代服务业的人才供需。再次，形成健全覆盖城乡全体劳动者的多层次立体人才培训制度，包括政府补贴培训、市场化培训与企业自主培训，形成满足现代服务业各层次人才供给的载体多元、资源充足、布局合理、方式科学的培训体系。最后，鼓励现代服务业人才积极参与共享经济、平台经济，实现现代服务业人才的高效利用和价值共享。

（五）打造具有区域辨识度的特色化服务业品牌

坚持质量至上、标准规范，树立服务品牌意识，发挥品牌对服务业高质

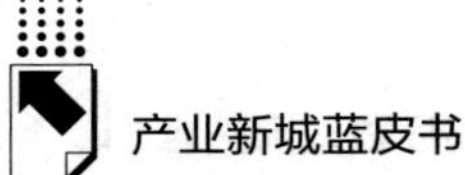

量发展的引领带动作用。首先，推进服务业标准化的建立。服务标准的统一有利于培育健康的市场与合法的竞争环境，是增强企业竞争力的重要手段，更是形成行业现代化强大合力的前提。其次，树立行业标杆，提升服务质量，打造服务业品牌。依托县域特色产业，引导服务企业树立质量意识，健全服务评价标准体系，实施县域服务业品牌战略，打造一批有影响力、代表性和鲜明区域辨识度的服务业品牌，树立行业标杆和服务典范，打响具有县域特色的服务业品牌。建立服务品牌培育和评价标准体系，引导服务业企业树立品牌意识，运用品牌培育的标准，健全品牌营运管理体系。最后，推动消费性服务业多元化升级，提高生活服务消费承载力，健全城乡服务对接机制，鼓励教育、医疗卫生、旅游、社会服务等产业业态模式创新发展，发展平台经济与共享经济，以优质的生活性和公共服务业供给进一步吸引生产性服务业高端要素集聚。

2016~2020 年，乐清市服务业增加值年均增速达 9.5%，2020 年服务业增加值达到 649.9 亿元，位列服务业百强县第 12 位。乐清市打造具有鲜明区域辨识度的特色化服务业产品和品牌，继而赋能服务业，巩固提升服务业发展的质量。乐清市以推动全国质量强市建设为重要抓手，成功创建 2 个“浙江省城乡统筹现代商贸服务示范镇”、1 个“中国铁皮石斛之乡”、1 条“温州市商业特色街”，打造出“公记”白象香糕、雁荡山“铁枫堂”石斛、大荆“陈天宝”金银店等一批“老字号”特色名片产品，有力地推动了服务业高质量发展。①

参考文献

王岚：《服务经济全球化背景下面向现代服务业的人才培养研究述评》，《中国职业技术教育》2022 年第 3 期。

① 《县域服务业产业怎么发展？常熟市、乐清市服务业发展经验分享》，百度网，https://baijiahao.baidu.com/s?id=1726615568888116383。

李娟:《德州市现代服务业创新型人才现状及对策研究》,《农村经济与科技》2020年第17期。

许逵:《惠州市现代服务业发展中政府作用研究》,硕士学位论文,华南理工大学,2016。

孙伟琴:《新经济助推县域服务业高质量发展》,《统计科学与实践》2020年第10期。

B.5
县域金融业高质量发展报告

韩　珂*

摘　要：　金融作为现代经济体系的核心组成部分，是助推县域经济高质量发展的动力和引擎。县域金融对解决“三农”问题、实现共同富裕具有重要意义。面对机遇与挑战，建议通过加强政府组织领导和政策引导；健全金融服务体系；优化县域金融生态环境；提高金融监管能力，构建风险防范机制；创新金融服务产品和模式等实现县域金融业高质量发展。

关键词：　县域金融业　县域经济　金融服务　金融监管

中国县域人口约占全国总人口的3/4，县域是打破城乡二元结构，推动我国经济高质量发展的强大后盾。在落实乡村振兴战略过程中，金融作为现代经济体系的核心组成部分，在激发县域经济活力和发展潜能，助推县域经济转型升级，促进城乡融合等方面发挥着重要作用。金融业是助推县域经济高质量发展的动力和引擎。县域金融业抓住机遇、迎接挑战，实现高质量发展，既是县域金融业自身发展的内在要求，也是县域经济高质量发展对金融业提出的必然要求。

一　县域金融业高质量发展的意义

县域金融是指金融机构在县级行政区划内开展金融服务和提供融资活动

* 韩珂，博士，郑州轻工业大学经济与管理学院讲师，研究方向为农业经济理论与政策。

的总称，包括银行业、保险业、证券业和租赁业等金融企业在县域提供的结算、咨询、融资、保险、投资经纪、租赁等业务。县域金融高质量发展与经济增长紧密相连，因此其内涵不同于产业高质量发展，考虑其与经济增长的关系，融合新发展理念，将金融业高质量发展的内涵归纳为效率、可持续性、普惠性及稳定性等维度。金融效率能够较好地衡量金融发展对社会经济发展的适应程度，金融效率的提高体现为服务实体经济能力的提高、优化金融体系结构、增强防控风险能力。金融业可持续发展以效率提高为基础，与经济保持长期协调发展，相关技术推陈出新，实现金融业高质量发展。县域金融的服务主体是中小微企业，金融普惠性的广覆盖、高效率、低成本有利于解决金融市场供需矛盾，推动小微企业创新创业，推动县域经济的繁荣发展。金融风险的本质是金融发展的失衡，其降低了金融体系的效率，对实体经济产生一定的冲击。金融工作的根本性任务是防范化解金融风险。因此，要保证县域经济稳定发展，就要保证县域金融的稳定性，实现其可持续发展。

（一）县域金融业高质量发展是实现共同富裕的坚强后盾

党的十九大报告指出，我国社会主要矛盾已经转化为人民日益增长的美好生活需要和不平衡不充分的发展之间的矛盾。金融扶贫是脱贫攻坚适应市场经济要求、拓展资金渠道的新举措，是扶贫投入的重大创新，是脱贫攻坚最强有力的支撑。县域金融业积极拓展贫困地区资金总量和融资渠道，丰富信贷品种，扶持低收入和贫困农户生产和经营，建立长效机制支持贫困地区的发展。新型农业经营主体是促进农业转型升级、推动乡村振兴、实现共同富裕的重要力量和引擎，而其培育、经营发展会需要大量的资金，亟须强化金融支持，增加对其的有效金融供给，带动农户增收致富，实现共同富裕。因此，助推县域金融高质量发展，发展普惠金融的精准扶贫作用，对推动城乡一体化、实现共同富裕具有重要意义。

（二）县域金融业高质量发展是解决“三农”问题的重要保障

农村经济的发展是县域经济发展的重要前提，其发展离不开县域金融的支持。目前，农村地区经济发展存在着不均衡不充分的问题，发展县域金融能够增加农民的收入，满足现代农业发展需求，驱动县域经济更好发展。农业农村现代化的实现依赖于资本的投入程度，这需要县域金融通过多元化渠道和方式提供农村发展所需资金。县域金融是提高农民生活水平的关键保障。打破城乡二元结构，农民市民化过程中对金融的多样需求增加，这要求县域金融创新产品来满足需求，促进农民创业，增加农民收入，提高农民生活水平。县域金融是推动农村公共事业发展的有力保障。农村经济的发展还包括基础建设、医疗、教育、文化等农村公共事业的发展，发展这些事业所需要的主要资金都离不开县域金融的支持。

（三）县域金融高质量发展是县域经济高质量发展的有效支持

县域经济和县域金融存在密切联系，两者能够形成良性循环模式。县域金融可以调节经济社会资源分配、调整经济产业结构，为经济发展提供资金支持。金融资源服务于实体产业能够促进县域经济新模式、新业态发展，为市场主体提供更好的资金融通和风险规避的金融服务。县域经济离不开县域金融的有效支持。

（四）县域金融高质量发展是县域中小企业发展的重要支撑

中小企业是县域实体经济的重要组成部分，它们是解决就业和经济繁荣的重要基础。然而，当前我国金融结构存在较严重的供求失衡问题，中小企业融资难、融资贵问题突出，阻碍了企业持续性发展和社会创业。随着数字经济的发展，中小企业发展需要金融业提供便捷的结算工具和电子货币服务，需要金融业提供多层次、多品种的信贷服务等。县域金融为满足县域经济多元化融资需求提供重要支撑。

二　县域金融业发展现状及存在的问题

（一）县域金融业发展现状

金融业一般包括银行、保险、证券、租赁四大子业态。在县域层次上，证券、租赁业务较少，农业保险属于政策性保险，承保主体和承保范围有限，只有银行业对县域经济影响较大。政策性银行、商业银行、农村信用社、邮政储蓄银行、村镇银行、贷款公司、农村资金互助社等金融机构在县域范围内的分支机构和营业网点共同组成了县域金融的主体（见表1）。

表1　县域金融主体

县域金融机构		主管单位	主要业务定位
政策性银行	国家开发银行	银监会	农业、农村基础设施建设贷款，农业产业龙头贷款，农村危旧房改造贷款、助学贷款，自然灾害贷款
	中国农业发展银行	银监会	农作物贷款、农业基础设施贷款、农业龙头企业贷款、农业产业发展基金、现代种业发展基金、政府补贴资金拨付
商业银行	中国农业银行	银监会	商业银行业务
	邮政储蓄银行	银监会	商业银行业务
	农村商业银行（农村信用社）	银监会、省联社	商业银行业务
	其他商业银行	银监会	商业银行业务
其他	村镇银行	银监会	商业银行部分业务
	农村资金互助社	银监会、金融办	社员资金互助

2006年之前，我国县域银行网点数量呈现负增长趋势，随着鼓励设立新型农村金融机构和放宽股份制银行、城市商业银行在县域的准入限制等政策的出台，县域银行网点数量呈正增长态势，2021年全国县域增设网点194

家，市区内减少网点 497 家，整体呈现向县域下沉分支机构、拓展物理服务网络的趋势。截至 2022 年第三节度，全国银行业金融机构普惠型小微企业贷款金额为 229336 亿元，较第一季度增加 23343 亿元，同比增长 10.13%。农村金融机构普惠型小微企业贷款金额为 68731 亿元，较第一季度增加 4761 亿元，同比增长 9.53%。

各银行创新金融服务模式，提升县域金融服务能力。中国农业银行制定“互联网+三农”战略，面向涉农生产企业、县域批发商、农家店、农户，提供惠农采购、贷款、理财等一系列涉农电子商务金融服务，完善“工业品下乡”和“农产品进城”双向流通电子商务服务体系，将金融、信息服务深度融入企业和农户生产经营，帮助客户进行商务一体化、全流程管理。中国农业银行、邮政储蓄银行组建三农金融事业部为专业大户、农民专业合作社、农业龙头企业等新型农业经营主体提供优质综合金融服务。村镇银行立足县城，丰富服务内容，深耕县域金融市场，为“三农”和小微企业提供特色化的金融服务。

（二）存在的问题

1. 产品结构不合理

县域金融机构提供的金融服务产品单一化，难以满足各经营主体多元化资金需求。县域金融机构倾向于向龙头企业、工业企业提供贷款，涉农贷款比例偏低，向中小微企业和农户提供的小额贷款更少。在县域经济经营主体中，低附加值、劳动密集型企业居多，其生产规模小、抵押担保能力较弱，因而很难获得贷款。县域金融机构中向中小企业、涉农企业和农户个人提供贷款的主要是农村信用社（农村商业银行），而其他金融机构考虑到信贷风险、利润回报率低等因素提供产品有限，不能满足中小微企业和农户金融需求。新型农业经营主体是农村经济、县域经济发展的中坚力量，金融需求大，而目前县域金融产品与服务不能很好地支撑新型农业经营主体的发展。

2. 金融风险机制不完善

中小企业由于技术含量低、生产规模小、产品同质化现象严重、市场竞争力弱，还款能力受到市场环境、价格波动、不确定因素的影响，容易出现无法偿还贷款的情况。另外，县域社会征信机制不完善，很多企业和个人征信情况并未被纳入征信系统，银行不良贷款率增加。虽然政府出台了一系列相关政策法规规范县域金融，但在实施过程中却难以执行。面对错综复杂的金融市场环境，应结合实际情况精准定位，制定相关规章制度，制定风险预警阈值，不断优化完善县域金融风险防范能力。

3. 政府部门对金融机构统筹能力不足

县域商业银行、政策性银行等金融机构一般为上级机构的派出营业机构，其管理权限不在县域，多部门之间的信息传递、沟通和协调比较复杂，这就导致在急需金融支持的项目中，当地政府对金融业机构的统筹协调力度不够，影响重点项目的建设。同时，由于政府部门和金融机构利益着眼点不同，县域政府部门着眼于当地经济社会整体发展，重点保障涉及民生的公共事业建设，注重社会效率；而金融机构在投放贷款时会考虑其经济效益。两者着眼点不同，导致两者要不断磨合协调发展。

4. 金融机构创新能力不足

近几年，信息技术和“互联网+”的发展，给县域金融需求带来了新的挑战。目前我国县域金融业务范围和经营理念比较死板，县域金融业创新发展动力不足。虽然金融机构不断推陈出新，但是创新力度依然不足，难以匹配多元化、国际化经济发展需要。数字金融发展尚属新型领域。金融创新需要技术和人才的支撑，县域金融在新技术和人才方面的缺失，使得产品创新能力不足。另外，县域民众尤其是偏远地区，人们受教育程度不高，对新事物接受能力有限，也在一定程度上影响了金融创新产品的推广和应用。随着农业现代化的快速发展，农业生产规模逐步扩大，机械化水平不断提升，种养业和农产品加工业对资金的需求也随之扩大，这就要求县域金融必须进行产品创新、技术创新和服务创新，满足现代化农业转型发展需求。

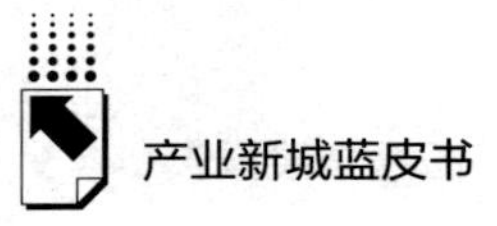

三　县域金融业面临的机遇与挑战

（一）县域金融业面临的机遇

2019年中央经济工作会议提出要深化金融供给侧结构性改革，更好缓解民营和中小微企业融资难融资贵问题。加大制度供给，促进金融资源有效配置，提升金融供给的质量和效率，实现金融总供给和总需求的平衡，最终推动金融高质量发展，实现金融供给侧结构性改革。县域作为统筹城乡协调发展的重要平台，县域金融作为货币政策传导的“最后一公里”，也是金融供给侧结构性改革实施的前端，正面临着前所未有的重大市场机遇，已成为各家银行的必争之地。

推进乡村振兴和新型城镇化建设，加强基础设施建设，为县域金融发展提供了机遇。党的二十大报告指出，要统筹乡村基础设施和公共服务布局。打破城乡二元结构，加快新型城镇化建设，加大道路、水电、网络等公共基础设施建设力度，需要大量建设资金的投入，这为县域金融提供了发展机遇。农业转移人口市民化，多样化金融需求增加，为县域金融创新服务模式提供了机遇。

发展方式绿色转型，助推县域金融高质量发展。党的二十大报告指出，推动经济社会发展绿色化、低碳化是实现高质量发展的关键环节。发展绿色低碳产业，需要建立完善的财税、金融、投资、价格政策和标准体系。产业绿色化、低碳化转型需要巨大的资金，政府资金只能覆盖很小一部分，绝大部分需要通过金融体系利用市场资金来弥补。发展绿色产业是未来县域经济发展的重要方面，为能更好地支撑县域经济的发展，县域金融业必须优化金融服务效率，创新金融产品，拓宽管理思路以适应产业转型发展的需求。

农业供给侧结构性改革，赋予县域金融业发展机遇。我国强化制度供给的结构性改革，允许政策性金融专营机构在国家政策范围内有充分的经营自主权，允许其参与合理的市场竞争，促进金融资源合理配置。农业供给侧结构性改革要求金融服务对象多元化、金融产品服务和运营模式现代化，这将极大丰富县域金融机构的业务范围。供给侧结构性改革拓展了金融需求空间。电子商务的发展，急需构建集电商、金融、缴费、消费于一体的“三农”互联网金融生态圈。家庭农场、农民合作社等新型农业经营主体的出现，需要县域金融提供更优质的金融服务。随着农业供给侧结构性改革政策的实施，对涉农信贷资金需求将成倍增长，这为县域金融提供了更广阔的发展空间。

服务国家战略，深化长三角一体化县域实践。长三角地区是我国县域经济发展最活跃、开放程度最高、创新能力最强的区域之一。国家从战略层面提出长三角一体化发展，为长三角县域经济、县域金融提供了良好的发展机遇。县域金融机构要依托现有政策协同发展，建立长三角区域联合授信机制和征信体系，服务小微企业信用融资，打通金融资源县域流动通道，推动信贷资源流动。

（二）县域金融业面临的挑战

中美贸易摩擦的挑战。中美贸易摩擦对电子设备、机械制造、服装制造等产业造成较大影响，特别是对外向型县域经济影响更大。县域涉外中小企业回笼货款减少、库存增加甚至停产，对银行信贷产生了不利影响。

供给侧结构性改革的挑战。供给侧结构性改革使得部分产能落后的产业纷纷由大中型城市转战县域，这些产业被作为当地支柱产业得到县域金融机构的大量扶持。随着供给侧结构性改革的深入推进以及环保治理的力度加大，传统工业、化工产业产能持续压缩，企业还款风险上升。

政府债务的挑战。县域金融机构进行投融资项目时，普遍倾向于选择有政府背景的项目，以便于由政府兜底债务。县域政府背景类企业债务累积较多，债务成本普遍较高，完全依靠企业自身还款难度大。一些地方在清理政府融资的过程中，出现了政府单方面撤销各类担保函、承诺函的现象，造成了银行债权担保措施悬空的风险。

经营分化的挑战。互联网支付、数字金融快速发展，县域资金更多地流向几大行开放式理财和各类网络理财平台，支付宝余额2021年规模突破1.93万亿元人民币，大量资金流入第三方支付平台和理财平台，产品创新能力有限的银行吸储越来越难。第三方移动支付平台操作简单、转账速度快，吸引了大批客户，使得银行存款流失。互联网理财产品购买门槛低、方便快捷，挤占了银行代销类理财业务的空间；流动性强，收益率也高于银行存款，分流了银行的存款客户。另外，第三方移动支付平台将沉淀的客户备付金以协议存款的形式存到银行账户，抬高了银行负债端的成本。

金融秩序维稳的挑战。县域企业以小微企业和个体商户居多，由于银行借贷较难和借贷金额的限制，有时不得不通过民间借贷、民间集资和私人钱庄等渠道解决资金需求问题。农村金融知识和风险意识相对匮乏，法律意识薄弱，对于高收益、高回报投资宣传活动缺乏足够判断力和抵制力。特别是近年发生的非法金融现象，严重破坏了金融生态环境。

四　推进县域金融业高质量发展的对策建议

（一）加强政府组织领导和政策引导

建立组织领导机制，健全金融工作领导小组职能，研究决策县域金融发展中的重大问题。建立统一领导、分工协作、各负其责的工作机制，定期召开由相关部门参加的工作会议，加强各部门对金融发展工作的沟通协调，优化金融资源配置，形成推动金融发展的合力，促进金融业全面健康快速发展。

加强政策引导。根据县域经济社会发展规划，加强对金融业支持经济发展的政策引导，引导金融机构加大对地方产业转型升级和绿色低碳产业的金融投入；引导金融机构加大对中小企业、新型农业经营主体的金融支持力度，扩大普惠金融覆盖面；引导金融机构加大对农业基础设施建设和公共事业建设的金融资源投入；引导邮政储蓄、农村商业银行（原农村信用社）立足农村，利用其网点资源加大对“三农”和小微企业提供金融服务的力度，简化贷款流程，放宽贷款抵押担保条件。出台支持金融创新发展政策，帮助金融机构破除创新发展中的体制障碍，推动金融机构大胆创新金融产品，提升金融服务水平。出台激励考核政策，构建科学考核指标体系，对县域金融进行激励考核，给予对县域经济作出突出贡献的金融机构一定的财政补贴或税收优惠。

（二）健全县域金融服务体系

积极健全县域金融服务体系，提升金融服务县域经济发展的功能和作用。县域金融要根据县域资源禀赋和经济特点，建设服务渠道，推广农村金融互助组织等新型金融机构，营造多元化金融主体良性竞争的金融市场。创新金融服务站点，打通金融服务“最后一公里”，提高金融机构员工主动服务意识，提供优质服务。根据县域经济特点完善信贷管理机制，健全阳光贷款办理机制和高效办贷机制，特别是对农业大户、农业新型经营主体开辟绿色信贷通道。县域金融服务对象涉及农户，农户的金融意识和风险意识较低，县域政府及金融机构要加大金融知识宣传力度，多渠道多平台向中小企业和农户宣传金融业务、法律知识，使农户能够获得更加全面的金融信息，提高金融风险意识。

（三）优化县域金融生态环境

县域金融生态环境改善是发展的基石，其运行需要良好的信用环境、法律环境等一系列基础条件。建设县域金融信用担保体系，培育担保机构和互助担保组织，扩大抵押担保物范围，实施农作物、农业保险保单、农业机械抵押担保制度，以满足中小企业和农户的贷款担保需求。搭建平台，建设全县域联网的信用信息系统，采集录入信用信息，对县域经济主体进行评级，建立信用信息档案。规范信贷市场经济秩序，强化金融案件执法。县域各级政府要出台相关政策约束借贷双方行为，规范借贷市场秩序；建立金融案件执法小组，跟踪、披露和处理金融案件的进展，加大对恶意拖欠金融债务的惩治力度，提高金融案件判决后的执行率，尽快挽回金融机构的经济损失，维护良好的金融生态环境。制定相应的财政政策、土地使用政策、产业发展政策、金融奖励政策等金融环境改善配套政策。适时引进金融中介机构，建立符合县域发展需求的产业发展基金，建全贷款风险缓释机制等。

（四）提高县域金融监管能力，构建风险防范机制

县域政府要积极协调各级金融监管机构协同办公，引入专业人员充实监管人员力量，扫除金融监管的交叉地带和盲区，扩大县域金融监管范围，规范金融机构经营；运用科技手段和数字化、平台化金融监管服务信息，强化信息共享及风险防控。建立县域金融组织非现场监管系统，以及年审、分类评级等现场检查制度，加强事中事后管理，促进县域金融组织健康发展。加强网贷平台内部的运营管理，建立健全网贷平台监管的法律法规和行业标准，明确监管主体、监管范围和监管职责。

县域金融风险是金融风险管理中的薄弱环节。推进信用体系建设，构建信息共享平台。完善金融业统一征信平台，将证券、保险信息纳入征信平台，将小额贷款公司、融资性担保公司及线上融资平台等征信记录全面纳入征信系统的覆盖范围，使金融机构在更大范围内掌握企业和个人的负债信息。形成“政、银、企”征信信息共享平台，降低由信息不对称导致的信用风险，保障信贷资金安全。构建县域金融风险防控体系，排查金融风险点，推动金融风险突发事件处置模式程序化、制度化。引入银行作为资金监管机构，构建针对网贷平台业务类型的风控体系，防范网贷平台滋生的金融风险。

（五）创新县域金融服务产品和模式

为满足县域经济发展对金融产品的多样化需求，要积极创新金融服务产品。金融机构要扩大金融信贷规模和服务覆盖率，针对不同群体，提供个性化服务产品，实施差异化的信贷政策，适当提高授信额度，下放信贷审批权

限。创新结算手段，在农村地区扩大手机银行、网络银行的覆盖范围，方便用户享受便捷的金融服务。利用互联网、大数据和区块链技术积极构建新型智能金融模式，丰富完善金融数据信息。探索新型融资渠道与模式，推进信贷、支付结算、担保和保险等综合金融服务体系建设。将金融支持同农村发展产业链条紧密结合起来，根据“三农”发展需求，创新涉农机具融资租赁、农产品期货与保险等多元化金融产品，满足农业全产业链融资需求，提升金融产品与服务的精准性与适配性。完善县域金融基础设施建设，依托信息技术、大数据技术发展数字金融，以数据共享与大数据等手段降低金融投融资成本，实现金融的普惠效应。

参考文献

喻桂华、林建：《新时代县域金融高质量发展：挑战、机遇与推进路径——以江苏为例》，《现代金融》2020 年第 5 期。

王雪、何广文：《县域银行业竞争与普惠金融服务深化——贫困县与非贫困县的分层解析》，《中国农村经济》2019 年第 4 期。

倪敏、黄海峰、耿刘利：《金融支持新型农业经营主体高质量发展的必要性与路径优化》，《吉林农业科技学院学报》2022 年第 5 期。

朱耀天、杨林娟：《农村金融服务县域经济发展问题研究》，《经济研究导刊》2022 年第 10 期。

冯兴元、燕翔、孙同全：《中国县域数字普惠金融的发展与动能：指数构成、测度结果与对策思考》，《农村金融研究》2022 年第 6 期。

叶璎婵：《数字金融对贵州省县域经济高质量发展影响研究》，硕士学位论文，贵州财经大学，2022 年。

刘吉鹏、陈剑锐：《县域金融服务乡村振兴战略的策略研究——以五河县为例》，《现代商业》2022 年第 22 期。

许贤云：《金融业高质量发展的内涵与评价体系构建——基于灰色综合评价法》，《福建金融》2022 年第 9 期。

B.6
县域旅游业高质量发展报告

张 省　赵孟桥*

摘　要： 县域旅游高质量发展是推动经济高质量发展的必由之路。随着社会的进步和人们生活质量的提升，传统旅游业已无法满足人们的需求，因此需要大力推动县域旅游高质量发展。基于此，本报告阐述了县域旅游业由“景点旅游”逐步转变为“全域旅游”模式的发展现状。目前的县域旅游业中仍存在产业结构不尽合理、文化底蕴缺乏深层次挖掘、基础建设不完善、生态环境保护意识薄弱等现实问题。由此，必须从优化产业结构、突出县域旅游文化产业地方特色、完善旅游配套要素、增强环境保护意识等方面来实现县域旅游业的高质量发展。

关键词： 县域经济　县域旅游业　全域旅游

随着中国特色社会主义进入新时代，经济发展转向高质量发展阶段，经济转型进程加快，经济发展进入“新常态”。在“十四五”全面推动高质量发展的背景下，旅游业走高质量发展之路作为经济高质量发展不可缺少的重要内容，必然成为接下来较长时期内旅游实践和理论研究探讨的重要课题。在此机遇下，怎样立足特色，促进本地特色文旅产业深化发展成为重要话题，发展特色文旅产业对于推进城乡融合，缩小城乡差距，加快县域经济转型，满足人民日益增长的美好生活需要具有重要意义。

---

* 张省，博士，郑州轻工业大学经济与管理学院副教授，研究方向为数字经济、旅游管理；赵孟桥，郑州轻工业大学经济与管理学院硕士研究生。

一 县域旅游业发展现状

县域作为国民经济最基本的单元结构，是国民经济和社会发展的基础，作为实施全面深化改革、促进国家治理能力现代化的基础单位，更是社会主义现代化强国建设的关键着力点，县域的发展直接影响国家的稳定发展。发展旅游业是推进县域经济的重要手段，对增加地方财政收入和就业具有极其重要的作用。

（一）从景点旅游到全域旅游的转变

全域旅游的提出来自我国当前大众自助旅游旺盛的需求、旅游产业的时代责任以及景点式发展所面临的困境等社会背景。

改革开放初期，居民消费能力弱，旅游休闲被视为“奢侈品”。在这种情况下，旅游休闲行业的市场规模有限，且市场需求单一，旅游观光成为主流形式。有限的需求导致行业发展缓慢，基础设施不完善现象普遍。同时，由于场所的封闭，旅游活动对区域外影响甚微，景区等旅游场所的周边带动效应较小。

而随着人民生活水平的提升，旅游行业迅速发展，目前我国国内旅游人次已经突破 55 亿，自助游占比超八成，全国自驾游从 2007 年开始，占国内出游总人数比重连续三年超过 60%，到 2017 年非景点景区旅游占比已经达到 80%。传统观光旅游模式的封闭型景点或景区无法适应需求，旅游市场表现出明显的市场供需矛盾，旅游产业转型迫在眉睫。

总之，在经济发展和旅游需求增长的双重作用下，我国传统型景点旅游难以满足游客的大众化、多元化需求，游客吸引力不断下降。在此背景下，全国旅游工作会议研讨会在 2015 年首次提出了“全域旅游”发展战略，向全域旅游转型升级已成为旅游业发展的必然趋势和战略选择。2018 年国务院发布《关于促进全域旅游发展的指导意见》，“全域旅游”被提升为一项国家战略，加快发展“全域旅游”在全国范围内实施。“全域旅游”作为载体，用于加快区域经济发展、促进社会全面协调，已经成为区域发展的共识。县域旅游作为基础单位，是构建省域和全域旅游高质量发展的“战略主战场”，对完善现代旅游体系和建设旅游强国具有举足轻重的作用。

（二）县域旅游的建设模式

长期以来，中国旅游被看作在“空间”中运作的产业，采用“定点式游览”的“气泡真空式”景点发展模式。随着社会的发展，这种模式的负面效应逐步显现。为了打破这种局面，对旅游的认知要求从“单一景点、景区建设和管理”的产业层面过渡到“将一个区域整体作为功能完整的旅游目的地来建设和运作”的空间层面，打破原来旅游等于景区这种点状的、封闭式的产业认知模式，使人们认识到旅游不仅是“产业—经济”问题，也是“社会—空间”问题，更加注重“旅游+”和“+旅游”的多要素、多产业、多行业融合等区域社会综合发展的空间思想。

全域旅游作为一个对于“景点旅游”这种传统模式提出的全新发展理念，两者无论是在模式、产业支撑上，还是空间结构上都有明显的区别（见表1）。

表1　传统旅游与全域旅游的区别

	传统旅游发展	全域旅游发展
发展模式	围绕既有资源打造景点、景区；景区间缺乏联系，孤立分散发展	深入挖掘资源潜力，品牌特色突出；产品结构体系完善；以旅游资源为核心的区域综合开发；区域整体发展观念强
产业支撑	门票经济依赖，关注基本旅游要素	“旅游+”业态创新，产业融合发展下的综合贡献
供需结构	明显的季节性，需求类型单一，可选择性较少	满足旅游者多元化和个性化的休闲体验需求，供给侧结构性改革力度加大
建设主体	旅游企业单打独斗	社会共建共享
空间规划	“景区内外两重天”，配套设施规划被动、孤立	“产城融合”的新型辐射带动机制，共享式的城乡设施配套体系
管理体制	旅游管理部门行为	各部门联动综合治理机制，“1+3+N”管理体制创新
产业效率	粗放、低效、竞争	精细、高效、合作、共享
效益影响	以经济效益为主	经济、社会、文化、生态等综合效益

（三）县域旅游的整体发展水平

县域旅游是指以县级行政区划为地域空间，依托县域旅游资源赋存优势，以资源开发为基础，以市场需求为导向，以产业为支撑，以特色旅游休闲生活体验为吸引的一种区域旅游发展形态。

我国共有2800多个县级行政单位，占全国国土面积的90%左右，面积广阔、旅游资源丰富，优势突出、发展潜力巨大。2019年，我国县域旅游在新发展理念以及“两山”理论指导下，发展速度明显加快，高质量发展取得重大突破。

据《中国县域旅游竞争力报告2020》，2019年我国县域旅游发展平稳，且发展势头较快，中国旅游百强县综合竞争力继续增强。其中，旅游百强县全年平均旅游总收入214.14亿元，平均接待1919万人次；旅游收入平均占区域总产值的92.1%，旅游业主导地位进一步增强。

旅游百强县中，共有5A级景区57处、4A级景区289处，世界遗产21处，国家级旅游度假区9处，国家级风景名胜区63处，世界地质公园11处，国家地质公园27处，国家级森林公园63处，国家红色旅游经典景区36处，国家重点文物保护单位391处。百强县中，国家历史文化名城占15个，国家全域旅游示范区占19个，中国优秀旅游城市占42个。从地区分布来看，旅游百强县市主要分布于21个省份，其中浙江25个，贵州10个，江苏、云南各7个，河南只有2个，各地区的发展还是存在很明显的差异。

《全国县域旅游研究报告2021》显示，2020年，全国县域旅游总收入平均值为31.61亿元，接待游客总人数平均值为416.44万人次，旅游总收入超过200亿元的有34个县，100亿~199亿元的有87个县，50亿~99亿元的有275个县，接待游客总人数超过2000万人次的有27个县，1000万~1999万人次的有138个县，500万~999万人次的有366个县。该报告认为，县域旅游业社会效益明显、经济效益突出且生态效益显著，是绿水青山转变为金山银山的重要通道，在壮大县域经济、助力乡村振兴方面具有重大意义，有助于推动乡村地区全面建成小康社会，开启建设社会主义现代化新征程。

二　县域旅游业发展存在的问题

“十四五”时期是我国旅游业发展的关键战略机遇期，旅游业作为县域经济的重要支柱，走高质量发展的道路是必然的选择。县域旅游在迎来大发展的同时，也要认识到由于经济发展程度、旅游资源、交通区位条件、基础设施条件等差异，在空间上表现出不均衡发展等问题。

（一）产业结构不尽合理

1. 集聚程度较低

旅游业是一个综合性强的经济产业，其由吃、住、行、游、购、娱等行业组成，每个行业都是旅游业不可或缺的一个部分，是从属于旅游业这个整体的。具有在时空上集中满足旅游者需求的特点，即旅游产业需要在特定的时间段里尽可能多地组合不同的景点景区、食宿点、娱乐点以及其他活动等以满足旅游者的不同需求，这就要求满足游客需求的直接相关或者间接相关企业在地理意义上进行集中。因此，我们应在产业分工明确的基础上，通过旅游产业集聚形成结构完整的产业结构，从而为游客提供能够满足其需求的各种产品和服务。

早期我们对产业集聚的研究多集中在高新技术产业和制造业领域，忽视了旅游产业。随着经济的发展，产业集聚在工业化的过程中早已成为普遍的现象，我国旅游业整体上出现了产业集聚的趋势，但是这种趋势还十分微弱，存在着诸多制约因素。比如，由于县域经济基础较为薄弱，旅游投资难度大、途径窄，只能依靠投资方的投资和消费者的消费，拉动效应并不显著。虽然该模式能够在短时间内提高县域旅游发展质量，但较其他经济模式，该发展模式较为脆弱，一旦产生不可控因素，将会直接影响县域资源开发的资金需求，导致资金不足，造成旅游资源的开发利用不充分，从而对旅游产业集群发展产生严重制约。

2. 专业化程度发展不均衡

旅游产业内部的各行业，需要在比例合理、结构有序的情况下相互协调、相互促进，达到良好的状态才能推进产业结构的合理化；县域由于受域内产业、制度、交通区位、经济实力、信息技术等因素的约束，专业化程度发展不均衡，部门之间仍存在较大差距，从而导致旅游产业结构合理化水平下降。总之，产业整体的初级化和结构不完整、重点不突出与发展不均衡是影响旅游产业化水平提高的主要因素。

例如，在部分的县域旅游中，旅游者在娱乐消费和购物消费的支出占旅游总支出的比率明显较低，这并不能全部归因于游客的消费能力，其实际反映出了县域旅游在产业结构上的问题。

（二）文化底蕴缺乏深层次的挖掘

随着旅游需求的不断扩大，我国进入休闲旅游大众化发展的新时代，行业发展空间十分巨大。中国旅游产品供需不平衡的现象日益凸显，优质旅游资源供应不足，旅游观光难以满足需求，需要进行生态旅游转型升级的准备。传统行业的旅游产品供给过剩，适应新发展的产品和业态却供给不足；但任何旅游产品或业态均离不开有形或无形的旅游资源，所有开发都基于丰富的旅游资源。目前，我国县域旅游大多数依赖自然旅游资源，忽视了身边其他的优质资源。以河南省为例，河南共有 2407 处红色遗址，国家级文物保护单位 39 个，国家级爱国主义教育基地 8 处，但至今只有红旗渠一家获批国家 5A 级旅游景区。对焦裕禄纪念馆、鄂豫皖革命根据地、红旗渠系列的红色景点的精神没有进行深入解读，对比延安、井冈山等地的国家级红色旅游景区来说缺乏在全国范围内的影响力，与其自身的文化精神及历史地位不相匹配，并且没有形成有较大影响力的文化品牌和统一完整的文化形象。因此，对红色旅游资源的开发应着重于内在意义，使老一辈的革命文化及斗争精神与旅游资源深入融合、发扬光大。

（三）基础建设不完善

交通是旅游产业发展的先行产业，交通运输是旅游业发展的基础支撑和先决条件，基础交通对促进区域经济增长有着显著的作用，景区交通设施的完备程度会影响游客的游玩动机，还会影响他们的出游满意度。

然而，在大部分的县域中，自然景观类的旅游景点往往位于县域边缘，远离县域主城区，分布较为零散，且路网不发达，可达性较差；周边的旅游道路建设等级不高、路面较窄、安全性较低，以及当前的交通规划准备不足以应对旅游峰值等，也都在各方面降低了游客的满意程度。市县之间交通衔接不恰当，交通工具不全面、换乘时间长，无法形成景区交通各节点闭环连接的问题一直悬而未决。自驾游等新型旅游业态配套有待丰富，许多县域旅游景点没有明确的道路标识或道路标识较为模糊，都给自驾旅游者带来了一定的困难和麻烦。

（四）生态环境保护意识薄弱

维护自然生态环境和保护旅游资源不受破坏，对于旅游业的长期发展具有重大的意义。近些年来，我国生态旅游得到很大的重视，资源开发不当引发的环境问题也逐渐显现出来。

许多地区的政府及相关部门在开发生态旅游时监管失位，缺乏深入的调查研究和系统的科学论证、评估与全面的规划。由于缺乏科学、有效的管理，不少地区在没有制定详细开发规划的情况下就付诸行动，或者制定了详细的规划但在实施过程中并没有得到很好的执行，这些盲目发展、不合理的开发和利用旅游资源的问题使旅游环境质量逐渐下降、恶化，对自然生态系统造成不可逆转的影响，破坏了当地的生物多样性，危害了旅游区的可持续发展。

群众的生态环境保护意识和环保知识的总水平也有待提高，大多数群众更为关注与自己生活密切相关的环境问题，对于只是为了付费享受自然的旅游景区，只具有相对浅显的环境责任保护感。

三　推进县域旅游业高质量发展的策略

（一）优化产业结构，促进区域的协调发展

1. 加快旅游产业集聚区的形成

推动产业集聚发展，是实现县域文化旅游业高质量发展的有效途径之一。旅游业是一种关联性很强、涉及面很广的产业，具有显著的集聚效应，非常适宜集聚化发展。由此，县域内应加大旅游产业的集聚程度，充分发挥旅游供给—需求系统优势，优化旅游产业结构，提高区域旅游产业竞争力和经济发展水平。

旅游产业集聚区需要在相同的文化背景、环境和特定的地理范围内，以旅游资源为核心，以旅游要素及相关产业的高配套率为基础，以政府及组织的支持为保障，以市场的需求为动力而形成在空间上集聚的完整的旅游服务体系（见图 1）。

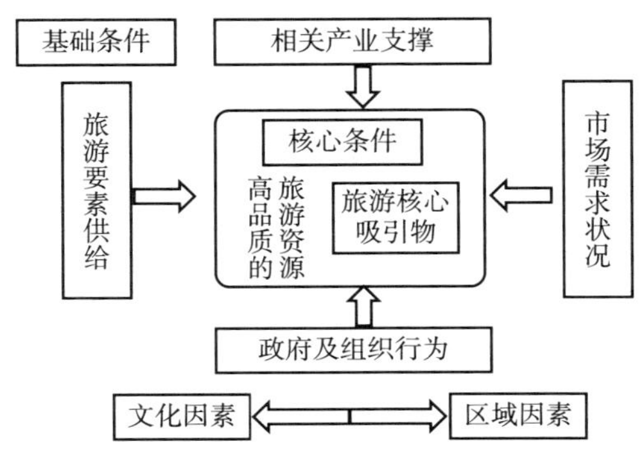

图 1　完整的旅游服务体系示意

一是因地制宜地利用资源和环境，科学规划旅游产业集群和相关产业园区。通过创意规划的适当超前定位，结合县域产业基础、地方发展需求和产

业发展趋势，因地制宜、因势利导地开展县域产业规划，为县域打造高科技含量高、示范带动力强的现代产业集群。

二是发挥政府作用，保证集聚区建设。在文化旅游产业集聚区建设的过程中，各地政府及其相关部门要积极承担“战略指挥”的角色，在企业、高校、科研院所之间起到“纽带”“中枢”的作用。要为产业集群创造良好的环境和氛围，为其创新能力、竞争力的提升做好基础保障工作。

三是完善公共基础建设，在产业集群的形成和发展中，区域内的基础设施起到了至关重要的作用。由此，要做好集聚区内的整体规划工作，将各个职能部门的作用发挥到最大，强化其自身的服务能力，推动集聚区内的信息传输和流动，从而实现对各种要素的高效配置。加快旅游企业集团化发展，以有效地减少旅游企业集团之间的交易成本，从而最大限度地优化旅游企业集团的空间布局。

四是加强区域合作，注重联动发展、共享发展，共同打造优质区域和优质旅游线路，打破行政界限，打造各具特色的旅游度假区，建立跨区域旅游目的地网络体系，发挥各地区旅游产业之间的协调性，跳出自身区域限制，投身更大空间尺度中去，从而促进旅游经济高质量发展。

对旅游产业集聚发展给予足够的重视，但也要对旅游产业的集聚程度进行适当的控制，在县域地区中探索出一条产业多元化发展的道路，以旅游产业的迅速发展带动其他相关产业的发展，避免由当地经济对旅游产业的过度依赖而造成社会经济的脆弱性。通过产业的多样化发展，将旅游产业集聚程度控制在适宜范围内，形成多元化的产业结构，减少社会经济发展的风险。

2. 加大旅游产业专业化

要以专业化集聚为基础，着力使各个企业做精做细，同时拓展生产链，推动多元化产业的形成，逐渐使多样化集聚模式成为区域旅游经济发展的新动力。

区域旅游业的专业化程度越高，旅游产业结构优化的速度越快。具体分析各个部门的专业化程度，围绕核心旅游产品，开发新的旅游产品。对于高度专业化的部门，应在保持其核心地位的同时进一步进行优化；对于那些没有足够竞争优势的部门，要对其进行积极的培养，找出造成其竞争力低下的根本原因，要对市场信息进行充分的掌握，积极学习发达地区经验，并争取政府的政策支持。

旅游部门应尽力满足旅游者的不同需求，深入发掘旅游产品的文化内涵。娱乐部门应结合本身的资源特点，开展一些参与性强、主题鲜明的娱乐性活动。邮电部门要加快旅游信息化的科技投入和人才培养，完善信息化设施建设，引导旅游企业根据自身特点开展网上业务，实现旅游服务的网络化、便捷化。

（二）突出县域旅游文化产业地方特色

发展县域文化旅游产业，应注重发掘区域特色资源，弘扬地方特色文化，以特色资源和文化为载体，建设突出地方特色资源和文化的代表性旅游景点。旅游文化产业具有区域性、地方性和民族性的特点，强调“因县而异”，在避免产业雷同和投资浪费的同时实现错位发展。如海南具有独特的热带海岛气候环境，甘肃具有独特的风光地貌，适合开展以自然景观为基础的度假旅游，而新疆、西藏等地拥有非常浓厚的民族特色，适合发展以民族文化为主题的文化旅游。根据资源错位发展特色县城和以县城为核心的县域经济，推进“文旅+”“+文旅”融合发展，形成由特色资源到特色产业再到特色集群的发展；要深入挖掘区域旅游产业经济外部系统因素的性质和内涵的深层文化特征，以展示旅游产业的魅力，提高旅游产业的竞争力和活力，将各种外部因素转化为经济效益和社会效益，促进旅游经济的发展，实现良性循环，达到可持续发展。

另外，对于有区位优势但是旅游自然资源较少的县域，要将文化旅游产业与其他特色产业相结合，以达到发展旅游县域的目标。在全国范围内，县域经济中普遍存在着某些特色的行业，尤其是工业行业，但是这些行业通常

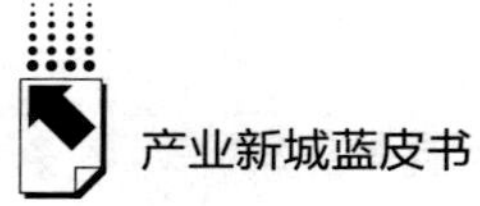

并不为大众所了解。《"十四五"旅游业发展规划》提出，推进旅游与科技、体育、工业等领域相加相融、协同发展，鼓励依托工业生产场所、生产工艺和工业遗产开展工业旅游。在文化旅游产业的发展中，要自觉地对游客进行宣传、推介，并将这些特色产业纳入文化旅游体系，构建集景区旅游、历史文化旅游、民族文化旅游、特色产业工厂旅游、矿山旅游等于一体的文化旅游体系，以文化旅游为依托，为全县其他地方特色产业的发展创造机遇和空间，使之成为一种互相促进的局面。

发展工业旅游业，是促进第二第三产业相互融合，促进产业转型升级的关键途径。洛阳是我国"一五"期间国家重点扶持的老工业基地，发展工业旅游有着独特的优势。以中国一拖东方红工业游景区为例，该景区于 2022 年成功入选国家工业旅游示范基地，是我国第一批国家级工业旅游示范点。2012 年以来，洛阳充分发挥产业资源优势，积极打造"东方红产业游"特色旅游项目和以"东方红农耕博物馆"、一拖主生产线为核心的产业景区，现如今已发展为包括东方红农耕博物馆、亚洲最先进的大功率轮式拖拉机总装线、中国最大的拖拉机覆盖件基地、东方红智创空间等特色旅游路线。其中，东方红农耕博物馆作为国内首个以"现代农耕"为主题的博物馆，每年游客接待量近 50 万人次。景区还以"东方红拖拉机"为"洛阳文化符号"，开发了东方红拖拉机仿真模型、东方红拖拉机卡通明信片、东方红拖拉机文具、东方红拖拉机饰品，以及办公、生活、旅游、服装等主题的文创产品，进一步促进了旅游产业的发展。

（三）持续完善旅游配套要素，提升旅游接待能力

要全方位完善旅游目的地基础设施，因为基础设施状况不仅关系旅游目的地的环境质量，而且对当地的经济效益和居民生活质量有着很大的影响。

1. 交通设施

交通基础设施是推动区域旅游业发展的关键性和基础性因素，同时也是

商业、饮食业、宾馆业及文化艺术等行业发展的基础。

（1）强化市县之间交通衔接

强化市县跨区域旅游之间的交通衔接，加强县域与地级市之间的交通衔接，使周边县域更好地接受主城的经济辐射，从而增强区域的整体竞争力和吸引力，满足当地旅游发展的要求。优化市县间的运输路线、运输方式，加快有条件的县市间客运专线的建设，使市区的乘客能更好地衔接各个乡镇。并按照市场需求，增加区域公交和快速公交的运营频率，为旅游峰值的到达做好准备。

（2）加大县域交通建设的投入

县域地区要加大对公路运输系统的建设，增加旅游景点的可达性。要改善干线交通状况，完善景区间路网建设，全面保持路面质量，打通旅游道路。对交通量达到一定水平的公路进行改扩建，利用硬化路肩等办法增加行车道的有效宽度，或者在有一定宽度的公路上设置快慢车分车道线和其他路面标识等。市县还要按照自驾游的需求情况，在高速公路服务区和主要景点周围增设停车场、加油站、自助银行、汽车旅馆、餐饮服务等配套的旅游服务性设施，以满足旅游者的全方位出行需要。

2. 引导标识

旅游交通标志具有三种功能，即提示、宣传和权威发布。一个地区的旅游交通标志系统是否完善，将对自驾游的交通环境服务产生重大影响。各市县通过完善高速公路、国道、省道和通往主要旅游景区道路上的交通指示牌、旅游景区指示牌等，来完善旅游交通标志的建设，提高旅游标识的交通提示、广告引导、权威交通信息发布等功能。

3. 强化设施的多元化特色

对于酒店、餐饮及娱乐项目，通过设置不同档次、类型及功能特色的店铺或设备提高设施对游客的吸引力。为迎合人工智能的发展趋势，不断满足游客对智慧信息的需求，全力打造智慧景区，建设完善的网络设施，在基础网络上搭建资源共享平台，建立 GIS 查询与咨询、多媒体信息发布与网络售票等信息沟通系统，帮助游客及时查询所需景区信息，以及连接各旅游企业的信息平台和互动网络，综合利用定位系统、大数据系统、智能传感器等打造智慧电子实时导览系统，为游客提供360度AR实景导航功能和实时AI智能问答，减少游客获取服务的时间和空间。

（四）增强环境保护意识，树立可持续发展理念

党的十八大将生态文明建设写入党章，党的十九大提出要加快生态文明体制改革，建设美丽中国。生态环境是我们赖以生存的基础，是我们可持续发展的保障，以绿色转型理念为引领，探究高质量生态旅游发展路径，具有长远意义。生态文明建设功在当代、利在千秋，大力发展生态文明不仅是对生态环境的有力保护，也是推动区域经济快速发展、弘扬生态文化的有效途径。

1. 科学规划生态旅游建设

发展生态旅游，必须以习近平生态文明思想为指导。要紧密结合当下旅游政策和环保政策，遵守生态旅游相关的法律政策和认证标准，规范地区生态旅游的发展。将生态旅游纳入当地整体旅游规划，加强分类指导，通过制定旅游总体规划，将生态旅游发展纳入科学规范的框架，避免不必要的盲目建设和重复建设。

2. 引导游客主动的资源保护行为

在旅游资源的保护中，制度是一种重要的手段，可以采取正式制度来限制旅游者对环境的破坏，或以非正式制度来促进旅游者对环境的保护。在旅游业的发展过程中，如果在地方上形成了一种基于资源保护的潜规则，那么，旅游者就会用潜规则来规范自己的行为。因此，在游客群体中构建起对旅游资源进行保护的社会规范，并利用这些规范来引导他们对旅游资源进行积极的保护，这应该是今后的工作重点。

3. 加大环境监管和监测力度

地方政府要根据法律法规加强在旅游区建设和经营中与环境相关事项的检查监管，杜绝违法建设，坚决及时纠正以生态旅游名义破坏生态环境的行为，着力监督保障生态旅游环境质量，同时督促有关环境评价和监察机构积

极主动为生态旅游发展建设提供服务。要加强对生态敏感型旅游地的生态环境监测，对该旅游地的生态环境状况进行及时的评价，并将有关的信息公布出来。

4. 深化宣传引导，倡导文明旅游

通过各种媒介，对生态旅游的概念进行广泛的宣传，弘扬生态文化。在社会层面，对旅游生态环境保护与旅游生态资源的不可再生性进行宣传，引导人们对大自然给予人类的物质财富及精神价值予以重视。促进全民提高节约意识、环保意识以及生态意识，在学校、社会团体和企事业单位开展生态教育和生态伦理观培育，引导人们在旅游活动中遵守生态伦理观，倡导生态文明。认真履行生态环境保护职责，加快全民文明旅游意识、生态环境保护意识和法制意识的提升。除此之外，各生态旅游景区（点）的管理者应精心组织游客广泛参与。在具体旅游项目的规划设计中，应将生态环境保护教育的内容融入其中，使游客在参与的过程中获得更多的生态环境保护知识，逐步增强生态环境保护意识和法制观念。

参考文献

戴学锋、杨明月：《全域旅游带动旅游业高质量发展》，《旅游学刊》2022 年第 2 期。

雷石标、徐佳：《旅游产业结构优化的影响因素及其作用机理》，《山西财经大学学报》2021 年第 S1 期。

安传艳、李同昇、芮旸：《社会空间视角下全域旅游空间正义性解读》，《人文地理》2019 年第 5 期。

丰晓旭、夏杰长：《中国全域旅游发展水平评价及其空间特征》《经济地理》2018 年第 4 期。

田彩云、陈之常、李雪敏：《区域旅游产业集聚区建设的实证研究——以北京东城区为例》，《资源开发与市场》2016 年第 3 期。

郭悦、钟廷勇、安烨：《产业集聚对旅游业全要素生产率的影响——基于中国旅游业省级面板数据的实证研究》，《旅游学刊》2015 年第 5 期。

戴玲丽：《着力提升县域旅游经济发展水平》，《浙江经济》2015 年第 8 期。

舒小林、柴用栋、高应蓓、邱晓敏：《旅游产业（虚拟）集群的空间结构研究——以贵州省为例》，《经济地理》2014 年第 10 期。

吴晓青：《加强生态环境保护　促进生态旅游健康发展》，《环境保护》2006 年第 17 期。

B.7
县域数字经济高质量发展报告

刘丽丽*

摘　要： 党的二十大报告指出，要加快发展数字经济，推进数字经济与实体经济深度融合。我国数字经济规模持续增长，不断下沉至县域经济体。县域经济作为国民经济的基本单元，是城市经济与乡村经济的纽带，推动县域数字经济实现高质量发展是加快发展数字经济的重要组成部分。如何切实有效地把控数字经济发展形势，充分发挥出数字赋能作用，据此实现县域数字经济的高质量发展，成为当下所需研究解决的主要课题。本报告首先阐明了县域数字经济高质量发展的重要意义，然后对县域数字经济的发展现状进行了分析，接着对制约县域数字经济高质量发展的主要问题进行了分析，最后针对这些问题，提出了推动县域数字经济高质量发展的对策和建议：明确本地发展定位，统筹发展路径；加快推进传统制造业数字化发展；加快数字化高技术人才培养与引进；加快县域新型基础设施建设。

关键词： 数字经济　县域经济　数字赋能

随着云计算、人工智能、区块链等信息技术的发展和应用，数字经济已成为继工业经济和农业经济之后一种新的经济发展模式。根据统计局的定义，数字经济是以数据资源为关键生产要素，以现代信息网络为重要载体，

---

* 刘丽丽，博士，郑州轻工业大学经济与管理学院讲师，研究方向为数字经济。

以信息通信技术的高效应用作为提高效率和优化经济结构的重要推动力的一系列经济活动。习近平总书记指出："数字经济发展速度之快、辐射范围之广、影响程度之深前所未有，正在成为重组全球要素资源、重塑全球经济结构、改变全球竞争格局的关键力量。"数字经济已经成为世界各国积极加速推动经济社会转型的重要引擎。党的二十大报告明确指出，要加快发展数字经济，促进数字经济与实体经济深度融合，打造具有国际竞争力的数字产业集群。数据显示，2012 年至 2021 年，我国的数字经济规模从 11 万亿元增长到了超过 45 万亿元，已数年稳居世界第二，数字经济在国内生产总值中所占的比例也从 21.6%上升到了 39.8%。我国数字经济在逆势中加速发展并不断下沉至县域经济体，成为实现县域经济高质量发展的助推器。然而，目前我国县域数字经济距离迈向更高质量的发展阶段还尚有一定的差距。郡县治，天下安；郡县兴，国家强。县域经济是国民经济的基本单元，是城市经济与乡村经济的纽带，各县域如何抢抓新一轮技术革命带来的历史性机遇，应对挑战，推动本地数字经济实现高质量发展，是目前亟待研究的重大现实问题。本报告首先阐明了县域数字经济高质量发展的重要意义，然后对县域数字经济的发展现状进行了分析，接着对制约县域数字经济高质量发展的主要问题进行了分析，最后针对这些问题，提出了推动县域数字经济高质量发展的对策和建议。

一　县域数字经济高质量发展的意义

在数字技术快速发展的背景下，数字经济为县域经济领域转型升级提供了新路径，县域数字经济高质量发展以更高质量、更可持续、更有效率、更公平为目标，是新时代的主旋律。县域数字经济高质量发展在乡村振兴、扩大内需、统筹城乡政务治理和公共服务方面有着重要意义。

（一）县域数字经济高质量发展是实现乡村振兴的重要依托

党的二十大报告指出，全面建设社会主义现代化国家，最艰巨最繁重的任务仍然在农村。乡村经济是县域经济的重要组成部分，脱贫攻坚解决了我国乡村的绝对贫困问题，乡村振兴则为永久脱贫提供动力源泉。当前，我国乡村产业面临结构单一、农民劳动力素质和农业科技不能满足发展需要、抗风险能力比较低等问题。县域数字经济成为乡村振兴的新支点，依托县域数字经济的创新优势，破除经济要素在城乡之间自由流通的阻碍，实现人才资源、信息、新技术等联通，有助于破解乡村特色产业同质化、农产品附加值不高、比较优势不突出、技术落后、人力资源短缺等问题，提升乡村振兴的内生能力，拓宽农民增收致富渠道。县域数字经济带来的精准思维和创新思维能够促进农业的组织化和高效化，为解决传统小农经营与现代农业之间的矛盾提供了新契机。除此之外，县域数字经济通过保护和开发乡村优秀文化，助推乡村乡风文明建设。数字技术为乡村文化数据的储存、分析和预测提供了强大的支撑，对农村农民的文化需求进行精细分析，实现对农村文化产品的精准供给，充分挖掘农村文化特色，发展农村民俗文化产业，助力乡村振兴。

（二）县域数字经济的高质量发展，是扭住扩大内需的战略基点，是全国统一市场的重要抓手

县域数字经济的高速发展使县域成为城市居民消费和乡村居民消费相互渗透的平台。截至 2021 年底，在我国，1472 个县的县城常住人口加起来大约有 1.6 亿人，394 个县级市的城区常住人口大约有 0.9 亿人，除了城区居民外，我国乡村人口为 5 亿人左右。总体来讲，我国县域人口为 7.5 亿人左右，接近全国总人口的 52%，这决定了县域具有较大的潜在消费市场，是扩大内需的重要增长点。在政策驱动和基建发展的共同影响下，我国乡村地区的经济发展水平迅速提高，农村居民收入水平逐步提升，2021 年农村居民人均可支配收入达 1.89 万元，同比增长 10.5%。依托县域数字商业体系的建设和发展以及不断完善的乡村现代物流体系、现代仓储体系和配送网络，农村消费政策红利正在加速释放。据统计，2021 年乡村人均消费支出 1.59 万元，同比增长 16.1%，乡村居民对衣食住行的消费全面升级，对精

神文化消费的需求也在快速提升。在数字经济建设的过程中，农村电商、直播带货、流量经济等新业态的出现，充分利用互联网、虚拟现实等技术，直观地展现和宣传特色产品、特色旅游，塑造地区品牌，拓宽了县域产品销售渠道，延长了县域产业链条，带动了优质农产品、特色服务向城市扩散。

（三）县域数字经济高质量发展有助于统筹城乡政务治理和公共服务

县域数字经济技术跃迁机制倒逼县域政府治理和公共服务改革。依托于数字经济背景下的先进数字技术和数字基础设施，县城乃至乡村中分散的数据信息的采集和传输更加便利，从而能够为政府提供精准供给，为政府部门形成符合基层现实的政策决策提供科学支持。同时，数字技术能够打破政府不同部门之间的屏障和壁垒，实现部门之间的信息共享和协作，提高工作效率。云计算、人工智能对大量信息进行筛选、分析等，实现对信息的多角度研判，有效提高政府信息决策的精准度，实现政府智慧决策。数据要素的广泛流动推动了民生领域的数字化转型，使得县城在政务服务、教育医疗和社会保障等方面的数字化便民服务水平不断提升。比如，在政务服务领域，基于大数据和信息通信技术的政务服务平台加快了县城政务办公数字化的进程，有助于解决乡村政务服务不及时的问题，提升政务服务标准和服务效能，从而显著提高县城居民及周边农村居民获取政务服务的均等性；在社会保障领域，基于大数据的全国统筹社会保障服务减小了各地社保基金的结构性差异，有助于进一步缩小大中城市、县城及农村之间的社会保障服务差距。县域数字经济高质量发展带来的这一重大意义，也为国家建成现代化经济体系以及实现国家治理体系和治理能力现代化奠定了基础。

二　县域数字经济高质量发展现状

我国地域广袤，县域单位数量庞大。每个县域的经济发展程度、科技条件、财政实力都存在着很大的差异，但各县政府积极推进数字经济赋能县域经济发展，加快推进县域经济和数字经济的深度融合，并取得了初步成效。

（一）产业数字化逐步升级，传统产业生产效率不断提升

在政府的推动和指导下，更多的县级企业将互联网、人工智能、大数据等技术与其核心过程和管理体系相结合，从而提高企业的生产效率和竞争能力。县域的农业、工业以及制造业发展获得新动能，促进县域传统产业数字化升级，使县域传统制造企业焕发新活力，生产运营效率得到大幅提升。

河南作为全国粮食生产核心区、现代农业大省，承担着保障国家粮食安全的政治责任。因此，河南省需要大力发展农业数字化，提升粮食总产量。河南省尉氏县于 2022 年完成了 16000 多亩耕地的数字化管理，利用数字技术为种植专业合作社提供了从品种选育、测土配方施肥、粮食助销等一系列服务，实现了“从种到销”的全过程。2021 年，尉氏县全年粮食总产量为 76.9 万吨，同时积极创建食用菌、优质小麦 2 个市级现代农业产业园，高质量建设高标准农田和高效节水灌溉示范区，农田建设管护工作受到农业农村部充分肯定。

山东省曹县曾是工业基础薄弱、贫困人口数量全省第一的农业县。近年来，曹县围绕特色汉服产业优势、特色产业数字化发展，把数字化思维和新理念融入产业发展实际，推动电商发展，带动曹县经济发展提质增速。至 2021 年，曹县已经有 19 个淘宝镇、168 个淘宝村，电商销售额达 281 亿元，城镇居民人均可支配收入达 31948 元，农村居民人均可支配收入达 16695 元。

同时，在数字化转型的推动下，部分县城的传统制造业企业获得了新生。比如，浙江省桐庐县的制笔产业，通过机器换人并给机器装上数据采集器，实时监测数据实时传输，使整个工厂实现高度自动化生产，并利用数字化改造、物联网创造，把生产管理的每一个环节变得智能化、可视化，不仅有效控制了各环节成本，而且达到精益生产的效果，预计总成本可下降 15%，大大提升了企业的市场竞争力。

根据上述三个县城不同产业数字化发展可知，随着产业数字化带来的红利机会，未来将有更多行业创新者涌入该赛道，催发更多新经济形式及多产业融合的业态，数字经济将进一步迸发新可能，万亿级规模体量将持续保持高速增长。

（二）引进高技术数字产业，县域数字产业化步伐加快

数字产业化是数字经济发展的核心，也是衡量一个地区数字经济发展水平的重要指标。县域将数字项目引进和建设作为切入点，全力推进数字产业化进程，在一些方面已经取得了较快进展。

2022 年，江西省武宁县全力加快推动数字经济招商引资在谈项目落地，在数字产业化进程中选准优质赛道，紧盯诸如数字低碳、数字装饰、互联网平台经济等，大力推进数字经济产业园建设，引进数字经济上下游的物联网、大数据、云计算、智能制造、数字文创等类的高新技术和现代化服务企业，并努力克服交通条件欠佳、生态门槛偏高等的制约，持续优化营商环境，以创新组团招商、专业招商、以商招商等方式，引进项目共 20 个，总投资高达 16 亿元，投产达效预计年营业额超过 30 亿元，年税收 1.8 亿元。其中，信息技术类企业 3 家、数字传媒类企业 3 家、电商类企业 5 家。

（三）县域数字经济规模明显扩大，数字化治理水平显著提高

目前，除自身条件较好的县域外，一些欠发达的县域也在国家支持下开始发展数字经济，使县域数字经济规模逐渐扩大。依托县域数字经济高质量发展，县域数字化治理水平显著提高。江西省全南县实行政务服务全天在线的政策，群众有权对服务质量作出评价。数字公共服务项目层出不穷，我国各县域纷纷推出“智慧城市”，在智慧社区、智慧交通、智慧医疗等具体项目上进行了有益的探索。安徽省肥西县从 2018 年开始，通过物联网、云计算、大数据等技术，建立了一个全方位的社会治安综合治理系统，目前已经建立了 100 多个智慧平安小区。福建省晋江市通过“晋江教育城域网”的

建设和应用，探索“市校联动，智慧互动，平台灵活，学科齐动”的“互联网+教育”新模式，构建“智慧校园”，实现教育管理终端化、教育大数据集中分析、教育资源共享、教育设备数字化管理、教育大会远程调度等，提高了教育管理和服务的效率和科学性，提高了区域教育质量。数字经济越来越成为县域经济高质量发展的核心引擎，而县域也逐渐成为数字经济高质量发展的巨大潜力所在。

我国县域数字经济高质量发展主要聚焦产业数字化、数字产业化以及治理数字化三个方面，经过近十年的发展，均有了一定成效。在产业数字化方面，以数字技术与传统产业融合为导向，加速提升传统产业生产效率。在数字产业化方面，坚持科技自立自强，在多样化的应用环境下，加速核心数字技术的自主可控性，强化技术融合与产品创新。在数字化治理方面，县域内部的居民能够通过数字化和网络化工具与县域以外的空间进行交互，而不是像传统环境下局限于县域内部，相应的信息获取效率也大大提高。同时，这一信息交互也在一定程度上影响县域内部居民的行动，并进而影响县域治理的效率。但是，目前我国县域数字经济高质量发展还处在初始阶段，仍面临一些难题，亟待解决。

三　县域数字经济高质量发展面临的主要问题

我国县域数字经济发展趋势整体向好，在产业数字化转型升级、数字化治理等方面都取得了显著的进展。但是，县域数字经济要想实现高质量发展仍面临诸多不容忽视的问题，主要表现在县域数字经济发展不平衡、核心数字产业的产业链不健全、数字化高技术人才匮乏、数字化基础设施建设不完善等几个方面，这些问题得不到有效解决，将成为制约县域数字经济高质量发展的不利因素，阻碍发展进程。

（一）县域数字经济发展不平衡

受区位优势、资源禀赋、产业结构等多重因素的共同影响，总体上，我国县域数字经济发展格局呈现东部地区经济发展水平高、中部次之、东北和西部地区经济发展水平较低的局面。据统计，截至2020年，江苏省江阴市数字经济产值高达600多亿元，而山西省的孝义市和泽州县的地区生产总值才300亿元。从反映县域数字经济发展状况的重要指标“网络零售额”来看，《2021全国县域数字农业农村电子商务发展报告》显示，2020年浙江、广东、江苏在全国排名前三，分别为10392.7亿元、6722.7亿元、4605.2亿元，合计占全国县域网络零售额的61.5%，而海南、宁夏和青海的县域网络零售额合计占比仅为0.15%。各县域数字经济发展不平衡，经济发展水平差距较为明显，加剧了各县域之间的矛盾，对欠发达县域而言，大量的本地人口将涌入较发达的县域，严重影响本地的经济发展。同时，过大的经济差距也加大了国家宏观调控各县域数字经济发展的难度。

（二）核心数字产业的产业链不健全

县域受区域大小、产业结构等因素的影响，数字经济核心规模一般不大，计算机、通信和其他电子设备制造业等核心数字产业仍停留在产业链中低端的数据收集、生成环节，与之相关联的配套产业很少，产业链条很不完善，数字经济的发展速度也比较缓慢，其主要体现在两个方面。一方面，对于县域范围内的中小企业来说，受制于资金、人才、技术等约束，数字化水平普遍较低，数字产品生产、经营、销售等配套行业发展相互脱节，没有形成相对完整的产业链条，长此以往可能导致生产出来的数字产品总体上表现为初级产品较多最终产品较少、中低端技术产品较多高技术产品较少，无法满足客户的需求；另一方面，核心数字产业与其他产业脱节，难以形成相关产业集群。县域内产业、企业之间缺乏交流合作，加大了相关企业招商引资的难度，造成与核心数字产业相关的原材料供给受阻，加之有些企业不重视数字化发展，导致产业集聚效应不明显，核心数字产业链链条不完整。

（三）数字化高技术人才匮乏

数字经济、数字化社会的建设离不开数字化高技术人才的支撑，受能级的限制，县域在发展数字经济时常难以吸引人才、留住人才，缺乏既精通数字化高新技术，又熟悉市场行情的复合型人才，且外地人才对本地的认知度不高。据统计，截至 2020 年，云南省红河县的专业技术人才、高技能人才出现了负增长现象，全县高技能人才 255 人，仅占人才总量的 5%。另外，由于培养数字化高技术人才需要花费大量的时间和精力，而目前绝大多数县域的人口大量外流，导致在数字化相关技术开发方面难以注入新鲜血液，经常出现人才培养到中途转向其他领域的情况，造成数字化人才大量流失，县域数字经济发展出现人才断层的局面。总体而言，数字化高技术人才集聚困难、县域影响力不足，制约了县域数字经济的高质量发展。

（四）数字化基础设施建设不完善

相比于大中城市，绝大多数县域在 5G、互联网等新型基础设施方面的建设进度仍较为缓慢。比如，上海市在 2021 年底已实现千兆光网接入，覆盖 961 万户家庭，家庭宽带用户平均接入带宽达 386.95Mbps，互联网省际出口带宽为 31900Gbps，互联网国际出口带宽为 8902.32Gbps，IPTV 用户数为 559.53 万户，已累计建设超 5.4 万个 5G 室外基站、14 万个室内小站，实现全市域 5G 网络基本覆盖；而青海省在 2021 年的 5G 基站数量仅 6438 个，5G 网络仅实现县以上城区、重点场所、商圈等热点区的全覆盖。“中国制造业第一县”的江苏省江阴市，目前已实现 5G 基站 3881 个，而山西省孝义市至 2024 年规划建成的 5G 基站仅 1600 个，交口县、石楼县都仅为 500 个。以上数据显示，不同省、市的县域之间，同一县域范围内城乡之间的网络信息服务站点建设进度差距都较为明显，较发达城市的数字化基础设施相对完善，为数字经济发展奠定了坚实的基础，而欠发达县域的数字化基础设施建设进度较缓慢，网络信息覆盖不全面，造成本地的医疗、教育等跟不上数字经济时代的步伐，阻碍数字经济的发展。在县域范围内，由于城市与乡村分布不均匀，现有网络仍存在通信资费较高、网络信息传递不及时、有效性信息获取不足等问题，难以满足县域不断提高的数字化发展需求。此外，城市与乡村之间的“数字鸿沟”正在不断加大，城市的数字化基础设施较完善，而乡村的传统基础设施仍较多，涉及农业数字化基础设施的建设相对滞后，不仅降低了农民培育互联网思维、运用现代化信息技术进行农业生产经营的效率，还影响县域数字化基础设施的建设与布局，阻碍建立县域范围内城乡数字一体化进程。

四　县域数字经济高质量发展的对策

数字化技术的不断进步以及数字产业的快速发展，为县域数字经济高质量发展带来了新的机遇，但在发展过程中难免遇到各种问题。针对这一系列问题，从明确本地发展定位，统筹发展路径；加快推进传统制造业数字化发展；加快数字化高技术人才培养与引进；加快县域新型基础设施建设等几个方面提出相关对策建议。

（一）明确本地发展定位，统筹发展路径

在新一轮科技革命和产业变革的新时期，各县域应立足于本地经济社会发展实际，从现实情况出发，统筹本地数字经济发展路径。一方面，各县域应积极承接省、市的发展方向，明确在国家、省、市各级的清晰定位，对本地数字经济资源禀赋、产业基础和发展情况进行深入的研究和分析，选择并优先发展既与本地相适应，又比较有优势的数字经济核心产业。以数字产业化、产业数字化、数字化治理为主导，重点引进和发展软件、信息技术服务等战略性新兴产业，促进县域数字经济与新兴产业深度融合，不断发展新经济、催生新生态、探索新领域，明确未来一段时间内各领域的发展方向和目标。另一方面，各县域应积极采取行动，做好统筹发展工作。具体来说，第一，统筹规划，有序推进。各县域应把握数字经济发展趋势，加强统筹规划，强化本地相关部门协调和企业联动，综合考虑本地区域规模大小、技术能力等因素的影响，有序推进数字化基础设施、重点数字化产业、数字化产业发展环境建设，提高本地数字经济发展的整体实力。第二，突破关键节点，发展本地特色产业。各县域应聚焦重点领域，集中优势资源，通过引

进、培育若干重大数字化产业项目，突破数字产业链链条上的关键节点问题，打造高质量的数字产业集群。以本地数字产业为基础，积极发挥数字产业的引领作用，带动周边产业共同发展，打造各县域有本地特色的数字产业体系。第三，协同合作，共谋发展。各县域应积极融入区域一体化发展的队伍中，加强与周边县域的合作，互相学习新技术、新方法，形成良好的合作伙伴关系，共谋数字经济高质量发展。另外，各省、市及有关部门也要加强对县域数字产业化的指导，积极推动县域与省、市的数字经济产业体系实现对接，从而形成资源共享、产业通链的协同发展格局。

（二）加快推进传统制造业数字化发展

产业兴则县域兴，产业强则县域强。各个县域要根据当地的优势产业，加速推进传统制造业向智能化、网络化和数字化转型升级。具体来说，在企业层面，应鼓励传统制造企业发展智能制造。比如，在碳达峰、碳中和的国家发展战略目标下，县域政府可以指导和扶持有关企业加速向“智能制造”转变，建设一批高层次“智能工厂”和“数字化车间”，提升企业的生产经营效率，减少碳排放。在制造业产业链层面，加快推动制造业产业链企业“上云”，推动产业供应链数字化，精准测链、补链、强链，提升产业链供应链数字化水平。另外，县域政府作为公共部门，应帮助制造企业“上云”“用云”。对于中小企业，政府可以采取购买公共服务的方式进行扶持，降低其数字化转型的成本；对于大型企业，政府可主要发挥引导、推动的作用。此外，也要发挥县域政府的公共服务作用，加大对传统制造企业进行数字化转型升级时有关产业监测及诊断、网络安全保障、人才引进和培养等方面的扶持力度。总体而言，充分发挥县域政府对传统制造业转型升级的引导扶持作用，能够加快促进传统制造业向数字化方向发展，从而助力县域数字经济高质量发展。

（三）加快数字化高技术人才培养与引进

数字化高技术人才是县域数字经济高质量发展的关键，数字化人才供给短缺是县域数字经济发展的重点问题。对此，各县域可从以下几个方面统筹数字化人才队伍建设，为推动县域数字经济高质量发展“添砖加瓦”。

第一，可根据本地的社会经济发展状况，制订“数字经济人才发展计划”，通过实施各项优惠福利政策，留住本地数字化高技术人才，积极从数字经济发展水平较高地区引入本地数字经济发展过程中需要的信息化专业技术人才、高技能人才和经营管理人才等各种人才。

第二，要着重加大教育培训力度，努力打造数字化人才培养新高地。应依托本地高校、职业技术学校的影响力，吸引各地高校和相关教育、科研机构，以联合培养的方式培训数字领域的大学生，在学科教育中开设人工智能、大数据等数字领域的新兴课程专业，培养数字领域大学生的技能和实战能力，满足市场对数字化高技术和高技能复合型人才的需求。同时也要面向社会劳动者开展数字化培训工作，让劳动者也具备数字化专业技能，以便让他们能获得更多的更高质量的就业机会，从而为推动县域数字经济发展奠定基础。

第三，应鼓励有专业技术培训能力的企业搭设数字人才培养、数字人才服务、数字人才管理等市场所需领域的第三方平台，对优先纳入人才技能培训的企业单位给予一定的政策支持。

（四）加快县域新型基础设施建设

党的二十大报告明确提出要构建现代化基础设施。但是，目前在绝大多数县域范围内，城市与乡村之间的新型基础设施建设进度尚有一定差距，网络信息不能及时有效地传播，难以满足县域日益提高的网络化、数字化的发展需求。基于此，各县域应以“新基建”政策为契机，加快新型基础设施建设进度，统筹建设布局，稳步推进传统基础设施升级改造。

一方面，各县域应聚焦重点建设领域，加大建设投资力度，推动县城建设安全可靠、绿色智能、前沿的新型基础设施，加速推进周边乡村 5G 网络站点建设，实现互联网信息全覆盖，打造县城—乡村数字一体化，着力推进乡村传统基础设施的数字化改造，提高数字智能化应用水平。

另一方面，加快构建一个比较健全的新型数字化基础设施，促进县城和周围乡村的数字信息生产、加工、传播等流程更具便利化、现代化，通过打通县域范围内的数字信息技术落地渠道，顺畅城乡之间信息共享、数据互通的通道，以此缩小县城与乡村之间的“数字鸿沟”，为县域数字经济高质量发展提速奠定坚实基础。此外，由于新型基础设施的建设必然需要大量的资金投入，欠发达的县域可采取 PPP 等多种运作模式，吸引政府和社会资本积极融入新型基础设施建设的队列中，以此缓解资金压力，推动本地新型基础设施的建设进程。

参考文献

习近平：《不断做强做优做大我国数字经济》，《求是》2022 年第 2 期。

赵永进：《数字经济赋能政府治理创新的内在逻辑、现实需求与路径选择》，《领导科学》2022 年第 4 期。

B.8
县域民营经济高质量发展报告

梁文化*

摘　要： 民营经济是构成我国国民经济的基本单元，县域现代化是中国式现代化的基础，同时也是全面推进乡村振兴的重要抓手。新时代，我国县域民营经济取得了巨大成就，但同时由于受到各种内外部因素的影响而制约了其高质量发展。本报告围绕县域民营经济高质量发展展开研究，首先对我国民营经济的发展历程进行简要概述，并从发展速度、发展模式以及对国民经济的贡献等方面阐释我国县域民营经济高质量发展的现状，在此基础上归纳出我国县域民营经济高质量发展中存在的主要问题，最后从完善内部管理体系、加强人力资源开发、健全融资机制以及构建政策支持体系等方面提出促进我国县域民营经济高质量发展的对策建议。

关键词： 县域经济　民营经济　产业集群

改革开放 40 多年来，我国民营经济经历了从无到有、从小到大、从弱到强的发展历程，在促进我国经济社会稳定发展、技术创新、调整产业结构以及扩大就业等方面发挥了重要作用。近年来，随着县域经济在我国国民经济中的重要性和地位的日益凸显，其作为特色经济、个体经济、区域经济和差异经济的典型代表，在我国经济进入新常态的关键时

* 梁文化，博士，郑州轻工业大学经济与管理学院讲师，研究方向为产业投资理论与政策。

期，如何保持和促进我国县域经济的高质量发展对于践行新发展理念、全面实现乡村振兴，为我国经济发展寻求新的增长空间和打造生态发展的坚实屏障具有重要意义。而民营经济作为县域经济的重要组成部分，如何实现民营经济的高质量发展，对于全面提升县域经济发展活力、承载能力和综合实力，并进而实现县域经济差异化、特色化、融合化发展至关重要。

一 我国民营经济发展历程

民营经济作为我国经济制度的内在要素，和公有制经济一样已经成为推动我国经济发展的重要力量，新中国成立以来，我国民营经济经历了曲折的发展过程。1981 年 6 月《关于建国以来党的若干历史问题的决议》指出“一定范围的劳动者个体经济是公有制经济的必要补充”，从而为民营经济的发展破除了相应制度樊篱，1988 年 4 月通过的《中华人民共和国宪法修正案》规定“国家允许私营经济在法律规定的范围内存在和发展”，标志着民营经济成为我国社会主义公有制的重要补充。2002 年，党的十六大报告提出“必须毫不动摇地鼓励、支持和引导非公有制经济发展”，说明民营经济已经不是我国社会主义公有制经济的重要补充，而成为其重要组成部分。2017 年 10 月党的十九大报告进一步指出，要“毫不动摇巩固和发展公有制经济，毫不动摇鼓励、支持、引导非公有制经济发展”，标志着我国民营经济进入了和国有经济混合成长的新发展阶段。2018 年 11 月，习近平总书记在民营企业座谈会上指出在全面建成小康社会的社会主义新征程中，我国民营经济只能壮大、不能弱化，不仅不能“离场”，而且要走向更加广阔的舞台。我国民营经济动态发展的制度变迁过程也正是其不断得以成长壮大的过程，民营经济鲜明的产权私有特征以及高度灵活的经营机制，充分调动了所有者的积极性，从而有效激发了市场活力，成为我国国民经济持续、健康、稳定发展的重要组成部分。

二 县域民营经济发展现状

（一）县域民营经济增速较快但分布不均衡

从我国改革开放以来民营经济的发展历程来看，其首先是从我国东南沿海地区开始兴起，其中尤以江浙地区最为典型，无论是民营经济的数量还是发展的速度都稳居全国前列，而这其中县域民营经济则又占据了较大的比重。来自国家市场监督管理总局的相关数据显示，2012~2021年的十年间，我国民营企业数量从1085.7万户增长到4457.5万户，10年间翻了两番，民营企业在企业总量中的占比由79.4%提高到92.1%，特别是党的十八大以来党中央、国务院出台的一系列扶持民营经济发展的相关举措更是进一步激发了其内生发展动力。2021年全国新设民营企业852.5万户，同比增长11.7%，当年我国民营企业进出口额达3万亿美元，比2012年增长1.4倍，年均增长10.3%；占外贸总值的比重为48.9%，比2012年提升7.3个百分点。从营业收入来看，2021年中国民营企业500强榜单数据显示，民营企业500强实现营业总收入35.12万亿元，同比增长16.39%，入围门槛达到235.01亿元，比2020年的202.04亿元增加32.97亿元，规模庞大的民营企业通过设立的众多分支机构为县域经济的高质量发展注入了强大的动力，成为促进县域经济发展不可或缺的一部分。另外，从县域民营经济的分布情况来看却又呈现出典型的不均衡特征，无论是在民营企业的数量还是在营业收入方面，均主要集中在经济较为发达的东南沿海地区，占我国国土面积较大比重的中西部地区所占比重则明显偏低。2020年民营企业500强中，浙江、江苏、广东、山东四省入围数量分别为96家、92家、61家、53家，营业收入分别为62793亿元、57421.22亿元、65738.41亿元、28982.74亿元，合计占500强的比例分别为60.4%和60.85%，中西部地区入围数量和营业收入占比仅有河南、四川、湖南在1%以上，其余均低于1%。

（二）县域民营经济呈现出多种发展模式

模式作为主体行为的一般方式，是介于理论和实践的中间环节，亦可理解为针对特殊问题在特定环境下的一种解决方案。县域民营经济作为我国社会主义经济的重要基础和组成部分，既不能将其简单等同于资本主义经济，也不能将其与非国有经济相提并论，我国民营经济具有较强的可塑性和可控性的特点使其呈现出多种发展模式，这些模式的主要代表为苏南模式、珠江模式、上海模式以及温州模式等。苏南模式是由我国著名的社会学家费孝通提出的，主要是指以江苏南部的苏州、无锡、常州等地以农民自己的力量通过发展乡镇集体企业从而实现非农化的一种发展方式。其主要特点是依靠农民自力更生发展商品经济，凭借面向市场的竞争而充分发挥规模经济优势，并通过大力发展乡镇集体企业而使县域经济社会全面进步。珠江模式是指对以珠江流域为中心的 14 个市县经济转轨过程中发展道路的概括和总结，珠江流域沿线县域经济由于得益于毗邻港澳的区位优势以及便利的交通和通信条件，为其获取资金、信息以及各种先进技术、管理经验提供了重要条件，从而逐渐形成了以地方政府为主导的具有典型外向型发展特征的县域民营经济模式。上海模式主要是指以上海为中心以及由上海带动的整个长三角区域经济协同发展的模式，得益于上海国际经济、金融、贸易、航运和科技创新中心的独特定位，该模式下民营经济发展呈现出涉足行业广、民营和国有经济相互渗透以及市郊协同发展、共同繁荣的均衡发展特点。温州模式出现在 20 世纪 80 年代中期，主要是指温州地区以家庭手工业方式发展非农产业为代表的小商品、大市场的发展格局。既不同于苏南模式，也不同于珠江模式，温州模式的主要特点是通过专业化的经营方式通过以家庭为单位从事小商品的生产从而实现专业生产的系列化和生产要素的市场化。

（三）县域民营经济对国民经济的贡献日益突出

民营经济作为推动我国经济社会发展的重要力量，贡献了我国 50%以上的税收、60%以上的 GDP、70%以上的技术创新、80%以上的城镇劳动就业、90%以上的企业数量。而县域民营经济作为其重要组成部分，由于其分布广泛、经营方式灵活多样等特点，在国民经济中的作用得以显著增强，对国民经济的贡献也日益突出。随着县域民营经济产业基础的不断夯实，非公有制企业在我国县域经济整个产业体系中所占比重持续提高，非公有制企业已经成为县域经济发展的主力军和重要支撑。另外，随着数量庞大的县域民营企业创新能力的不断提升，拥有自主知识产权的民营企业数量急剧增加，使得县域民营经济发展愈发具有韧劲，创新活力也得以持续增强，从而在稳定就业、积极履行社会责任、调整和优化我国产业结构并实现经济高质量发展过程中也发挥了重要作用。新发展理念下，实现城乡共同富裕已经成为社会主义优越性的具体体现，同时也是社会主义的本质要求，而实现共同富裕的必经之路则离不开乡村振兴，随着我国对民营经济尤其是县域民营经济重视程度的不断提高，其在有效解决困扰我国多年的“三农”问题、推进区域经济实现合作发展以及为国民经济培育新的增长极等方面必将发挥更大的作用。

三　县域民营经济高质量发展的现实困境

（一）县域民营经济高质量发展的内部制约因素

1. 现代企业制度建设严重滞后

现代企业制度是指适应现代社会化大生产和市场经济体制要求的一种企业制度，具有“产权清晰、权责明确、政企分开、管理科学”的鲜明特征。我国县域民营经济经过几十年的发展，在现代企业制度建设方面取得了一定的成就，但是由于种种因素的制约，相当一部分县域民营企业内部现代管理制度建设严重滞后，从而制约了民营经济推进经济高质量发展的支撑作用。我国县域民营经济发展过程中，家庭内部成员合力创办，采用家族式管理方式的企业仍然占有较高比重，由于担心失去对企业的管理控制权，企业不愿意推进产权多元化改革，使得家族成员一股独大的现象长期存在，从而使得我国县域民营经济产权关系不够清晰。另外，由于县域经济家族式管理的特点，企业内部的各种治理结构没有发挥应有的监督和相互制衡作用，股东会、董事会、监事会以及经理层职责划分不够明确，进一步加剧了县域民营经济发展过程中的风险。

2. 缺乏创新人才、投资产业结构不平衡

当今社会，人才资源已经成为经济社会发展的第一资源，企业之间的竞争归根到底是人才的竞争。然而由于受到“铁饭碗”等传统观念的制约和影响，相当一部分人才对民营企业存在着根深蒂固的排斥现象，就业的第一选择仍然是国有企事业单位，使得县域民营经济发展过程中人才制约因素愈发突出。我国大部分县域民营经济经营规模较小，资本和盈利能力以及抗风险能力相对低下，企业管理层文化素质偏低，不重视企业文化建设以及对员工学习和培训的长期投资，也降低了民营企业的向心力和凝聚力，从而无法满足高端人才的任职需求。此外，我国县域民营经济投资产业结构也存在诸多问题，其具体体现，一是投资产业主要集中在建筑、餐饮以及普通加工制造等传统产业，对能够带来较多附加值和较高利润的电子信息、通信设备以及生物医药等战略新兴产业投资则明显不足，从而使得县域民营经济产业集聚度仍待提高。二是县域民营经济重复投资现象较为严重，由于不同区域县域民营经济拥有的资源禀赋差异不大，各企业投资产业也基本相同，从而在市场下行阶段加剧了经营风险。

3. 企业核心竞争力不强

企业核心竞争力是其扩大市场规模的关键保障，并且能够为其持续发展提供不竭动力，也是在市场竞争中获取竞争优势的源泉以及立于不败之地的基础。然而现阶段我国县域民营经济核心竞争力不强的问题依然存在，一是企业自主创新能力亟待增强，我国民营企业经过近几十年的发展，创新能力得到不断提升，但是依靠低成本的竞争策略不仅使得其经营门槛较低，也无法为企业长远发展提供持久动力，县域民营经济自主创新意识以及创新投入仍然需要增强。二是县域民营经济品牌意识不强，缺少品牌企业。知名品牌和商标能够为企业带来额外的附加价值，然而我国县域民营企业受规模以及

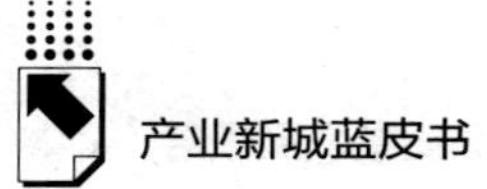

品牌意识淡薄等因素的影响，拥有自主品牌和研发机制的企业较少，品牌影响力欠缺的问题仍然存在。三是县域民营经济的国际竞争力不强，由于缺乏核心技术，我国县域民营企业主要依赖引进外资企业带来的技术进行来料加工以及贴牌生产，从而使得其产品在国际市场的竞争能力随着技术引进与模仿带来的增长效应的降低而不断下降。

（二）县域民营经济高质量发展的外部制约因素

1. 支持民营经济高质量发展的政策不健全

县域民营经济高质量发展除受到自身发展不畅等内部因素的制约外，政府支持其发展的各项政策不够健全、配套政策落实不到位也对县域民营经济高质量发展带来了挑战。

首先，在市场准入政策方面，民营经济经历了从被允许到逐步放开的漫长历程，虽然国家明确禁止对不同所有制形式采取有偏见、带有歧视性的政策，但在实际执行过程中，公有制经济和民营经济被区别对待的情形仍屡见不鲜，特别是在一些垄断性行业的进入方面仍然存在较多制度障碍有待破除。

其次，财税政策作为支持县域民营经济高质量发展最直接、最有效的措施，政府财税扶持手段欠缺多样化、扶持资金不集中以及政府税收优惠政策导向不够明确等问题时有发生，这不仅无法满足县域民营经济发展所需资金，同时也影响政府扶持政策的实施成效。

最后，政府对县域民营经济科技创新方面的政策扶持缺乏有效性。技术创新对于提升民营企业的核心竞争力，实现长期可持续发展起到了决定性的作用。长期以来，由于部分地方政府为民营企业提供科技创新的能力不高，过于偏向资金扶持而缺少对基础研究的重视以及企业知识产权保护机制不健全等，政府扶持效果不明显，也降低了县域民营经济创新的积极性和主动性。

2. 民营企业融资存在诸多困难

土地、资金和人才作为重要的生产要素，对于维持县域民营经济的可持续发展至关重要，作为我国社会主义市场经济的重要组成部分，民营经济在稳增长、促发展、扩就业、调结构等方面起到了重要作用，然而现阶段融资难、融资贵等难题依然是制约县域民营经济高质量发展的重要因素。具体来说，一是县域民营企业的融资渠道狭窄。在民营企业成立初期，主要是通过自有资金、向亲朋好友筹措资金等内源性融资方式，企业发展壮大到一定规模之后，内源性融资已经无法满足企业经营发展需要，此时企业由于基本无法上市以及受到银行种种限制条件的约束，融资渠道极为狭窄。二是县域民营企业融资成本过高。尽管我国不断加大对民营企业融资支持的力度和规模，但是县域民营企业融资成本过高的问题依然存在。县域民营企业由于经营规模小、财务信息失真问题屡有发生以及无法提供高质量的担保物等，从银行等正规渠道融资的成功率较低，从而不得已转向民间融资来获取发展所需资金，既提高了融资成本，也增加了经营风险。三是县域民营经济融资效率较低。受制于企业规模、偿债能力以及盈利能力等内部因素以及宏观环境、金融政策等外部因素的影响，县域民营经济的融资效率和国有企业相比仍然较低，导致其无法及时获取所需资金，影响了企业的长远规划和未来发展。

3. 民营企业产权保护制度不完善

产权（Property Right）是指企业合法财产的所有权，这种所有权表现为对财产的占有、使用、收益和处分。对民营企业产权保护不仅能够保证不同市场主体竞争的公平性，也是新时期促进市场经济体制改革的重要举措。党的十八大以来，我国出台了《关于完善产权保护制度依法保护产权的意见》等系列文件，强调要不断加强对民营企业产权和民营企业家私有财产的保护。党的二十大报告提出，要进一步优化民营企业发展环境，依法保护民营企业产权和企业家权益，促进民营经济发展壮大。对县域民营企业产权的有效保障是实现经济社会持续健康发展的基础，也是全面深化市场经济体制改革的需要。然而，现阶段我国对民营企业产权保护方面仍然存在诸多问题，诸如对民营企业产权保护相关的法律法规存在缺位现象。另外，部分地方政府由于受到“重国有、轻民营”等观念的影响，对民营企业自主创新获取的知识产权保护力度不够也严重阻碍了民营企业的发展。

四　县域民营经济高质量发展的对策

（一）完善内部管理体系，建立现代企业制度

在我国经济由高速增长转向高质量发展的新常态背景下，县域民营经济要实现突破性发展，为地方经济作出更大的贡献，就要敢于打破传统的家族式企业管理模式带来的任人唯亲、分配不公、产权关系不清晰、经营管理低效率以及各种规章制度落实不到位等弊端，通过不断完善企业内部管理体系，不断优化民营经济产权结构，引导企业建立规范标准的现代公司治理结构和运营管理机制，在议事程序、决策程序、财务规则、工作准则等方面进行规范运作，强化县域民营经济决策的科学性和民主性，通过加强企业内外部监督，实现公司运作规范化、内部制衡有效化的长远发展目标。另外，通过对县域民营经济进行产权界定，明确企业产权和企业所有者个人财产的界限，在经营方式上通过适当引入外部战略合作者，采取多种方式促进企业全面参与混合所有制发展以及企业产权多元化，促使企业做大做强。县域民营经济的所有者也应注重提升自身素质，不能只着眼于眼前利益，要为企业发展做出长远规划，从而将企业自身进步与国家经济高质量发展进行有效的衔接。

（二）加强人力资源开发，增强企业发展活力

人力资源作为县域民营经济发展的核心要素，不仅是企业财富的创造者，同时也为民营经济的长远持久发展和增强竞争力提供了必要的动力来源。因此，要实现县域民营经济的高质量发展，需要持续加强人力资源开发和人才队伍建设。

首先，县域民营经济要转变观念，增强人才意识，认识到人力资源对企业发展的至关重要性，切实树立起以人为本的发展理念，在引才、用才、留才上下足功夫，为企业员工提供应有的发展条件和社会保障。

其次，要形成多种合理的人才激励机制，在注重对员工物质激励的基础

上，采取股权激励、技术入股以及年薪制等多种方式加大对核心员工的奖励力度，从而激发员工的工作积极性和主动性，实现县域民营经济发展目标和员工个人目标的双赢。

最后，民营经济在建立现代化企业管理制度的基础上，还应积极引进职业经理人进行企业管理，通过建立和不断完善企业内部激励约束机制，加强对员工的绩效考核，建立起公平合理的收入分配制度，最大限度地挖掘企业员工的潜能，从而为县域民营经济的高质量发展提供重要的人才支撑。

（三）健全企业融资机制，降低企业融资成本

融资难、融资贵问题已经成为制约县域民营企业发展壮大的重要因素，究其原因，既有企业规模小、管理不规范以及公信力低等自身因素的影响，同时也受到政府制定的融资政策、宏观经济金融环境以及银行经营风险等外部因素的制约。因此，政府应进一步完善与民营经济融资相关的政策措施，通过贷款贴息、税收减免等举措鼓励银行积极向民营经济进行政策倾斜，为其有针对性地开发相关的贷款产品，从而拓宽民营经济的融资渠道，降低融资成本，为县域民营经济的高质量发展提供基本的资金支持。从银行角度来讲，应与企业建立良好的银企关系，切实落实政府制定的相关扶持民营经济发展的融资政策，在考虑自身经营利润以及做好风险防范的基础上，简化贷款业务办理手续，提高融资效率，从而尽可能地满足民营经济发展所需资金。从企业自身角度来讲，县域民营经济要通过优化企业发展不断提升自身实力和公信力，与银行之间建立长期稳定互惠互利的合作关系，从而弥补与银行授信额度的差距，为企业顺利融资奠定良好的基础。

（四）构建政策支持体系，助力民营经济高质量转型

当前阶段，民营企业已经成为我国县域经济高质量发展的重要推动力量。因此，政府要加大对其政策扶持力度，从而为民营企业高质量发展提供良好的政策环境。

具体来说，首先，政府要进一步完善县域民营经济的市场准入政策，通

过立法形式为各种所有制经济形式提供公平自由的市场竞争环境，放宽民营经济的发展限制，允许民营企业进入各类行业领域，简化行政审批手续降低其市场准入门槛，积极引导和鼓励民营经济以独资、参股或者控股等多种形式参与市场竞争。

其次，政府要加强对县域民营经济财税政策的支持力度。通过采取多样化的财税政策扶持手段，在加大对民营经济资金投入力度的同时，积极引导民营经济加大自身的科技创新投入力度，强化对民营经济从事科技创新的激励政策，从而增强其内生发展动力。

最后，政府应为县域民营经济构建科学合理的信息服务体系。通过加大信息提供和宣传力度，在有机整合社会资源、政府资源以及企业自身资源的基础上，建立综合化的企业信息服务网络从而实现信息资源共享，有效助力县域民营经济实现高质量转型。

参考文献

曾永恒、徐雯、完谨裕、周雪梅：《县域民营经济发展问题及对策研究——以安徽省天长市为例》，《中外企业文化》2022 年第 4 期。

张琴：《县域民营经济发展的现实困境与路径研究》，《现代商业》2021 年第 22 期。

王巍：《社会资本理论视角下县域民营经济的发展困局与突破路径——基于 S 省 A 县的实证分析》，《中国发展》2020 年第 6 期。

马艳：《县域金融支持民营企业融资现状、问题及对策研究》，《现代经济信息》2019 年第 19 期。

刘现伟、文丰安：《新时代民营经济高质量发展的难点与策略》，《改革》2018 年第 9 期。

闫坤、鲍曙光：《经济新常态下振兴县域经济的新思考》，《华中师范大学学报》（人文社会科学版）2018 年第 2 期。

李跃、王锋：《解决县域民营经济融资难的对策》，《中国财政》2016 年第 10 期。

B.9

县域特色产业集群高质量发展报告

徐明霞　张琳潇*

摘　要： 随着经济社会的持续健康发展，高质量发展成为促进经济进一步发展的首要任务，其中包括“构建以国内大循环为主体、国内国际双循环相互促进的新发展格局”，基于这一格局对县域特色产业集群的发展提出了新的要求，也即推动产业集群高质量发展。产业集群的发展一直保持着正向增长的良好态势，区域的协调发展也成为推进产业集群高质量发展的基础。但随着产业集群的不断发展，也出现了创新发展能力弱、地区发展不平衡、工业企业污染大、政府治理能力低等一系列问题。本报告基于“创新、协调、绿色、开放、共享”五大发展理念，对产业集群高质量发展中所存在的问题提出相对应的解决措施：提升企业创新能力，培养优质人才；培育特色品牌，优化产业布局；完善相关配套设施，提升主导产业优势；实施可持续发展战略；提高开放思维，推动开放发展；转变政府职能，健全监管体系；拓宽融资渠道，赢得发展资金，以此来推动县域特色产业集群的高质量发展。

关键词： 县域经济　产业集群　特色产业　特色品牌

县域特色产业集群是指立足地方实际，结合地方的区位优势、资源特色、文化底蕴以及产业基础，在一定的空间范围内形成的企业集聚的现象。

* 徐明霞，博士，郑州轻工业大学经济与管理学院工商管理系主任，副教授，硕士生导师，研究方向为企业战略管理、创新管理；张琳潇，郑州轻工业大学经济与管理学院硕士研究生。

在国家提出经济转型升级、高质量发展的大背景下，推动县域特色产业集群的创新发展和增强特色产业集群的可持续发展潜力，成为促进地方经济发展、产业结构调整的重中之重。县域特色产业集群可细分为区位优势型、资源优势型、文化底蕴优势型和生态禀赋优势型四种类型，在此基础上坚持大力发展特色产业，提高集群的创新活力，推动集群的数字化转型，保持集群的绿色低碳发展，结合“引进来”和“走出去”，提升政府对集群的治理和服务能力，加强特色产业集群建设，是实现县域经济高质量发展的重要途径。

一　县域特色产业集群发展现状

在近几年疫情带来的冲击下，县域特色产业集群的营业收入仍然在不断地增长，发展势头良好。随着国家《促进中小企业特色产业集群发展暂行办法》的不断落实，将会出现新的一批以中小企业为主体、聚焦主导产业、突出地区特色、汇聚资源优势且具有较强核心竞争力的中小企业产业集群，通过发挥产业集群中龙头企业的带动作用，从而助力中小企业持续健康发展。

（一）县域特色产业集群的发展态势

全国不同地区优势产业集群发展情况如表 1 所示。从表 1 可以看出，不同地区的优势产业集群呈现出良好的发展势头，主要表现在以下几个方面。

表 1　2021 年全国不同地区的优势产业集群发展情况

单位：个

地区	数量	主导产业
浙江省	159	信息技术、生物医药、人造皮革、小商品、五金、轻纺、造纸等
广东省	116	生物医药、船舶与海洋工程装备制造、机器人智能装备、汽车制造、珠宝加工、服装设计等
江苏省	87	医疗器械、智能传感、轨道交通、智能制造、精密机械、丝绸纺织等
河北省	69	机械制造、纺织业、生物医学、皮革、食品、铸造、陶瓷等

续表

地区	数量	主导产业
安徽省	42	人工智能、集成电路、高分子材料、生物基、医药健康、服装加工制造等
辽宁省	36	生物医药、高端工业软件、装备制造、能源电器、纺织、光电、汽车等
湖北省	31	生物医药、智能机电、集成电路、影视旅游、化工、陶瓷等
山东省	25	高端铝、生物制品、轨道交通、节能环保、农副产品加工等
河南省	22	智能仪表仪器、信息网络、食品加工、畜牧业、棉纺织、冶金辅料等

1. 产业集群发展势头猛

随着经济全球化的脚步不断加快，各省区市的产业集群正在迅速地发展，并且也带动了整个经济的发展。虽然近几年的疫情对经济发展带来了不小的冲击，但是产业集群仍然保持着营业收入正增长。产业集群的发展不仅仅是数量上的增长，一部分发展较为成熟的特色产业集群更是高度重视内部的建设完善，实现了生产、服务与管理共同发展。

2. 地区产业集群多元化发展

产业集群一般是在相同的地理区域内大部分的企业围绕同一个产业发展，然而现状是大部分地区不仅仅拥有一个产业集群，有的甚至拥有 4~5 个，各个县市也依据当地的资源优势，明确定位，围绕相关特色产业开启精准招商，重点打造主导产业，不仅促进了特色产业集群的发展，也让全区形成了一批各具特色的产业集群。

3. 县域特色集群分布不均

县域特色产业集群的发展区域分布差异较大，各地发展不均衡。以河北省为例，河北省产业集群主要分布在中部和南部地区，北部地区则只有张家口和承德，发展情况也各有千秋，中部发展势头较好，南部发展势头良好，但北部地区集群经济发展较慢。再以河南省为例，它的分布是典型的“阶梯状分布”，具体表现为，郑州以 50 个的绝对优势位居第一，洛阳以 17 个位居第二，而其他地市的经济发展都在第三梯队且差距不太大，这也表现出了县域特色产业集群的数量呈现出区域分布差异大、发展不均衡等现象。

（二）县域特色产业集群的类型与特点

从全国范围来看，基于不同的优势特征，县域特色产业集群可以分为区位优势型、资源优势型、文化底蕴优势型、生态禀赋优势型，不同特征的产业集群发展特点不同，但都是基于县域特色产业发展起来的（见表2）。

表2　基于不同优势的特色产业集群分布状况

主导优势	产业集群分布
区位优势型	河北衡水工业集群、河北跨境电商产业集群、河北任泽机械制造产业集群、河北任泽橡塑产业集群、河北邯郸钢铁产业集群、河北邯郸纺织加工产业集群
资源优势型	江苏邳州白蒜和银杏产业集群、安徽省智能技术产业集群、贵州省黔南州工业型产业集群
文化底蕴优势型	辛集皮革服装产业集群、怀宁县马庙镇纸塑加工产业集群、浙江杭州建德碳酸钙产业集群
生态禀赋优势型	河北邯郸生物健康产业集群、安徽蚌埠固镇县生物基新材料产业集群

1. 区位优势型产业集群

区位优势是指区位的综合资源优势，以自然资源、地理位置、经济、社会、管理、政治、文化等资源为主。地区的区位优势主要由自然资源、劳动力、交通、地理位置等来决定。自然资源可以促进产业的绿色可持续发展；劳动力资源可以降低产业发展成本，为企业做大做强提供保障；交通资源优势可以促进进出口加工产业的进一步发展；地理位置所处优势会带动产业集群经济的发展。

区位优势型产业集群是指立足于当地的地理位置、交通状况、基础设施、劳动力来形成和发展产业集群，明确自身区位优势后才能充分利用其优势。特别是出口加工企业的发展，需要独特的地理位置和交通状况，来方便产品出口和降低运输成本。例如，安徽省怀宁县马庙镇纸塑加工产业集群凭借其特有的交通区位优势，临近长江黄金水道，东西有沪蓉高速公路，南北有209省道，并且与安庆和合肥新桥机场的距离相近，形成了独特的水、陆、空立体化便捷的交通格局，为其出口加工企业的进一步发展奠定了基础。

2. 资源优势型产业集群

资源优势是一个地区经济优势的基础要素，一种资源成为一个地区的优势产业，那么这种资源一定是有着与其他地区不同的质或量的优势。但是，一个产业集群的资源优势是潜在的，需要不断地深入挖掘，融合当地产业集群的特色以及相关的配套措施，才能将其优势发挥出来。

资源优势型产业集群是指以挖掘当地特色资源为基础，联系特定的地理空间，结合资源要素、市场、配套措施进一步形成特色产业集群，扩大区域优势，增强其核心竞争力。例如，贵州省黔南州根据各地的资源优势和特色产业，形成了一批各具特色的资源型产业集群，如都匀市的都匀毛尖茶、贵定县的调味品、惠水县的生态特色食品、三都县的黄桃等。做强资源优势型产业集群的做法就是，定位县域特色资源，延长产业链，培育县域特色龙头企业和产品品牌，提升产业集群的整体竞争力。

3. 文化底蕴优势型产业集群

文化底蕴优势同时也是历史传统优势，指的是一个地区历史上留存的传统产业，创造出来的是发展的软实力和软品牌，老工艺的特点就是技术含量较低且其标准也不够严格，通过深加工和精加工这种特色老工艺，不仅能够促进县域特色产业集群经济的发展，而且也能促进社会和文化的发展。

文化底蕴优势型产业集群，也就是立足于当地历史悠久且底蕴深厚的产业，在一定的区域布局中形成的产业集中的趋势。近年来随着国家对县域特色经济发展的支持力度进一步加大和国家整体经济战略的落实，县域的经济发展应该侧重于做大做强传统产业，因此越来越多的企业开始投身传统工艺转型的生产中去，相关的配套设施也在不断地完善，最终有利于形成历史悠久、传统底蕴深厚、产品价格优、质量可靠的传统工艺品。

4. 生态禀赋优势型产业集群

生态禀赋是立足于某地生态环境、体系和产业方面的基础条件形成的旅游、休闲方面的优势。立足生态禀赋，可以推进经济社会发展全面绿色转

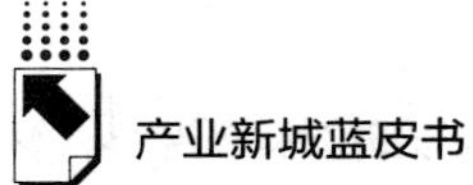

型，以能源绿色低碳发展为关键，加快形成节约资源和保护环境的产业结构、生产方式、生活方式、空间格局。

生态禀赋优势型产业集群指的是以生态优先、节约区域资源、保护区域环境、发展绿色低碳优势的产业集群。立足生态禀赋，需要持续激发绿色动能，发挥地区的比较优势，推动生态优势朝着绿色转化。要建立健全绿色低碳循环发展体系，从而实现县域集群的高质量发展。推动生态禀赋优势型产业集群发展的具体做法为：以保护当地资源和生态环境为基础，支持绿色节能生产，将“绿色”与“低碳”相结合，推动传统制造业绿色改造，构建绿色低碳循环发展的产业体系。

二　县域特色产业集群高质量发展的定位

随着县域特色产业集群的不断发展，经济社会也对其发展提出了新的要求，必须推动中小企业产业集群高质量发展。高质量发展是适应经济发展新常态的主动选择，而中小企业也是经济主体，对于帮助就业和改善民生等有巨大的促进作用。工信部在 2022 年印发《促进中小企业特色产业集群发展暂行办法》，对中小企业特色产业集群高质量发展的定位是，主导产业突出、集群活力足、数字化转型、绿色低碳、开放合作“走出去”、政府治理和服务水平高。县域特色产业集群高质量发展的定位明确，主要从六个方面做大做强中小企业特色产业集群，推动县域特色产业集群高质量发展（见图 1）。

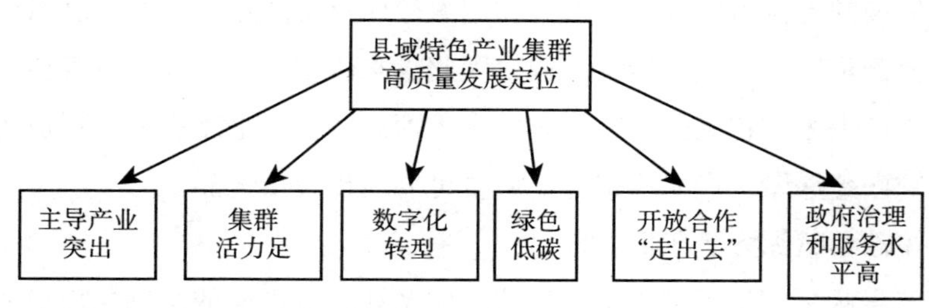

图 1　县域特色产业集群高质量发展定位

第一，主导产业突出。主导产业对产业集群的经济发展具有带动和推动的作用，根据不同地区的经济发展状况不同，所拥有的主导产业也各不相同，具有各地区域特色。在产业集群主导产业的发展过程中，需要精确定位县域特色产业集群主导产业，进行有针对性的固链强链补链延链，同时加强配套服务能力，以龙头大企业为主导，带动中小企业的共同发展，从而做大做强主导产业。

第二，集群活力足。集群活力为其持续发展带来动力，创新可以为产业集群的高质量发展提供源源不断的活力。一方面，通过构建集群创新平台，来完善相关创新基础设施和配套设施；另一方面，通过推动集群与高等院校或科研院所建立稳定的创新合作机制，来激发产业集群的创新活力。

第三，数字化转型。随着新一轮科技革命和产业变革的深入发展，数字化转型正在成为产业集群高质量发展的“必修课”，是集群中企业进行提质增效的关键步骤。从企业的角度来讲，做好数字化转型需要聚焦生态、产业和企业三个方面，从自身最迫切的点进行入手，然后拓展到全方位进行转型。

第四，绿色低碳。随着“双碳”政策的大力推行，对产业集群的高质量发展也提出了新的要求，集群内企业需要坚定不移地走绿色低碳的可持续发展之路，企业的生产需要秉持绿色发展的环保理念。同时，也要推广清洁能源的应用，强化资源利用和污染防治，进一步完善绿色制造体系。

第五，开放合作“走出去”。历史反复证明，开放包容和合作共赢是实现经济快速发展的重要战略，产业集群要想实现高质量发展，也要同样奉行互利共赢的开放战略，更好地惠及集群内企业。全面打开国内和国际市场，积极应对开放过程中所遇到的挑战，不仅可以为产业集群的发展提供相应的保障，而且也为产业集群的高质量发展注入新的动力。

第六，政府治理和服务水平高。在推进产业集群高质量发展的过程中不仅要重视政治引领，同时也要加强政府的政治建设和公共服务体系建设，提高政府的服务质量，建立“共商、共建、共享、共赢”的集群治理机制，从而统筹规划集群的发展，制定相关的培育方案。

三 县域特色产业集群高质量发展中存在的问题

当前，大部分省份都制定了发展中小企业产业集群的相关政策，尽管发展态势良好，但是产业集群的高质量发展仍然面临着一些挑战。县域特色产业集群的高质量定位主要是突出优势主导产业、集群活力足、数字化转型、绿色低碳、开放合作“走出去”、政府治理和服务水平高这六个方面，同时根据“创新、协调、绿色、开放、共享”五大发展理念，本报告总结了以下七个方面的问题。

（一）创新发展实力弱，缺少专业人才

有些县域特色产业集群内入驻项目结构较为单一，产业集群基本以传统行业为主、科技含量较低、产品的相似度较高、自主品牌较少，且缺乏高新技术项目，导致其市场竞争力不强。创新是提高产业集群竞争力的关键，而集群内创新型企业和研发投入较少，也缺乏对知识产权的保护，自主创新就成为产业集群高质量发展的短板，难以对产品进行更新换代，也影响行业的转型升级。人才更是产业集群创新发展的关键，促进产业集群的可持续发展并为之提供源源不断的动力。一些欠发达地区的基础设施条件与发达地区存在差距，大部分企业也缺乏培养高科技人才的能力，无法为高科技人才提供理想的薪资、医疗和教育等基本条件，难以吸引高科技人才的落户，从而制约特色产业集群的可持续发展。

（二）产业集中度和产业附加值低

县域特色产业集群以中小型企业为主，且产业集中度较低，难以发挥规模效应；产业集群中的龙头企业数量较少，难以引领产业集群的创新，无法带动产业集群向更高层次发展，缺乏竞争优势。主导产业的集聚度高，特色产业培育发展不够充分，导致产品的可替代性高，限制产业链的延伸。

（三）配套设施建设落后，主导产业优势不突出

有些资源优势型产业集群所在地区的道路、环境等需要进一步改善，地区内生活服务设施不完善，公共服务平台建设滞后，难以为区域特色产业发展提供相关保障。一些集群主导产业定位不够清晰，优势特色不多，数字化基础设施和服务资源欠缺限制了集群数字化管理水平和中小企业数字化转型水平的提升。

（四）环境污染严重

在一些工业产业集群发展的过程中，由于国家节能减排政策的下发，很多能源消耗行业面临着绿色转型的难题。一方面，工业企业生产过程中产生的废气、废水、废渣等难以按标准进行排放，且排放后对环境造成不可逆的破坏，是与国家生态建设目标相违背的；另一方面，市场监管不到位，难以保证绿色发展。

（五）国际合作水平偏低

众所周知，产业集群的发展离不开国内市场，也离不开国际市场。一些欠发达地区的企业经营理念过于保守，缺乏世界眼光，难以进行国际合作。此外，一些内陆地区的综合保税、航运能力、质检检验、金融服务水平等条件存在一定的限制，一些特色产业与市级开放平台的对接也存在一定的障碍，造成竞争大于合作的局面。

（六）政府治理能力和服务水平有待提高

一些工业园区缺乏整体规划。一方面，地方政府盲目跟风，只重视眼前利益而忽视长远规划，然而园区规划、产业集群规划和产业结构优化等都需要政府进行合理规划才能发挥其最大效用。另一方面，园区内缺少规划。园区用地不科学，在工业园区的划定范围内有很多没有达到供应条件的土地；园区规模大而不集，企业间缺乏有效的交流与分工，影响其核心竞争力的形

成；许多小企业集聚在同一个空间里，会阻碍其产业链的延伸。政府与企业和民众之间缺乏互动沟通的平台。首先，办事效率低。在网站交流时，政府处理信息的速度较慢，不能及时地解决企业和民众提出的问题；在实地窗口服务中，工作效率也不高。其次，政府难以留住创新型人才。虽然近几年积极实施了引进人才策略，但吸引来的大多是偏劳动型人才，创新能力高和学历高的人才会选择去待遇较好的大城市发展。最后，政府招商引资的规模较小。随着中国逐步走向世界，所面对的市场需求也在不断扩大，单从市场需求角度来看，政府招商引资的规模还是较小。

（七）企业融资难，缺乏中长期资金供给

产业集群内企业的融资成本较高。一方面，中小民营企业主要依靠银行融资，而使用银行融资会出现手续、信誉、抵押物等问题，从而导致从银行获取贷款的难度较大；另一方面，企业本身也缺乏资金的积累，大多数中小型企业存在严重的投资不足，难以进行设备更新和技术研发，甚至会影响日常材料采购。

四　县域特色产业集群高质量发展的对策建议

针对以上提到的制约县域特色产业集群发展的问题，可以通过提升创新能力、优化产业布局、提升主导产业优势、实施可持续发展战略、提高开放思维、转变政府职能、拓宽融资渠道等措施促进产业集群的高质量发展。

（一）提升企业创新能力，培养优质人才

提升产业集群的创新能力是产业实现长久发展的必经之路。首先，结合地域特色。县域内产业集群形成原因不同，各自的发展情况也有所不同，进行县域特色产业集群的创新就需要关注各县域的特点，结合当地资源禀赋和经济发展实力形成独特优势，避免产业同质化。其次，构建多层次集群创新平台并加强引导。推动集群与企业、高校和科研院所建立创新合作机制，开

展共性技术产学研协同创新，形成良好的创新交流氛围。再次，提升龙头企业的带动作用。龙头企业有着实力强和底子厚的优点，具有一定的创新优势，中小企业在现有的产业集群中所占比例很高且拥有经营方式灵活的特点，二者结合可以形成龙头大企业带动中小企业、中小企业补充龙头大企业的互动机制，从而提升各个主体的创新活力，带动产业集群的发展。最后，加强跨区域协同创新。区域内，对已有高新技术产业园区进行保护，加大其知识产权保护力度，促进已有产业的科技创新；区域间，整合科技创新资源，加强跨区合作，借助发达区域的中心带动作用提升区域间的科技创新水平。

发展特色产业，人才支撑必不可少。一方面，政府要创新人才引进政策。产业创新离不开人才创新，政府只有通过创新人才引进政策，加大人才引进支持力度，优化人才引进环境，才能提高区域吸引人才的能力，让企业留住人才。另一方面，建立多元化的培训人才机制。企业可以依托产业集群内优势科研资源，加强与高校院所、金融机构等的紧密合作，不定期举办“线上+线下”专业培训、企业沙龙、研学参访等活动，结合先进技术，提升创新能力，促进产学研深度融合。此外，企业也要加强对员工的职业技能培训，培养能力突出的产业工人，从而形成一批综合性人才支撑队伍。

（二）培育特色品牌，优化产业布局

一个产业集群是否能成功离不开特色品牌的构建，特色品牌的建设可以提高产品的市场占有率，实现产业的高质量发展。首先，进行规划。定位产业集群的特色优势，结合当地经济社会发展以及城市、土地规划等，构建有机统一的规划体系。其次，培育品牌产业龙头。分层次进行培育，重点扶持知名企业，系统培育中小品牌，培养一批具有竞争力的行业龙头企业，奠定品牌基础。最后，争创名牌产品。对已经有一定知名度的特色产品进行深层次打造，深挖产品特色，扩大产品影响，加大品牌的推广力度，增加产品的市场份额，以此形成优质品牌。

在产业集群趋于成熟期时，企业所面临的市场规模是稳中有升的，这就

要求企业生产的产品不仅需要更适应市场的变化，符合当地的特色，并且还要提高产品的竞争力，降低同质化产品的出现。一方面，延伸产业链条。立足当地主导产业，引进优质企业和先进技术弥补其薄弱环节；细化专业分工，引导企业的同质化产品向着“精、新、特”方向发展，引导集群内的产业进行合作，达成共赢；融合上下游产业链，整合优质资源并在集群内进行共享，以此来降低成本，创造更高价值；注重企业的服务型发展，以客户需求为导向，为客户提供个性化定制服务，提高产业整体品牌形象；融合产业链和科技创新链，延长产业链条，提高产业集群的综合竞争力。另一方面，加快产业结构转型升级。将改造传统产业和培育新兴产业进行结合，立足当地优势资源基础，整合新兴产业和传统产业，挖掘出具有潜力的新兴产业，转变当地的经济发展方式，从而提高产品质量。

（三）完善相关配套设施，提升主导产业优势

配套设施是产业集群发展的必备硬件，可以保障产业集群的高质量发展。一方面，完善基础设施建设。加快产业集群区域内基础设施建设，以此来降低产业集群发展中各个相关要素的成本，有效发挥各要素的作用，促进产业集群的高质量发展。另一方面，加快完善绿色发展配套设施。加快绿色化建设，以当地特色行业龙头企业为建设重点，科学化地推进其建设，同时培养一批符合国家政策、满足国家需求、有一定优势的产业集聚区。此外，提升产业集群主导产业优势。一方面，精准定位集群的主导产业。认清自身优势，抓住自身特色，结合资源特点和产业基础进行差异化定位和全局性战略部署，有针对性地固链补链，从而打造精良、有代表性、市场认可度高的主导产业。另一方面，实施数字赋能工程。引导企业积极利用大数据、人工智能、物联网等技术手段，提高产品研制成功率；根据客户需求等实际情况进行系统升级，促进产业持续升级和数字化转型。

（四）实施可持续发展战略

首先，树立环保意识。坚持生态优先、尊重自然、顺应自然、保护自然

的发展理念，利用媒体和网络的影响力，向市场主体宣传绿色发展理念，将“减量化、再利用、再循环”这一原则贯穿工业产业发展的各个环节。其次，加强监管。加强对高污染企业排放的监控和管理，政府出台相应的政策限制高污染企业排污量，设立相关的奖惩措施来制约相关企业的行为。最后，加快集群绿色低碳转型。打造“生态+”模式，将绿色、协调、可持续发展的理念贯穿产业发展，将产业的生态价值与经济价值相融合。

（五）提高开放思维，推动开放发展

国际市场的培养为产业集群的高质量发展添砖加瓦。首先，深化集群开放合作。支持集群积极参与“一带一路”建设，以集群为单位更多参与国际交流合作。其次，加快形成开放式的创新网络。对新兴产业的开放创新坚持“引进来”和“走出去”相结合，融入全球产业链中；同时，提高相应的产业链招商水平，整合特色产业上下游价值链，构建以政府为主导、以产业链为着眼点的产业招商方式。再次，对接开放平台。构建高层次的跨区域对话交流机制，深化与沿海城市的合作关系，保持开放的心态和思维；充分利用本地自贸区的龙头带动作用，以便及时了解产业的演进方向和行业的前沿信息。最后，搭建外贸营销平台，完善产业集群跨境电商物流体系。对于出口企业要加强政策扶持，提供相关平台对特色产品进行整合展示，向全球推广，扩大企业的全球知名度，提高企业产品的境外市场规模；在产品的运输中要减少运输成本，集群内部企业要充分利用自身区位优势，整合运输资源，对跨境物流系统实现集中仓储，联合配送；建设智慧物流体系，依托云计算、大数据等技术，形成集“交易+配送+售后+市场开发”于一体的完整智能化跨境物流体系。

（六）转变政府职能，健全监管体系

县域特色产业的发展离不开政府的支持。首先，加大政策的支持力度。按照“一群一策”原则，因地制宜出台特色产业扶持政策，对县域特色产业进行重点扶持，在原有产业集群的基础上对相关产业进行优化改进，形成

功能互补的特色产业集群。其次，加强对产业集群的整体规划。对于工业园区，政府加强整体规划有利于建设资源节约型和环境友好型社会，对当地的资源进行合理配置，有利于当地经济的发展。再次，进行持续性的引导。政府部门要积极引导产业集群发展，以集群发展状况为基础，在没有形成产业集群的时候引导产业集聚，逐步形成完整的产业链；在集群已经形成规模时，引导新的企业加入，完善产业链，促进产业集群的高质量发展。最后，建设服务型政府。政府应构建多元化的交流平台，供当地企业进行相互学习，促进共同进步；建设“线上+线下”的综合服务平台，方便企业办理业务，提高办事效率；积极完善招商平台，优化营商环境，形成更大优势以吸引外来企业。

产业集群的发展是一个长期的过程，虽然不能缺少政府的规划和引导，但是影响产业集群发展的最重要因素还是市场。一方面，政府要简政放权。让市场充分发挥配置资源的作用和对经济的驱动作用，从而扩大特色产业集群的市场规模，拉动当地经济的发展。另一方面，政府要加强对市场的监管。健全相关监管体系和公开透明平等的市场体系，促进企业在市场上进行公平竞争，为产业集群的发展提供良好的市场环境。

（七）拓宽融资渠道，赢得发展资金

在产业集群中，中小企业融资难是制约产业集群发展的关键因素，无法融资就很难获得资金，没有资金也就无法继续发展。首先，完善企业担保融资渠道。建立完善的企业信用评级机制和信用担保机构，降低从外部机构获取贷款的难度。其次，建立多元化的融资渠道。建立金融机构考核长效机制，将其考核结果与企业信贷挂钩，推动金融机构更好地服务于产业集群的发展；推动政府注资与社会筹资相结合，其不以营利为目的，可以供企业应急时使用；中小企业也需建立现代化经营管理制度，增强自身抵抗资金风险的能力，提高自身满足金融机构信贷资质要求的能力。再次，创新金融产品。依托云服务，筛选初创企业，同时金融机构也可逐企了解其发展状况和融资需求，确定是否向其开发无担保、无抵押的信用贷款产品，加大金融机

构对初创企业的支持力度，为有融资需求的初创企业开通绿色通道。最后，搭建企业融资新平台。运用区块链、大数据等科技手段，搭建金融服务中心、智慧金融平台和首贷服务平台，通过整合贷款、金融、企业征信、风险预警等核心功能，打造云端融资新模式，推进企业融资智慧化，为企业融资提供一站式和综合性的金融服务。

参考文献

程培先：《县域特色产业集群高质量发展研究》，《河北企业》2019 年第 9 期。

姜辉：《县域特色产业集群高质量发展研究——基于 B 市 G 县生物基产业集群的考察》，《延边党校学报》2022 年第 2 期。

李莹：《以科技创新驱动县域特色产业集群高质量发展》，《共产党员（河北）》2022 年第 20 期。

任学光、李秋华：《辛集打造立县兴县特色产业集群》，《河北日报》2022 年第 11 期。

武萌、韩晓寒：《邯郸：特色产业推动县域经济高质量发展》，《河北经济日报》2022 年第 6 期。

《〈促进中小企业特色产业集群发展暂行办法〉解读》，《财会学习》2022 年第 30 期。

任学光：《培育“领跑者”，做强县域产业集群》，《河北日报》2022 年第 9 期。

王先玉：《黔南州县域特色产业集群发展存在的问题及对策探讨》，《农村经济与科技》2021 年第 16 期。

韩鑫：《加快培育中小企业特色产业集群》，《人民日报》2022 年第 2 期。

陈肖、王彦梅等：《河北省特色产业集群与跨境电商融合发展路径研究》，《现代商贸工业》2022 年第 8 期。

良城：《特色产业集群集聚发展的邳州探索》，《江苏农村经济》2021 年第 5 期。

B.10
县域高质量商业体系建设报告

冉净斐*

摘　要： 县域商业体系建设是县域经济发展的重要引擎，是乡村振兴战略实施的重要一环。建设县域商业体系，也是畅通国内国际双循环、建立国内统一大市场的微观商业基础。我国县域商业体系经过多年的发展，在流通规模和流通结构、流通质量和流通技术水平上有了较大的提升，但是仍然存在商业发展缺乏规划、流通设施不健全、流通规模较小、流通结构不合理、流通技术水平不高、流通秩序混乱等问题，严重制约了我国县域商业体系的建设，影响着我国县域商业流通现代化水平的提高。要解决这些问题，必须通过做好县域商业规划、加强县域流通基础设施建设、引进大型流通企业、丰富县域商业业态、提高县域流通技术水平、规范县域流通秩序来解决。

关键词： 县域经济　县域商业体系　商业布局

县域商业体系建设是实现乡村全面振兴、推进县域经济发展的重要载体和抓手。长期以来，我国农村流通体系一直比较薄弱，县域商业体系发展相对滞后，县域商业网点和县域商业渠道不健全，严重阻碍了我国县域经济的发展壮大和乡村振兴的全面实施，影响了农产品的上行流通和农村消费的健康发展。因此，建立健全县域商业体系，已经成为我国流通现代化发展的重

* 冉净斐，博士，郑州轻工业大学经济与管理学院教授，研究方向为商务经济与区域发展。

要任务，成为我国流通领域建设的重要内容。为此，近几年，中央多次出台文件和政策支持县域商业体系的发展。2021 年 4 月 27 日，国务院常务会议明确提出“要加强县域商业体系建设，促进农村流通畅通和农村居民收入提升以及农村消费的扩大”。2022 年中央一号文件再次指出，要加强“县域商业体系建设，促进乡村振兴和县域经济的发展”。2022 年 4 月，国务院办公厅印发了《关于进一步释放消费潜力促进消费持续恢复的意见》，提出“要建立完善县域统筹，以县城为中心、乡镇为重点、村为基础的县域商业体系”。国务院在《扎实稳住经济的一揽子政策措施》中又提出“支持实施县域商业建设行动”。2022 年 7 月，财政部办公厅等多部门又发布了《关于支持实施县域商业建设行动的通知》，对县域商业体系的建设提供了资金和政策上的保障。因此，推进县域商业体系的高质量发展，已经成为新发展格局下现代流通体系建设的重要内容。

一　我国县域商业体系的发展现状

县域商业体系是我国现代流通体系的重要组成部分，本质上属于我国农村流通体系的范畴。我国现代流通体系按照空间结构不同，可以分为城市流通体系和农村流通体系。长期以来，我国城市流通体系的发展一直优于和快于农村，使得县域商业体系的建设与城市尤其是大城市差距不小。尽管如此，我国县域商业体系的建设仍然取得了较大的成绩，对于推动农村经济发展、促进农产品流通、提升县域经济竞争力起到了重要的推动作用。据统计，截至 2021 年底，我国县域人口数量为 7.4 亿，乡镇和村的消费总额占全部消费总额的 38%。2017～2021 年，我国农村居民的人均消费支出实际增长率分别为 6.8%、8.4%、6.5%、0.1%和 15.3%，总体远高于同期城市居民的人均消费支出实际增长率的 4.1%、4.6%、4.6%、6%和 11.1%，县域商业体系为农村经济的发展作出了重要贡献。

（一）县域商业体规模不断壮大

县域商业体由于地处人口分散、居住相对偏僻以及交通不便的农村地区，其发展的规模会受到很大的制约。因此，县域商业体发展本身就存在着诸多困难。但经过多年建设，县域商业体冲破了重重阻力，在规模发展上取得了很大成就。农村消费品零售总额从 2010 年的 1.99 万亿元增加到 2021 年的 5.93 万亿元，增长了 3.94 万亿元，年均增长率为 18%。县域商业体规模不断发展壮大，已经成为我国现代流通体系的重要组成部分。

从农村居民消费支出的角度看，农村居民的消费支出是不断上升的，这也从另一个侧面反映出流通规模的扩大。2014 年农村居民人均消费支出为 8382.6 元，此后不断攀升，到 2020 年增加到 13713.4 元，6 年净增 5330.8 元，年均增长 10.6%，高于同期 GDP 增长率，反映出农村流通的强大后劲（见表 1）。

表 1　2014~2020 年农村居民人均消费支出变化

单位：元

年份	2014 年	2015 年	2016 年	2017 年	2018 年	2019 年	2020 年
金额	8382.6	9222.6	10129.8	10954.5	12124.3	13327.7	13713.4

资料来源：根据《中国农村统计年鉴 2021》有关数据整理。

县域商业体系的投资规模稳中有升。根据《中国农村统计年鉴 2021》的数据，从 2014 年到 2020 年，农村住户投资于农村流通业的投资总额由 2014 年的 615 亿元稳步提升到 2020 年的 662 亿元，年均增长率为 1.26%（见表 2）。

表 2　2014~2020 年农村流通投资规模变化

单位：亿元

	2014 年	2015 年	2016 年	2017 年	2018 年	2019 年	2020 年
农户投资批发零售业	247.6	243.5	227.8	238.1	309.5	262.4	119.7
农户投资交通运输和邮电业	326.1	225.2	261.9	264	324.1	289.3	507.1
农户投资住宿餐饮业	41.3	42.4	28.9	38.3	119.4	71.7	35.3
合计	615	511.1	518.6	540.4	753	623.4	662.1

资料来源：根据《中国农村统计年鉴 2021》有关数据整理。

从表 2 可以看出，农户投资批发零售业各年数据变化较大，2014 年为 247.6 亿元，2018 年增加到 309.5 亿元，到 2020 年减少到 119.7 亿元，可能是疫情影响导致农户投资批发零售业的意愿大幅降低。但交通运输和邮电业的投资额在 2020 年达到最高峰 507.1 亿元，可能是随着国家对乡村振兴力度的加大，流通基础设施建设进入一个快速通道，农户对流通基础设施的投资意愿增强。农户对住宿餐饮业的投资在 2018 年达到一个高峰，达到 119.4 亿元，可能与当年国家大力发展乡村旅游促进乡村民宿数量的急剧增加有关。

在国际流通方面，从农产品出口规模来看，以蔬菜为例，农产品出口贸易的规模也在不断扩大。2014 年，蔬菜出口量为 803 万吨，2020 就达到了 1017 万吨，年均增长 4%。尤其是在 2020 年疫情最严重的时候，蔬菜出口仍然增长强劲，反映了我国蔬菜出口有效克服了疫情影响，为畅通农产品的国际大循环作出了重要贡献（见表 3）。

表 3　2014~2020 年我国蔬菜出口量变化

单位：万吨

年份	2014 年	2015 年	2016 年	2017 年	2018 年	2019 年	2020 年
数量	803	833	827	925	948	979	1017

资料来源：根据《中国农村统计年鉴 2021》有关数据整理。

在国际流通方面，从农产品进口规模的角度看，以小麦的进口为例，2014 年小麦进口量为 300 万吨，到 2020 年进口量达到 838 万吨，增长了 538 万吨，年均增长率为 30%，说明小麦的国际流通量在不断提升（见表 4）。

表 4　2014~2020 年我国小麦进口量变化

单位：万吨

年份	2014 年	2015 年	2016 年	2017 年	2018 年	2019 年	2020 年
数量	300	301	341	442	310	349	838

资料来源：根据《中国农村统计年鉴 2021》有关数据整理。

（二）县域商业体系的结构不断优化

从商业结构的角度看，以农产品市场的结构为例，农产品市场在全部市场中的结构不断优化。从综合市场的角度看，截至2020年底，亿元以上的农产品综合市场为633个，占全部综合市场的54.38%，成交额达到13308.12亿元，占全部综合市场的51.74%。从专业市场的角度看，截至2020年底，农产品专业市场的数量为771个，占全部专业市场的28.27%，成交额18548.74亿元，占全部专业市场的23.18%。从业态结构看，农产品综合市场批发额为11650.23亿元，占成交额的87.54%；零售额为1657.89亿元，占比12.46%。农产品专业市场批发额为17641.27亿元，占成交额的95.1%；零售额为907.49亿元，占比4.9%（见表5）。说明批发业态已经成为农产品市场的主流业态，农产品批发的不断壮大，说明农产品的组织化程度得到不断提升，农产品流通的业态得到了不断优化。

表5　2020年亿元以上商品交易市场情况

市场	市场数量（个）	摊位数（万个）	营业面积（万平方米）	成交额（亿元）	成交额中	
					批发（亿元）	零售（亿元）
综合市场	1164	104.92	8275.58	25719.06	22465.31	3253.75
农产品综合市场	633	36.85	2712.67	13308.12	11650.23	1657.89
专业市场	2727	182.82	20839.12	80029.59	71409.24	8620.35
农产品专业市场	771	45.73	4164.04	18548.74	17641.27	907.49

资料来源：根据《中国农村统计年鉴2021》有关数据整理。

（三）县域商业体系的质量不断提升

从县域商业的商品流通质量来看。商品流通质量不断改善和提升，反映了县域商业体系的质量在不断提升，从农村居民消费支出构成也能看到这一点。2015~2020年，农村居民的食品烟酒消费占比呈降低趋势，由2015年的33%降到2020年的32.7%，降低0.3个百分点；交通通信支出占比由

12.6%增加到13.4%，说明农村居民用于社会交往的支出增加；医疗保健支出占比由9.2%增加到10.3%，说明农村居民对健康的需求增加；教育文化娱乐支出占比由2015年的10.5%增加到2019年的11.1%，说明农村居民对教育文化娱乐的消费增加，这方面产品的流通增加。但是到2020年教育文化娱乐支出占比下降到9.5%，主要可能是2020年的疫情影响了农村居民的出行（见表6）。

表6　2015~2020年农村居民消费支出构成

单位：%

指标	2015年	2016年	2017年	2018年	2019年	2020年
食品烟酒	33.0	32.2	31.2	30.1	30.0	32.7
衣着	6.0	5.7	5.6	5.3	5.4	5.2
居住	20.9	21.2	21.5	21.9	21.5	21.6
生活用品及服务	5.9	5.9	5.8	5.9	5.7	5.6
交通通信	12.6	13.4	13.8	13.9	13.8	13.4
教育文化娱乐	10.5	10.6	10.7	10.7	11.1	9.5
医疗保健	9.2	9.2	9.7	10.2	10.7	10.3
其他用品及居民流通服务	1.9	1.8	1.8	1.8	1.8	1.6

资料来源：根据《中国农村统计年鉴2021》有关数据整理。

（四）县域商业体系的技术水平不断提升

以网上交易为例，截至2021年底，全国农村电子商务零售交易额达到2.05万亿元，2014~2021年年均增长148%，说明农村流通的互联网水平增速很快，流通技术水平大幅提升；2021年全国电子商务交易额达到42.3万亿元，网上零售交易额为13.09万亿元，农村电子商务零售交易额占到全国电子商务零售额的15.66%；其中农产品网络零售额达到4221亿元，占农村电子商务零售交易额的20.6%，年均46.01%（见表7）。说明更多的农村居民借助电子商务的交易方式实现了农产品的出售，农产品流通渠道更加现代化，农产品流通技术水平得到进一步提升。

表7　2014~2021年全国农村网络零售额和农产品网络零售额

单位：亿元

	2014年	2015年	2016年	2017年	2018年	2019年	2020年	2021年
农村网络零售额	1800	3530	8945	12449	13700	17000	17900	20500
农产品网络零售额	1000	1200	1589	1800	2305	3975	4158	4221

资料来源：根据《中国农村统计年鉴2021》有关数据整理。

我国农村居民中上网人数超过3亿人，网购逐渐成为农村居民购物的一种消费方式，许多城市商品和外来服务通过电商进入了农村居民家庭。尤其是在疫情期间，直播带货成为农产品流通的另一种重要的替代方式，农村电商平台的作用进一步凸显。

二　我国县域商业体系发展存在的问题

从上述可以看出，我国县域商业体系建设取得了较大的成绩。但是与城市商业体系比起来，我国县域商业体系由于处在人口分散的乡镇和农村，发展水平、规模和速度的差距还比较大。具体来说，我国县域商业体系目前存在着以下问题。

（一）缺乏商业规划，导致商业资源的布局不太合理

商业规划是根据一个地方的人口数量、购买力情况和经济发展水平以及自然地理条件，依据增长极理论、点轴发展理论、梯度转移理论以及商业布局理论，对区域商业的业态、主体、规模、区域分布所做出的相对科学的未来商业发展战略。它是引导区域商业发展的重要蓝图和依据，是一个地方商业发展的纲领和重要依据。我国城市商业发展大多都制定了科学翔实的发展规划，成为城市商业发展的重要指南，对于城市商业体系建设起到了重要的引导作用。如北京市制定的《北京市“十四五”时期商业服务业发展规划》、重庆市制定的《重庆市商务发展“十四五”规划（2021~2025年）》

等，都对当地的商业发展起到了科学引领作用。不仅如此，发达国家也制定了商业规划法律法规，如日本的《大店法》《中央批发市场法》等。

我国的县域商业由于地处人口稀少和购买力较低的乡镇地区，很多县域没有动力和资金来制定县级商业发展规划。因为对于一个县域来讲，流通业很难成为一个主导产业，县域经济发展主要还是需要制造业的带动，制造业GDP仍然是县域经济增长的主要来源。因此，作为县级政府，根本没有过多的资源和精力用于县域商业的发展，更不用说拿出资金用于商业规划的制定。

商业缺乏发展规划，造成了县域商业发展存在着很多问题。一是布局普遍混乱。县域内购物中心、便利店、大型商超、批发市场发展无序，高水平的购物中心普遍缺乏，便利店和商超设置与居民消费往往协调度不高，很多县域居民出门购物比较困难，不利于群众生活。二是政府对县域商业发展没有一个战略和方向，造成商业体系建设目标缺失，抓不住重点，对乡镇商业和村级商业缺乏系统的设计，造成乡镇商业业态不全、盲目发展，规模和结构不合理。村级商业普遍缺失，农村居民的生活受到了很大的影响。

（二）流通基础设施不健全，阻碍了县域商业体系的发展

商业的发展必须依赖于流通基础设施的健全和完善，特别是交通基础设施、通信基站、批发市场设施及冷链物流和购物中心等商业设施对于县域商业的发展非常重要。但是我国县域交通条件普遍较差，虽然实现了村村通公路，但是高速公路的到达率仍然比较低，很多县域还没有高速公路，县域内的公路等级不高，有些乡村的公路比较窄，只容单道出行，有些村镇在大山深处，道路崎岖不平，造成外来商品难以有效输入，村镇的农产品难以输送出去，商品流通受到了严重的约束。许多乡村由于地处偏远，通信企业出于经济利益方面的考虑，基站布设网点较稀，使得通信信号受到影响，网上销售、互联网购物不能顺畅进行，影响了农村流通效率，对农产品流通造成了不利的影响。

县域由于财政普遍较弱，对批发市场等公益性流通组织投入不足，使得

批发市场应有的大宗商品流通功能受到严重影响，许多农村批发市场设施陈旧，环境污染严重，营业面积较小，不能适应消费者多样化需求，不利于大宗农产品的交易。冷链物流设施缺乏。很多乡村缺乏相应的冷链物流设施，使得农产品在产地不能够进行预冷处理，一方面使农产品特别是生鲜农产品的流通损耗率大大提高，另一方面也不利于物流运输和储存，对农业生产和农民收入水平的提升带来了严重影响。

（三）流通规模比较小，大型流通企业缺失

由于农村居民普遍收入水平不高，消费能力较低，县域商业流通规模较小。由于流通规模小，大型流通企业不愿意入驻乡村，因为入驻乡村就意味着利润减少，销售收入降低，投入成本增加。因此，县域商业的流通企业普遍偏小，流通能力薄弱。虽然县级供销社和邮政公司努力参与县域流通，但是由于大多数乡镇供销社经营绩效不佳，经营手段落后，经营方式简单，在一些地方乡镇供销社名存实亡，农村流通的组织主体主要依靠私人举办的超市和便利店，农村邮政由于主体是投递业务，对农村其他商品的流通缺乏经验，而且邮政的商品价格比乡村其他超市的价格偏高，因此农村居民对其信赖度不高，难以赢得农村居民的满意和忠诚。

从统计数据可以看出，2021 年全年社会消费品零售总额为 440823 亿元，其中城镇居民社会消费品零售额为 381558 亿元，农村居民社会消费品零售额只有 59265 亿元，农村居民社会消费品零售额只占全社会消费品零售总额的 13.44%，占城市居民社会消费品零售额的 15.53%。因此，我国农村流通的规模远远低于城市水平。从亿元以上商品交易市场的情况看，2020 年亿元以上的专业市场数量为 2727 个，农产品专业市场数量为 771 个，占比 28.27%，交易额只有 17641.27 亿元，占全部成交额的 24.7%，说明我国农产品流通的规模较小。

从大型流通企业入驻县域的情况看，大多数流通企业如沃尔玛、家乐福、华润万家、万达广场等很少在县域设点，只有京东、淘宝等互联网企业结合农村流通的实际情况，在广大农村开展了京东村、淘宝村的试点。大型

流通企业之所以不愿意到县域设点，主要是基于经济利润的考虑。由于这些大型流通企业主要是实体企业，所需投资额巨大，一旦入驻需要较多的人流量和较大的购买力支撑。而我国大部分县域居民收入水平和消费支出较低，难以支撑这些大型流通企业的发展。从统计数据看，2020 年我国城镇居民的人均收入为 4. 38 万元，农村居民人均收入为 1. 71 万元，农村居民人均收入仅有城镇居民人均收入的 39. 1%；城镇居民人均支出为 2. 70 万元，农村居民人均支出为 1. 37 万元，农村居民人均支出仅为城镇居民人均支出的 50. 78%。尽管农村居民支出占到收入的 80%，但是由于农村居民整体收入水平低，大型流通企业入驻必然会面临流通购买力不足的问题。因此，大型流通企业出于经济利益最大化的考量，很少选择在县域设点。这对于县域商业的流通规模提升带来了不利的影响。

（四）商业业态不完善、流通结构不合理

县域商业的业态普遍单一，缺乏新兴业态，使县域居民的消费水平不能够有效提升。首先，大多数县城普遍缺乏一个综合性、现代化的购物中心，这直接制约了县域居民的消费质量的提升。虽然县域居民的消费能力不高、收入水平有限，但是县域居民的边际消费倾向非常高，县域居民非常渴望有一个具有现代化气息、具备多个知名品牌入驻的大型购物中心，但是，目前大多数县城的中心商业区的购物中心设施落后，缺乏名品名店，名品入驻较少，经营主体主要是县城原来的商业所有者，造成了县城居民的消费能力难以发挥，许多县域新消费者被迫到更高一级的城市商业中心购物。其次，县域商业的专卖店和专业店缺乏，一些知名的专业店和专卖店没有下沉到县域范围。最后，与时代同步的新业态较少，很多县域年轻的消费者无法享受到大城市的氛围和生活，导致这部分消费群体难以留在县域。

不仅如此，在大多数乡镇，便利店和超市成为主要商业业态。但是连锁超市的数量却不多，大多数超市是单体规模超市，乡镇普遍缺乏综合体商业，百货商店和专卖店等业态成了奢侈品，其他业态更是乏善可陈。很多农村居民消费能力受到了极大的限制，他们购买新潮服装、高档电器被迫去几

十公里外的县城，造成了农村居民消费成本的增加，降低了他们的消费欲望和兴趣。村级商业主体缺乏，制约了县域商业体系最后一公里的延伸和作用发挥。夫妻店成了大多村级商业的主体，在众多村庄，本来应该设置的小型超市和规范便利店缺乏，夫妻店由于经营时间不固定、经营商品的质量和价格不能够适应农村居民的消费需求，很多村庄的村级商业甚至处于零的状态，居民必须到乡镇政府所在地的乡镇购物。

（五）流通技术水平不高，需要进一步提升

随着“互联网+”深入农村市场，农村流通业也开始借助互联网技术提升自身自动化、现代化水平。直播农村电商开始逐渐在农产品销售中运用，农村流通现代化水平有所提升。但是，从整个县域商业看，农村流通的整体技术水平仍然偏低。以农产品上行流通为例，农产品上行流通需要大量的流通技术，比如流通加工技术、仓储管理技术、生鲜农产品冷藏技术等，而我国大多数农村流通主体缺乏这些流通技术，使得农产品的流通成本大大增加，影响了农产品流通现代化水平，造成了农产品流通不畅，农产品流通效率降低。

从日用消费品下行流通来看，农村不少超市也运用互联网进行结算和支付。但是，县域商业在整体流通技术水平上还比较低，对互联网的运用也不全面，许多超市还仅仅运用计算机进行收银，没有全面运用现代流通技术进行商品采购、库存盘点、质量监控。不仅如此，流通数字化水平也还处于初级阶段，缺乏对顾客大数据的分析，对于顾客消费习惯和消费偏好缺乏数据的有力支撑，因而对顾客需求的把握度较低，出售的商品不能完全满足顾客的需求，顾客忠诚度和满意度较低。

从统计数据来看，也能够得出上述结论。从《中国统计年鉴 2021》的有关数据可以看出，我国农村互联网宽带接入数量由 2012 年的 4075. 9 万户增加到 2020 年的 14189. 7 万户，年均增长 31. 01%；但城市互联网宽带接入由 2012 年的 13442. 4 万户增长到了 34165. 3 万户，年均增长 19%。虽然农村互联网宽带接入数年均增长率高于城市，但是到 2020 年，绝对数

也只有城市的41.53%。农村互联网宽带接入数从一个侧面反映了农村流通的技术水平，从这个角度看，县域商业的流通技术水平还有较大的提升空间。

（六）流通秩序混乱，商品质量难以得到保障

我国县域商业的流通大多缺乏必要的监管，流通秩序混乱。县域范围的乡镇村一级，由于乡镇政府的权力有限，乡镇政府的主要精力在于发展农村经济，促进乡村振兴，因此对商业的重要性认识不足，加之缺乏执法权限，导致乡镇村的商业秩序比较混乱。在许多乡镇村，假冒伪劣商品横行，假品牌、假名牌大行其道，乡镇村的消费者消费认知能力有限，还很难鉴别出真假商品，甚至一些购买了假冒伪劣商品的消费者还认为，这些商品只要无害，又傍了名牌，价格便宜，他们下次还会购买，真正质量合格、价格公道的正牌商品反受冷落，劣币驱逐良币的柠檬市场情况在乡镇村商业市场中屡见不鲜，乡镇村商业市场成了假冒伪劣商品横行的大舞台。

在县城市场，由于县城居民素质相对较高，他们对假冒伪劣商品具有一定的防范和鉴别能力。因此，在县城区域，流通秩序混乱主要表现为商业的无序竞争。由于县城入驻的知名品牌的超市和专卖店、专业店较少，一些私人开设的超市众多，由于商品经营比较类同，差异化水平较低，他们之间会展开无序的价格竞争，导致这些超市利润微薄，最终大量超市倒闭，使本来就脆弱的县域商业体系承受了更大的压力。

三　促进我国县域商业体系高质量发展的政策建议

建设县域商业体系，实现县域商业高质量发展，是实现乡村振兴、促进县域经济发展的重要支撑，也是实现国内国际双循环，构建国内统一大市场的基石。只有县域商业体系建设好了，才能有效补齐现代流通体系建设的短板，畅通国内大循环的堵点和断点，使现代流通充分发挥出对经济增长的基

础性作用和引导作用，促进新发展格局的形成。为此，必须从以下几个方面着手。

（一）因地制宜制定县域商业体系发展规划，强化商业规划的引领

县域商业体系要想健康有序发展，必须因地制宜制定出符合当地实际的商业体系建设规划。强化规划对商业体系建设的引领作用，为此，必须深入研判当地商业体系建设的现状，分析当地商业体系建设中存在的问题及短板，依据科学的商业规划理论和国土空间规划，前瞻 5~10 年，根据当地居民的人口数量、地理环境、经济发展水平和消费习惯及消费能力，科学合理地制定县域商业体系发展战略、县域商业体系空间布局、县域商业业态结构、县域商业设施布置等规划，使县域商业的发展有据可依、有规可循，避免出现县域商业发展无头绪、没思路，发展心中无数，或者随意布局等情况，让县域商业体系的建设走向有序的轨道上来。

制定好县域商业体系规划，首先，县域商业行政管理部门要积极主动作为，根据国家关于商业发展的各种法规和条文，认真研究县域商业的发展规律，摸清县域商业的发展底子，为制定规划提供各种基础和条件。其次，要充分了解当地主要商业设施如大型购物中心、农贸市场、大型超市的运营情况，为规划编制提供商业企业发展的资料。再次，要认真了解乡镇村的商业分布，合理规划中心镇、一般镇和行政村的商业布局，使乡镇和村的居民都能够享受到便捷和高质量的商业服务。最后，要充分发挥流通领域专家学者的作用，发挥其理论优势，让他们参与到商业规划编制中来，为县域商业发展献计献策。

（二）加强县域流通基础设施建设，使县域商业发展具备稳定的物质基础

县域商业发展的一个重要问题就是流通基础设施建设不足，尤其是缺乏大型综合商场、规范的农产品批发市场和大型超市。要按照国务院制定的《扎实稳住经济的一揽子政策措施》中支持县域商业建设行动的

要求和2022年7月商务部全国县域商业体系建设工作推进会的主要精神，加强县级物流配送中心和村级便利店的建设，促使县域商业设施上一个新台阶。

继续加强农村公路建设和基站建设，使农村流通的交通和通信条件得到持续改善。加强农村公路建设，使农村公路得到一个实质性的提升，努力解决部分乡村交通不便、出行不畅的问题，使工业品下乡和农产品进城有一个可靠的交通保障。目前，我国大部分乡村的交通公路条件已经得到很大改善，但仍有部分乡镇和村庄的交通不畅问题没有得到根本性的解决，一些农村公路等级较低，破损现象比较严重；一些农村公路设计车道较少，会车困难，使商品流通存在着一定的风险和障碍。因此，必须进一步加大投资，提升农村公路建设里程和强度，促进农村公路高水平建设。加快基站建设，通信公司必须进一步加大农村的基站建设力度，布密农村网络设施，使农村的信号畅通，便于与外界联络，促使农村流通有一个好的通信基础。

加强县域综合商业中心建设。使每一个县都有一个大型综合商业中心，满足县域居民对高水平美好生活的向往的需求。加强乡镇商业中心建设，使乡镇有一个合格的、满足当地居民的商业中心，使乡镇居民能够便利地进行消费和生活。加强村级便利店的建设，健全村里商业设施，使村民足不出户就能够满足基本的生活需求。加强农产品批发市场和冷链物流设施建设，发挥农产品市场公益性的特征，为农产品流通提供基础设施条件。

（三）引导大型流通企业进入县域，促进流通组织优化

为了优化县域商业体系，可以从政策上引导大型流通企业把分店和连锁店入驻县域和乡村，促使农村流通组织优化。比如，山东省为了促进县域商业体系建设，引进家家悦超市入驻县域，对于改善县域居民的消费质量，促进县域商业体系优化、提升县域居民的消费水平，起到了非常好的作用。家家悦超市原来是威海市糖酒采购供应站，自1995年开始连锁经营，连锁店

达到 300 多家，大多开在山东的县域和乡镇，经营获得了很大的成功，综合实力连续五年进入中国连锁业 50 强。不仅如此，家家悦以超市为龙头，还从事物流配送、对外贸易和食品加工等业务，为山东省县域商业的发展作出了贡献，为大型流通企业入驻县域和乡镇树立了样板。

县域政府可以充分利用自己的土地资源和流通产业发展政策，鼓励和吸引如万达、丹尼斯、华润万家、沃尔玛等大型流通企业进入县域，为它们提供各种土地和商业设施建设方面的支持，通过大型流通企业的入驻，改善县域面貌，促使县域商业发展更加健康，促使县域居民的回归，为乡村振兴和县域经济发展提供支撑。利用大型流通集团的分销优势和规模优势，把县域的农产品流通到全国市场乃至国际市场，使农村居民的收入水平得到提升，农村消费能力得到增强。因为现在的大型流通企业，不仅有强大的工业品下行流通能力，也有强大的农产品上行流通能力，大多数大型流通企业普遍都有自己的品牌，能够借助强大的流通渠道把县域的特色农产品和生鲜农产品及时快速地流转出去。因此，引进大型流通企业，是现代县域商业体系建设的必由之路。

（四）引进多种业态，促进现有消费质量和消费能力的提升

县域商业的业态普遍单调，必须下大力气引进如专卖店、专业店、文旅餐厅、中高端咖啡厅等多种业态，使县域居民也能够享受到现代城市的美好生活。目前，大多数县域除了综合商场、超市、便利店等业态外，其他商业业态乏善可陈。县域居民对高质量美好生活的向往只能到城市才能够得以实现，这严重制约了县域居民消费质量的提升和消费水平的提高，也不利于县域经济的高质量发展和乡村振兴。因此，必须下大力气引进具有较高知名度的专卖店和专业店。

（五）进一步提高流通技术水平，提升县域商业的科技含量

流通技术水平的高低对于流通高质量发展具有重要的意义。县域商业体系的技术含量普遍较低，对互联网等技术的应用还远远不够，严重制约了县

域流通水平的提升。尽管这几年随着电子商务的发展，农村电商有了很大的进步，但是必须看到，县域商业主体对流通技术的运用还比较低。以农产品冷链物流为例，我国很多地区的农产品存在的卖难问题，一个重要原因就是冷链物流的技术水平不够，流通加工能力薄弱，流通储藏的技术达不到标准，导致大量成熟的农产品被迫烂在田间地头，农产品流通水平和效率受到了很大的影响。因此，必须进一步提升农村流通的技术水平，加大对冷链物流、流通加工、流通储存等技术的运用力度，促使县域流通中农产品上行流通的顺畅。

不仅如此，在一般日常消费品流通领域，由于县域流通技术水平不高、流通信息不畅，商业信息难以有效传递，导致产品滞销；而且县域流通企业在信息化过程中，仅仅把电脑作为收银结算工具。因此，必须进一步加大流通技术水平的提升力度，加大流通信息的搜集整理和传递，通过适当渠道把流通信息及时传递给消费者；发挥流通信息化优势，发挥流通技术在商品购进、储存和销售等方面的分析和决策功能，为商业发展提供科学合理的决策判断信息。

（六）规范县域流通秩序，加强农村流通监管

县域商业体系普遍存在着流通秩序混乱、监管乏力等问题。因此，必须下大力气规范和整治县域流通秩序。首先，要加大对假冒伪劣产品的处理力度。县域范围假冒伪劣商品较多，这些假冒伪劣商品在一定程度上危害着县域居民消费质量的提升，损害了县域商业体系的信誉。因此，必须对假冒伪劣产品进行治理。具体可以从政府角度，成立商务执法队伍，接受假冒伪劣产品举报，定期不定期对县域商业企业进行巡查，使假冒伪劣商品无处遁形。其次，要树立典型，对经营合格商品的流通企业进行表彰和奖励，促使这些企业成为县域商业遵守流通秩序的楷模和标兵。最后，要加强对消费者的教育，引导消费者成为聪明的消费者，从聪明的消费者向理智的消费者转变，从理智的消费者向高尚的消费者转变。

参考文献

宋则：《筑牢现代流通体系高质量发展的微观基础》，《中国流通经济》2018 年第 12 期。

王先庆：《新发展格局下现代流通体系建设的战略重心与政策选择——关于现代流通体系理论探索的新框架》，《中国流通经济》2020 第 11 期。

王军华：《新常态下基于县域经济发展的商贸流通现代化探讨》，《商业经济研究》2018 年第 4 期。

张晓林：《乡村振兴战略下的农村物流发展路径研究》，《当代经济管理》2019 年第 4 期。

刘增学、解雪红：《乡村振兴背景下淮滨县现代化农村流通体系的构建》，《南方农业》2021 年第 8 期。

朱海波：《涉农电商减贫机制与未来发展方向》，《农业展望》2018 年第 1 期。

冯勇、陈登峰：《农村电商平台发展现状和趋势分析》，《改革与开放》2020 年第 12 期。

刘承昊：《乡村振兴：电商赋能与地方政府外部供给的困境与对策》，《西北农业大学学报》（社会科学版）2019 年第 4 期。

许应楠：《乡村振兴战略下农村电子商务精准扶贫路径重构——基于协同理论视角》，《商业经济研究》2019 年第 8 期。

杨书焱：《我国农村电商扶贫机制与扶贫效果研究》，《中州学刊》2019 年第 9 期。

杨艳丽：《新型城镇化背景下县域商业体系升级发展研究》，《商业经济研究》2022 年第 2 期。

丁宁、王雪峰：《内部属性、域元质量与零售企业流通创新扩散——以县域中心地市场为例》，《财贸经济》2013 年第 11 期。

产业新城发展篇

Reports on Development of New Industrial City

B.11
产业新城与县域经济创新发展研究

刘 珂 迟萌萌*

摘 要： 在高质量全面建设社会主义现代化国家的进程中，县域经济具有举足轻重的战略地位。由于资源禀赋、产业基础、区位条件等多方面的差异，县域经济发展不均衡不充分的问题日益突出。实施创新驱动发展战略，推进县域经济高质量发展，才能切实解决县域经济发展不平衡不充分的问题，同时加快城乡融合和推进现代化进程。产业新城建设作为一种兼具城市功能和产业功能的新型城镇化模式，能够发展现代产业、集聚高素质人才和都市商业，培育、提升、创新区域产业链条和优化区域产业结构，进而推动县域经济创新发展。

关键词： 县域经济 产业新城 城乡融合 新型城镇化

* 刘珂，博士，郑州轻工业大学经济与管理学院教授，硕士研究生导师，研究方向为产业政策与区域发展；迟萌萌，郑州轻工业大学经济与管理学院硕士研究生。

县域作为城乡重要融合点、区域协调发展主要载体，其发展对于推动乡村振兴、加快经济高质量发展、促进新型城镇化具有重要意义。县域经济是国民经济的重要组成部分，《2022 中国县域经济百强研究》显示，2021 年全国县域经济占国民生产总值的 40%，县域是国民经济高质量发展不可忽略的发力点。但受到当地资源禀赋、产业基础限制，我国县域经济创新发展存在诸多难题，如基础设施不足、资源整合低效、县域人才就业不充分、产业层次低等。如何推进县域现代化进程成为县域经济发展的重要课题。在新的发展阶段，县域经济进入提速换挡、深度转型的关键时期，加快实施创新驱动发展战略，促进县域经济创新发展迫在眉睫。产业新城作为以产兴城的新型城镇化发展模式，是连接乡村和城镇的重要枢纽，是三次产业融合发展的重要推动力，为县域创新提供了新思路。根据当地的区位条件、产业基础，依托优质自然资源、地理位置选取适宜的地区开发建设的各类产业园区，借助资源要素集聚、功能多样、技术高端、设计前沿等优势引领创新要素集聚，以产兴城，产城融合，从而产生辐射带动效应，拉动当地产业转型升级，提升资源要素整合能力，拓展县域城市功能，补齐县域经济短板，推动县域经济创新发展。

一　县域经济创新发展现状

近年来，各级政府准确把握新发展阶段，抢抓新发展机遇，深入贯彻新发展理念，主动参与构建及融入新发展格局，以推动高质量发展为主题，以深化供给侧结构性改革为主线，以改革创新为动力，找准“农业稳县”“特色立县”“工业强县”“服务业兴县”“城乡融合惠县”“生态美县”等着力点，不断探索走出产业支撑强、城乡融合优、改革动力足的创新发展路径。

（一）制度创新不断推进

制度创新是县域经济创新发展的前提，党的十九大正式提出的乡村振兴战略极大缓解了乡村发展不平衡不充分的“症状”。党的二十大以来，中央多次强调创新在我国现代化建设全局中的核心地位，各地积极实行以创新为引领的乡村振兴战略，从土地、金融、财政方面不断完善县域制度创新板块："三权分置"改革是继家庭联产承包责任制后的再次农村土地改革，以实行所有权、承包权、经营权分置并行为内涵，以放活经营权为核心，提高土地资源利用率；为响应 2022 年中央一号文件强调的"乡村振兴金融服务"，多个县域在金融服务上推行"按揭农业"模式，鼓励经营主体开发新型农业项目；财政支持方面建立新型职业农民登记制度，赋予农民职业化身份，在技术推广、创业创新方面提供补贴支持。同时，国家税务总局持续加码企业研发费用加计扣除优惠力度，制造业、科技型中小企业研发费用加计扣除比例由 75%提高到 100%，激发企业创新活力。在营商环境方面，"放管服"改革推进政府由管理型向服务型角色转变，优化营商环境，为市场主体松绑减负。

（二）农业现代化进程不断加快

农业现代化是解决"三农"问题的重要突破口，也是县域产业转型升级的发力点。2021 年 11 月中央出台的《关于全面推进乡村振兴加快农业农村现代化的意见》指出，到 2025 年，农业农村现代化取得重要进展，农业基础设施现代化迈上新台阶。各地政府积极贯彻落实意见精神，多措并举推进农业农村现代化，针对县域农业进行数字赋能、科技赋能和服务业融合。通过逐步推进"互联网+""智慧+"现代农业进程，在县域内建立大数据云平台，鼓励对农业生产进行数字化改造，不断发展数字农业、智慧农业。农业机械化率不断提高，高端农机装备持续研发、投入生产并拓展不同场景的应用，鼓励"全程机械化"的新兴农机模式，多个县域积极建设畜牧、水产、种植等类型的大规模生产基地，利用现代化技术设备维持运营。另外，为农业提供农机作业、农产品加工、销售运营等服务的"农业生产性服务业"不断涌现，其核心是将农业和信息技术相结合，在县域内建立起采集、仓储、物流中心以延长产业链、拓展价值链，新型服务业态成为县域经济创新发展的主要引擎。

（三）产业结构持续优化

产业结构优化是实现经济高质量发展的重要路径。《全国乡村产业发展规划（2020~2025 年）》提出："以一二三产业融合发展为路径，注重产业融合，发展二三产业，延伸产业链条。"近年来，各地开始注重产业结构优化升级，统筹县域内资源与产业，在发展二三产业、融合第三产业上做出多种尝试和探索。比如，县域的农产品加工企业，包括家庭农场、农村合作社等类型小微企业和农产品深加工的大型企业，通过初级农产品加工、物流、销售过程增加产品附加值，延伸产业链前端种植业、延伸后端物流运输服务业。又如，兴起的以拓展农业功能、发掘乡村价值为主题的乡村休闲旅游、文化创意、研学参观产业，深入拓展第三产业，促进农业供给侧结构性改革。再如，湖北省潜江市打造出的"虾稻共作"模式，将以小龙虾和稻田养殖业为主的第一产业、以原料加工业为主的第二产业、以餐饮服务为主的第三产业融合，通过提高资源要素利用率拉动经济增长。

（四）以人为本的城镇化进程不断加快

以人民为中心的发展思想是我国经济发展的根本立场。党的二十大报告指出："推进以人为核心的新型城镇化，坚持人民城市人民建、人民城市为人民。"县域为了更好满足人民美好生活需求，不断提高县域的规划、治理、服务水平。更加注重战略规划，优化村庄空间布局，在农业生产、生态保护、产业定位上统筹发展，对县域内资源、配置、设施进行一体规划。县域治理体系愈发成熟，同时，法治建设蹄疾步稳，法治保障不断加强，通过开展普法活动普及民众法律教育，通过安排调解委员会解决矛盾纠纷。县域加快推进"城乡基本公共服务均等化"进程，公共服务资源覆盖至乡村。医疗卫生、社区服务、环境绿化逐步完善，破解县域公共服务难题，打通"最后一公里"。"小夜校""背篼图书馆"等文化服务也开始出现在群众视野中，提高县域人民文化素养，满足不同层次居民文化需求。

（五）创新要素加速集聚

创新要素是县域形成创新生态系统的活力源泉。县域积极引导人才、技术、信息等创新要素集聚，促进经济高效、高质量发展。以住房补贴、创业补贴、税费减免等优惠政策为指引，以乡情、乡愁为纽带，吸引城镇人才返乡、留乡，同时加强产学研合作，构建科研机构、高校、企业主体协同体系，搭建研究中心、合作平台、联合体以保持人才链的深度融合。在引进技术方面，县域打通城乡技术流通渠道，将城镇高新技术下沉至当地企业，并组建技术创新联盟，设立创业园、创业基地，实施关键技术攻关研发，鼓励体系内资源共享。信息资源对县域创新发展有着举足轻重的作用，采用通信和计算机技术，通过建造数字信息平台方式对市场、人力资源、交易等信息进行收集、处理和整合，从而打破信息壁垒。县域内资源要素高速集聚推动形成新的产业生态。

二　县域经济创新发展中存在的问题

当前，县域积极贯彻落实党的二十大报告提出的加快实施创新驱动发展战略，在长期实践中取得重要进展，取得累累硕果。但在推进乡村振兴的过程中，县域经济存在基础设施不完善、产业层次低、城乡要素流通困难等问题，制约县域经济创新发展的速度和质量。

（一）产业规划的科学性有待进一步提升

科学的规划是实现县域经济创新发展的先决条件。地方政府在进行产业规划时，对于县域经济发展、产业定位、协调发展等方面尚缺乏系统思考，在政绩观的诱导下，盲目攀比，缺乏长远而统一的建设规划，一味追求空间和规模的扩大，致使产业建设过程中出现了很多“面子工程”，忽略了县域的承载力，导致县域的基础设施建设跟不上城镇的快速发展，忽视了县域的社会利益和长期利益，从而造成产业规划内容不够详细、特色不够突出，与空间规划的衔接存在矛盾。特别是在某些旧城改造中，由于开发商追求利益最大化，开发强度远超原有规定，县域承载力遭到严重破坏，这也使得县域很难为产业创新发展提供清晰思路，为重大产业项目的落地实施提供保障。

（二）基础设施不完善

县域基础设施落后已经成为县域经济创新发展的障碍，一些地方对县域基础设施建设投入不足，导致包括县城内的县域道路、教育、医疗、数字等基础设施建设滞后、更新缓慢，加上很多县域财政紧张，对基础设施维护不到位现象普遍存在。随着数字化时代的到来，人们对基础设施的需求重心逐渐转移到通信方面，县域创新基础设施主要是指基于新一代信息技术演化生成的基础设施，如以 5G、物联网、工业互联网、卫星互联网为代表的通信网络基础设施。从整体上说，相比城镇科技的高速发展，县域信息化应用水平落后于实际需求，信息技术的潜能尚未得到充分挖掘，并且在部分领域和地区应用效果不明显，没有充分发挥信息化应有的效益，需求和供给之间存在矛盾。

（三）产业结构有待优化升级

一方面，第一产业面临竞争力不足、资源利用不合理的双重困境。县域尚未形成品牌化、多元化的产业和市场化、规模化特色产业集群，规模化的现代化企业多集中在城市，县域内的大型集团数量少，难以带动经济快速发展。某些以林业、渔业为主导产业的县域过度开发利用本地自然资源，“坐吃山空”的生产模式并非长远之计，在影响经济健康发展的同时制约产业转型。

另一方面，县域第二产业增长乏力，产业基础薄弱。虽然 2022 年百强县域中个别县域第二产业占比超 70%，但是多数县域第二产业仍不发达，处于价值链中低端位置和工业化初级阶段，以简单加工为主的产业链条纵向延伸不足、横向拓展单一、产品附加值不高。加之县域第三产业占比较低，对第一产业和第二产业的拉动作用有限，产业结构亟须优化升级。

（四）招商引资效果欠佳

当前，各地为促进经济增长，多措并举加大招商引资力度。招商引资涉及面广，专业性强，招商人员不但要熟悉经济形势、产业导向、行业规划、优惠政策等，还要有谈判策略、技巧。但目前“招商局”挂靠在商务局，招商人员临时组合，工作阶段性特征明显，部门之间的配合协调不够，难以发挥“大招商”效应。另外，县域层面政府工作人员对招商引资意义认识不够深刻，其工作目标更多的是考核任务的完成，且绩效考核的标准主要是招商引资数量，因此陷入了一种怪圈：盲目圈一块地，设定为开发区，然后动员和督导干部去招商引资，虽然花费了大量的资金和精力，但最终招商引资质量却不高，效果微乎其微。整体营商环境欠佳的县域，产业升级、经济发展缺乏活力，使得很多投资创业者望而却步，导致县域投资短缺，融资来源不足。

（五）城乡创新要素双向流动存在障碍

随着我国工业化、城镇化进程的加快，政府治理重心向城市倾斜，政策偏向于给城市建设提供支持，在资源有限的条件下为了保持城镇良好发展，农村的优质资源和要素不断向城市单向转移，乡村和县域长期扮演着“输出”的角色。加上城市规模不断扩大，虹吸效应愈发明显，农村和县域出现“空心化”“失血”现象，而农村又由于条件落后无法完全吸收外来资源，导致恶性循环。这种单向流动模式不仅影响县域经济创新发展，城乡发展不均衡、城乡差距大的问题也更加突出。我国工业化、城镇化的快速发展吸引大量人才、资金涌入城市，加之县域存在资源配置失衡、基础设施不完善、公共服务滞后、现代化进程落后等现象，对人口和金融资本的吸引力严重不足，人才流失、资金匮乏的困扰始终未被消除。在开启全面建设社会主义现代化国家的新征程上，县乡被“掏空”的问题需要彻底解决，城乡要素流动的障碍壁垒需要全力破除。

三　产业新城助力县域经济创新发展机理

产业新城为县域经济创新发展提供了新思路，也是我国县域经济实现高质量发展的重要依托。产业新城作为县域经济发展的平台和载体，其有效解决了县域在产业布局、基础设施、产业结构、招商引资、要素流动上存在的难题，有利于县域人才、技术、资金等关键要素的集聚，为县域经济创新发展赋能。

（一）科学的产业规划引领县域产业创新布局

产业新城项目在实施之前需要专业的团队进行规划，这些专业的团队是由相关领域的专家组成的，具有较强的专业知识，在经过团队深入调研、认真研究的基础上，因地制宜地制定适合本县域经济发展的产业规划，确定主导产业和支柱产业。采用这种方式确定的产业发展规划，减少了县域产业发展的协调问题，不仅能紧跟国际经济发展形势，走在产业发展的前端，同时结合当地的基础设施、产业政策、自然禀赋、资源优势等进行发展，找寻相宜的产业模式，以处于产业价值链核心环节的产业作为重点培育对象，有利于产业集群的培育与发展，资源配置得到优化，资源利用效率得到提升。例如，嘉善县凭借地理优势，一方面借助上海自贸区嘉善项目的契机，大力引入软件信息、科技研发等高端产业；另一方面结合本地外贸服装产业较为发达的基础优势，引进电子商务平台、营销服务等相关配套项目，成功推动传统产业升级改造。产业新城自我规划的优势完美地解决了县域经济缺乏顶层设计问题，为县域产业科学布局提供科学引领。

（二）完备的基础设施补齐县域经济短板

产业新城注重打造良好的服务环境，为整个区域提供基础设施服务，包括供水供电、交通管理、绿化装点、污水处理、市政设施等，通过配备优质的基础设备来满足入驻企业的生产运营需求，同时在居民区周边设立医院、学校、基站，满足居民的日常生活需求，智慧教育、智慧医疗、智慧服务新形态不断注入新城建设，为县域居民衣食住行提供便利。

产业新城良好的基础设施条件为县域技术创新和产业升级创造了有利条件，越来越多的县域企业尝试利用大数据，将新技术、新应用融入企业的生产链条中，孵化出前沿的产品与服务，同时产生显著的辐射作用带动整体县域数字化创新发展。

（三）产业结构高级化为县域经济创新发展赋能

产业新城围绕“以产兴城、以城带产”发展理念，以产业为先导，根据县域产业基础不断引入战略新兴产业，带动县域产业转型升级。产业新城采用多种方式对创新资源进行整合、加快创新要素集聚，助推三次产业融合，通过产业集聚、产业转型升级促进农业、加工业与服务业融合发展，为县域经济增添活力。

产业新城从三个方面对县域经济创新发展产生影响。一是拉动消费升级。产业新城引导三次产业融合，着力打造娱乐服务、文旅融合，推动居民消费从生存型消费向享受型、发展型消费转变，拉动多层次的消费需求。二是促进产业协同。产业新城通过新环境、新业态，围绕主导产业建设形成县域特色的产业集群，集群中的企业共享创新要素资源，由产业集聚产生协同作用，从而产生规模经济效应、市场集聚效应、创新涌现效应和品牌效应，引领区域经济发展。三是促进经贸往来。以“一带一路”沿线产业新城为例，通过建设经贸产业园区促使新城中的企业“引进来、走出去”，为县域国际贸易提供重要平台，推动县域与各国企业加强经贸投资合作，增强县域经济的外向度。

（四）新的招商引资模式为县域经济增加新动能

产业新城具有较成熟的招商引资渠道，园区土地完成基本开发后，通过专业搭建的招商平台体系开展县域招商引资工作，平台面向两个主体：招商部门和投资者，相关部门在平台上公开发布招商信息，投资者通过列示的公告对项目详细了解，除了线下开展发布会、展会、招商会进行宣传，当前新城以线上招商引资为主，多采用县域官网、公众号、App 等方式对线下招商作进一步补充，不仅减少了交易双方的信息获取成本，还大大提高了区域知名度，对县域经济创新产生正面促进作用。另外，产业新城积极借助政府力量推动区域招商引资工作，为传统的县域招商引资提供参考和范例。近些年来，公私合作 PPP 项目（Public-Private-Partnership，PPP）逐渐应用于产业新城，由地方政府和社会资本共同负责城镇开发，合作的公私双方实施“政府主导、企业运作、协作共赢”的运营方式。政府通过财政补贴、股本投入、贷款优惠等方式招标社会资本，社会资本对城镇化建设的投融资、建设和运营负责。同时，政府和社会资本签订项目合同，就城镇化过程中需要实现的落地投资额、产业招商引资、园区服务和税收增长制定预期目标。待完成合同考核目标，地方政府按照承诺的成本补偿方式、使用增量财政收入对社会资本支付投资回报。PPP 模式通过政府与社会资本在公共领域建立的合作关系，弥补地方政府事权多、财力少所形成的投融资缺口，并提高供给效率。

（五）多要素流动为县域经济注入新活力

产业新城是促进城乡要素流动、打破城乡二元结构、消解“虹吸效应”的重要阵地，是将城镇和县域在空间和产业上连接的有效载体，其自身携带的天然桥梁和资源通道属性使之成为城乡融合的关键枢纽，通过较高的创新势能和产业集聚优势扭转城乡要素单向流动的局面，促进城乡要素双向流动。在土地要素流动上，产业新城在引进新业态、新产业之前，对工业用地、商业用地、居住用地进行全局性、系统性、战略性合理规划，在规划未开发土地的同时整合改造低效率用地，其建设用地具有的综合开发、绿色经济、需求多元的特征使得土地利用效率大幅提升；在人才要素流动上，产业新城不仅注重产业建设，更重视人文关怀，秉持高端发展、数字运营、舒适宜居理念，打造先进产业、智慧城市、多功能社区，通过充足的就业机会、完善的城市功能、齐全的配套设施、优质的公共服务促进人口流动，吸引人才集聚。在资金要素流动上，产业新城在项目建设初期，为筹措大量资金，与银行、信托公司、农村信用合作社等金融机构密切合作，同时吸收更多的社会资本和城镇项目加入投资和扩建，这种融资方式不仅减轻县域财政负担，加速城乡间资金流动，还为区域资金来源提供坚实保障。

四　产业新城促进县域经济创新发展的具体路径

（一）创新产业新城顶层设计

规划先行是县域经济发展的关键。产业新城作为县域经济高质量发展的重要载体，在产业规划时要把功能定位、产业布局、空间优化放到县域、全国和全球发展的战略全局中进行考虑，立足县域产业体系，突破行政区划的局限，寻找比较优势和发展机遇，强化区域间的分工协作，优势互补，因地制宜，错位发展。

在功能定位上，产业新城应根据当地基础条件、特色产业和未来发展潜力明确自身功能定位，发挥产业集群中龙头骨干带头作用，形成特色鲜明的产业示范区，引领县域在更大范围、更高层次上获得竞争优势，促进县域经济高质量、可持续的进步和发展。

在产业布局上，各级政府要从经济发展战略、产业基础、资源禀赋等方面综合考虑，谋划产业新城发展战略，统筹优化产业结构和产业布局，明确优势主导产业和战略性新兴产业，同时引进引领性强、带动性大、示范性好的产业项目。

在空间优化上，要持续关注县域居民对生产、生活和生态的需求变化。产业新城在进行工业布局的同时，必须注重安排居民生活、生态空间，建造符合现代化需求的产业新城，保障县域经济在新发展格局下实现高质量发展。

（二）强化产业新城的数字化引领作用

在数字经济背景下，充分发挥产业新城在数字化建设方面的示范带动作用，加快数字化基础设施在产业新城的渗透速度，完善通信技术网络布局，加大互联网设施、通信网络等基础设施开发力度，打造装备齐全、设施完备的新型数字化场地，充分发挥数字赋能作用，助力产业新城与新兴数字技术深度协同融合，为经济增长开辟新的赛道。

深化互联网设施在农业、工业以及服务业方面的应用。在制造业生产线上的各个环节嵌入先进数字设备，重点发挥龙头企业的新技术开发、整合、创新等优势，加强集群内设施联通，通过数字设备对生产流程和生产工艺进行改造，从而引领产业链上其他企业加速发展数字技术，促进产业转型升级；提升农业数字化的融合程度，以“互联网+”农业为引领，大力发展智慧农业，利用数字设备发展农产品个性化定制和柔性化生产，推动大数据、区块链、人工智能等技术在生产、加工、销售、物流等环节的深度应用。以建设国家数字服务出口为契机，推动金融、商贸、物流等服务业数字化转型，建设高质量、高效率的现代服务系统。

（三）持续推进县域一二三产业融合创新

在产业新城的整体规划上，要立足县域资源禀赋、产业基础，构建一二三产业融合发展的产业体系，聚焦核心主导产业，培育优势产业示范区，建立竞争优势，增强经济活力。一方面，产业新城应全力扩张全产业链条，通过培育优良新品种推动产业链纵向多元化；通过设置研发、批量播种、农产品加工、上下游分销、物流运输、零售、售后服务等环节将农产品生产前、中、后时期紧密链接，推动产业链横向一体化，形成深度融合、规模较大的产业集群。另一方面，产业新城应在不破坏生态环境的前提下，基于当地山水风光、地理位置、气候条件开发以田园采摘、小镇观光、避暑度假为特色的观光旅游业，同时通过开设农家乐、创意农业、体验农业等乡村服务业推出带有乡土特色的加工文创农产品，将农业、加工业、旅游业联系在一起，从而实现县域的一二三产业有效融合，完成县域经济价值和生态价值的有机融合，为县域经济创新发展提供动力。

（四）创新招商引资模式

进一步创新产业新城招商引资模式，形成良好的示范效应。认真优化产业新城招商引资平台，保障后台平稳运行。发展多方式多渠道招商，利用科技招商、学术招商、媒体招商、社群招商等方式丰富产业新城招商内容。对招商队伍进行系统化培训，提升职员工作素养以及专业能力，使他们不仅能够掌握各种技巧方法，还能结合市场发展状况制定合理的招商方案。创新绩效考核方式，重新设立工作标准，将重心从招商引资数量转变为招商引资质量，全程跟进项目进度，在商谈、签订合同、开发建设、落实等各个环节提供优质服务，将后期商业建设效果、经济增长状态也同样划入招商部门考核系统。采用“以商引商”手段，树立起县域产业新城良好口碑，及时解决投资者在项目建设过程中遇到的难题，关心商户发展，为他们创业工作提供舒适的环境，让投资者从中受益，成为县域招商的“代言人”，从而主动吸引关联企业持续投资，以产业新城高质量招商引资优化县域营商环境，拉动经济增长。

（五）畅通城乡创新要素流动渠道

统筹产业新城建设与乡村振兴战略，推动城乡一体化，构建以城带乡、以工补农、城乡互补的新格局，畅通技术、人才、资金等创新资源要素双向流动。产业新城要集聚生产要素，着力构建为创新密集型企业和高端创业者提供生产子系统、制度子系统、社群子系统、平台子系统、创新子系统融合共生的全方位产业生态系统。首先，产业新城应完成由住宅开发和规模化生产向技术开发和个性化研发的功能转化，学习运用城镇新技术、新工艺，购进新材料、新设备，为县域持续“换血”。其次，产业新城可以与城镇中企业、高校和研究院所开展产学研合作，从而为培养新型职业农民、农业经营管理人员和县域农业发展规划人员提供源源不断的人才输入，同时发挥创新人才流动产生区域创新增长极促进县域经济发展微观机制作用。最后，建立城乡创新专项基金，对有发展前景的策划、研究、研发拨款补助，把更多的城镇金融资源引流至产业新城创新研发当中；鼓励银行以入股的方式与产业新城资金系统形成合作，入股后进县入户，解决金融服务网点少的问题。

参考文献

朱战辉：《产业转移背景下中西部县域经济发展路径》，《山西农业大学学报》（社会科学版）2023 年第 2 期。

王双：《乡村振兴与县域经济高质量发展的耦合协调关系研究》，《新经济》2023 年第 1 期。

杜志雄：《坚持城乡融合，推动县域经济高质量发展》，《农业经济与管理》2022 年第 6 期。

金东：《城乡融合背景下河南县域经济高质量发展研究》，《中共郑州市委党校学报》2022 年第 5 期。

斯丽娟、曹昊煜：《县域经济推动高质量乡村振兴：历史演进、双重逻辑与实现路径》，《武汉大学学报》（哲学社会科学版）2022 年第 5 期。

刘剑平、夏换：《数字经济时代县域经济创新发展之路》，《中国经贸导刊（中）》2021 年第 6 期。

B.12
产业新城与县域经济协调发展研究

王曼曼*

摘　要： 产业新城是一种城镇综合开发的新形态与模式，其主要标志是“产城融合”，它是县域经济发展、产业调整和升级的重要空间集聚形式，其通过集聚创新资源、培育新兴产业、推动城市化建设、产业结构演化和集聚经济效应，在推动县域经济发展与建设进程中能够起到关键作用。本研究从产业新城和县域经济的互动作用及两者间所存在的矛盾作为切入点，提出产业新城与县域经济协调发展的优化对策：以县域特色为基础增强协调发展的内生动力，推进地方产业集群化联动发展，联合推进产业新城建设和县域经济增长方式变革，推动新旧城区协同发展，为推动产业新城与县域经济高质量协调发展提供决策参考。

关键词： 产业新城　县域经济　产城融合

县域经济对乡村振兴等重大国家战略的落实具有相当大的影响，并且还直接关涉其自身的转型升级，可以说它是不可或缺的基层经济主体。产业新城是县域经济非封闭式发展的重要平台及媒介，不但有助于吸引此前封闭发展形势下紧缺的诸多重要发展要素，如技术、人才、资金等，更为关键的是产业新城可以在一定意义及更大范畴内与外部市场系统相融合。目前，国内的产业新城与县域经济和谐发展过程中呈现两大重要特点。一是都市圈化，

---

* 王曼曼，博士，郑州轻工业大学经济与管理学院讲师，研究方向为绿色技术创新与管理。

由于政府相继提出了诸多重要发展战略，如“积极推动发展现代化都市圈”“全面深层次助推城市群发展”等，产业发展吸引人口逐渐流向都市圈。二是产业协同发展，众多县域经济体汇集于都市圈核心周围，而作为乡镇与城市区域间的重要连接点，县级城市是推进新型城镇化的强大动力。作为一种新发展模式，产业新城所蕴含的思路、经验及实施方法，能够给予相当多处于初始阶段的城镇化、工业化县域经济以重要的参考价值，而这些县域经济最为鲜明的特征是初级化特点明显且产业结构相对封闭，可以积极借鉴产业新城发展模式。因此，我国县域经济在原有发展的过程中，更加注重与产业新城的协调发展。但是，县域经济自身发展存在的不平衡性，对县域总体经济发展的协调性具有直接性的影响，而县域经济发展失衡主要涵盖县域自身垂直方向的不平衡、各县域间横向的不平衡，这将造成产业新城自身很难切实发挥其协调县域经济发展的作用，进而对县域经济总体发展水平及品质造成影响，这同样是目前底层经济发展进程中需积极应对的问题。本研究从产业新城与县域经济协调发展过程中存在的问题入手，探讨产业新城和县域经济和谐发展的关系，进而提出推动二者协调发展的应对之策。

一　产业新城与县域经济的相互关系

近些年，在国家出台的相关政策中，针对新型城镇化发展、培养发展现代都市圈、助推产业升级、城市与乡村融合发展等问题的推进工作上，都给予社会资本力量参与的重要作用以充分关注。产城互动同样在一定程度上增强了城市拓展和现代产业发展的内在关联，进而产生了各个方面的发展效应。产业新城与县域经济协调发展的相互作用机理具体如下。

（一）产业新城对县域经济的影响

产业新城促进县域经济增长与协调发展的内在经济机理在于产业新城所产生的集聚效应、关联效应和专业化效应。

第一，产业新城的集聚经济、产业园区带动县域经济发展。产业新城的集聚效应缘于产业活动在既定空间集聚的双重力量，集聚县域空间资源和产业优势的吸引力量以及限制不协调的产业经济活动并使其远离特定产业空间而分散出去的排斥力量。集聚效应能够实现集聚经济效益，包括产业在特定区域内基于空间、资源的集中和相互间的支撑互补而带来显著的经济效益提升或成本节约。比如，某县域某一特色农产品可以通过产业链条的横向关联，把与其前向关联和后向关联的企业进行集聚，形成专业化、规模化、特色化的，集农产品生产、加工、销售、服务于一体的地方产业园区。在产业园区形成过程中，还会对该县域的劳动力和资本产生一个导向作用，使当地那些不适应这一产业的企业或者生产活动受到限制或者转向其他产业，有利于同类企业的空间集聚和资源集聚，形成本区域在国内外市场上有竞争优势的特色农产品加工企业集群，进而提升县域经济效益。

第二，产业新城的实质是一种规模经济发展模式，将形成区域经济极化效果，并伴随着产业规模的扩展而形成关联效应。当一个县域有了产业集聚后，该县域的劳动力、资源、资本都将因为产业的发展而快速集聚，这必然会带动与产业集群有关联的相关产业、辅助产业、配套产业及服务行业的产生与集聚。随着产业新城的持续发展，民众的经济活动逐渐向城镇区域集聚，这就在一定程度上推动了生产的专业协作及细化分工，同时提升了工业生产效率。此外，第三产业的迅猛发展、经济结构的深入优化及产业新城规模持续扩大，将逐步促生规模经济效应。如不同行业分享共同的投入品，包括金融服务、公共物品等；各行业平台之间的前后关联效应，即先前集中在该县域的某行业为另一个行业提供了巨大的市场，以及先前集中在该县域的某行业的企业能够为另外的行业提供更好的生产投入品和消费品。随着大量企业的集聚，核心产业之外的关联性行业产业也迅速发展，为集聚产业进行辅助性产品的生产，这比各个产业单独自行生产更为经济和专业化。正是由于关联效应的存在，才保障了产业新城对于县域经济协调发展的动力。

第三，产业新城内各相关企业的连接集聚是以地理空间上的交互关联和共同互补为特征，以产业的专业化为纽带，以增强市场竞争优势为目标。因此，产业新城是在高度专业化基础上由中小企业集聚而成的柔性生产联合体，其形成与发展缘于生产分工与专业化。一方面，是生产分工与专业化催生了产业集聚。产业经济发展过程决定了上游产业主体与关联的下游行业主体因为关联密切的产业链、供应链、创新链、技术链等耦合而紧密联系在一起，形成产业集聚。另一方面，产业集聚在一起，又进一步加速了生产分工与专业化发展程度。产业的集聚必然导致市场竞争的加剧，为了在市场竞争中占据优势，产业新城会主动进行产业的转型升级，优化调整产业结构，向品牌化和专业化转变，找到适合本县域的分工与专业化角色，形成本区域特有的竞争优势，实现县域经济高质量快速提升，融入区域经济一体化中。

（二）县域经济对产业新城的影响

首先，催化形成产业新城的根基就是县域经济发展。在我国，县域经济最为根基且关键的构成要素是农业，农业生产不但能够给予人类生存及发展以作为基础的物质条件，并且能够为工业生产提供原料基础。县域经济的不断发展，在一定程度上将持续提升农业生产效率，推动农业生产现代化不断深入，并且提升农民收入水平。因此，县域经济的发展是推动产业新城建设与农村经济发展的重要基础。

其次，县域经济的健康发展是产业新城的根本动力和催化剂。县域经济的发展将势必造成区域范围内诸项生产要素的重新分配，主要是指诸项生产要素逐渐集聚于城镇，而集中的生产同样将造成居住的不断集聚。与此同时，县域经济第三产业的发展能够持续为农村城镇化提供重要动力，伴随县域工业持续发展与县域农业产业化程度不断深化，这在客观上需要第三产业持续迅速发展进而更好地满足各种与生活及生产相关的配套服务需要。此外，这同样有助于为农村地区剩余劳动力带来丰富的就业岗位，而农民收入水准的持续提升则将创造更多的市场需求，县域经济发展和产业新城建设将形成一个良性的互动循环。

最后，县域产业集群化是加快产业新城发展的重要支撑。第一，县域经济竞争力的增强得益于各个地区特色经济的发展，这就要求各个地区集中资源积极推动优势产业发展，同时特色产业集群化则是县域经济发展的重要选择，这样不但能够提升县域经济的市场竞争优势，还可以有力吸引乡村剩余劳动力从乡村加速向工业园及城镇转移，进而有力助推产业新城建设发展。第二，县域产业集群化能够给予产业新城建设以自给保障。第三，县域产业集群化同样有利于助推农业产业化不断深化，进而形成农业规模效益。第四，县域产业集群化有利于提升人力资源质量水平。

二　产业新城与县域经济协调发展的现实困境

目前产业新城与县域经济协调发展过程中面临的问题主要有以下几个方面。

（一）产业发展和城市建设协同发展水准有待提升

“产城融合”是产业新城的关键所在，唯有实现产业和城市相互和谐发展，才能避免产业新城进入常规“地产项目”或者产业园区发展的不良循环。但是，部分产业新城运营商未能精准评判委托区域所具有的产业优势，引入的产业项目难以与地区产业链紧密融合，由于现在内外部环境持续多变所带来的双重影响，产业对新城发展所能提供的支持力度不足，若干新城还长期陷入了招商困境。产业新城运营商通常会选择在建设产业基础设施之外配套住宅项目，从而压缩投资回报周期，还有部分运营商会利用“产业新城”理念进行地产营销，在产业新城发展初始阶段住宅开发销售的创收则占据更多份额，这在相当意义上促使产业新城项目转变为地产项目和工业园区的组合体，同时该模式更加依赖于中心城市的房地产政策与产业发展程度。假如委托期间内中心城市房地产政策出现显著变动或已定土地开发结束，或新城的公共服务与基础设施等相关配套建造比就业人口与入驻公司的提升落后，新建区对城中产业区的人口就无法形成较强的吸引力，那对应的住宅销售收入会降低，造成营运方不能及时回笼投资开展后期营运，继而对新城的长期健康发展造成干扰。

（二）新兴产业与传统产业的接续替代不畅

产业新城若想促进自身的产业发展需增强新兴产业、现有产业与承接产业等方面的耦合协同，促进达成新城和所处县域、都市圈、都市核心城市间、其他新城间的互补协同。因此，产业新城在对相关产业进行择取时，不但需较好地把控当代产业的发展态势与演变规律，利用都市核心城市中相关产业的长项以达成对区域产业链价值的进一步链接，同时还需和自身所处母城的具体发展情况相符合，最大限度地促进现有产业的升级转型，利用新旧产业的高效链接以促进总体县域产业的转型升级，否则就极易引致县域支柱产业间发生鸿沟或断层。具体情况是，中心城市转移到产业新城的产业大部分是也要应对升级转型压力的常规性产业，培育与引入的新兴产业大部分集中在电子信息、生物医药、高端装备等方面。无论是引入新兴产业还是承接中心城市所转移的常规产业，均未更好地创建起和所处县域内现有产业的合作互动机制，因此无法进一步推动现有产业的转型升级，在相应阶段内出现产业新城内部的支柱性产业不能进一步对区域发展给予强力支持及现有产业无力进行转型升级的情况。资源要素分配效率低、产业构架转型升级难度大和新旧产业间存在断档等问题，极易造成委托区域无法清晰地定位自身产业发展和产业支撑能力差的情况，继而对新城的长期良性发展造成干扰。

（三）新城开发与旧城提质的统筹存在困难

产业新城和自身所处县域其他城区间需是互补协同的发展关系。很长一段时间内，国内的城镇化发展战略一般是将更多的资源运用在促进大城市发展之上。对比来讲，小城镇、中小城市由于自身的基础相对偏弱，同时地方政府能力不足，对物、财、人等资源要素并不具备较强的吸引能力，在产业发展上尤其是在公共服务、基础设施等层面有很多的历史欠账，在发展上存在滞后情况。产业新城的发展方式大部分是对处在位置较佳的发展洼地创建起反磁力增长区，而不是对所处县域的老城做相应的升级改造。此种方式对新城来讲具备更强的发展动力，但新城和县域其他城区尤其是老城区之间的相互联系并不密切，资源要素尤其是在优势资源的共享上程度偏低。当前时期，不管是老城或是产业新城均会遭到都市圈核心城市所引发的虹吸效应的干扰，在资源要素整合上特别是高端资源要素的汇集方面能力缺乏。另外，老城区还需应对源自产业新城在人口、产业等层面的相应竞争，因此主城区特别是老城区的转型升级更加艰难，乃至会提高老城区的凋敝速度。

三　产业新城与县域经济协调发展的机理

（一）协调县域城镇化与工业化发展

城镇化需工业化给予基础性动力，工业化需城镇化给予要素支持与媒介平台，双方之间是正向变化关系。另外，产业新城是促进县域经济城镇化与工业化协调发展的积极探索。改革开放之后，产业园区化发展在相应程度上实现了经济与产业规模方面的集聚效应，然而因为没有整体对商业、市政与居住等城市配套服务功能进行考量，长期以来出现了很多“有产无城”的工业园区。此外，部分城市在城镇化发展进程中过于重视为城市民众创建住房与基础设施，忽视产业培育与引入，此种有城无产的城市新区曾在很长时间中变成了鬼城或空城。和城市新区与传统工业园区进行对比，基于都市核心城市创建的产业新城是秉持产城融合的理念，其一，可以主动承接都市圈创新与产业的功能外溢和转移，培养当代产业集群与体系，促进农业人口的就业和非农产业的进一步发展，让新城所处区域可以进一步融合区域外市场体系和区域中的创新链、供应链及产业链。其二，利用高质量的公共服务体系、城市基础设施和其他城市功能来促进产业功能的提高与转型升级，为人与产业发展提供更好的环境，推动城市扩展与产业发展在功能、空间方面的融合与链接，促进县域工业化与城镇化之间进行更好的协同耦合发展。

（二）协调县域土地城镇化与人口城镇化

人口城镇化比土地城镇化速度慢是目前国内城镇化需应对的重点问题。

地少人多是我国的基本国情，土地缺乏使得国内的城镇化发展无法模仿欧美等国的粗放类扩展方式。很长一段时间，城镇在创建开发进程中的无序扩张是依赖过度耗费土地等资源，部分城市在扩张进程中占有了较多的建设用地，利用城市房产开发和“卖地”以维系地方财政开支的不断提高，然而没有集聚足以支持区域发展的人口和产业，城镇建设用地开发速度要比农民市民化速度快很多。产业新城大部分是将较好的生态环境、优越的公共服务、健全的基础设施、充足的就业岗位、现代化的产业体系当作建设开发的标配，目的是通过促进人口流动以获得科学合理的预期，有利于处理县域在城、地、人之间所出现的发展冲突，在区域空间科学扩展时引导人口持续往城镇集聚，促进人口在职业方面完成自农业至非农的变动，在空间方面完成自乡村至城市的移动，在角色方面完成自农民至市民的变动，以高效处理以往土地城镇化进程中所存在的不足，促进人口有序移动和区域空间扩展两重预期的达成，继而提升城镇化品质。

（三）优化城镇体系和城镇空间格局

迈入城镇化发展的中后时期，小中城市和大城市间的发展差异和所造成的问题会集中出现。城镇化的长期健康发展不但需借助“以大带小”把大城市的一些非关键要素与功能往周围区域疏散，同时促进周围区域的进一步发展，还需持续提高小城镇与小中城市在人口和其他要素方面的集聚力、吸引力，继而降低区域中各级别城镇与城乡间的发展差异。产业新城大部分是在超特大城市核心区或都市圈核心城市 30~50 千米的辐射区域内，于便捷交通的链接区域和具备相应发展潜力与基础的小中城市做相应的开发与布局，可以进一步展现自身在空间节点方面所具备的优势，高效承接核心城市的功能外溢与产业转移，推动城乡间、城市间资源要素的进一步沟通融合，提高委托区域整体的承载力。产业新城的发展建设，旨在展现城市网外部性的促进作用，借助共享联通城市服务功能、增强技术溢出与知识扩散、高效促进产业协作和分工等形式，和大城市之间建立更密切的联系。把中小城市的发展需要纳入统一的区域经济体系之中，可以高效降低县域经济发展进程中的交易与匹配成本，同时促进形成将中心城市作为核心、小城镇作为节点和周围小中城市作为中心或节点的网络层次城市体系构架。

（四）缓解城乡二元结构突出矛盾

县域链接着乡村和城市、小城镇和大城市，是村镇之“首”，也是城市之“尾”，可以在承接大城市有利影响的条件下促进乡村区域的进一步发展，是打破城乡二元冲突、促进城市协调发展的关键阵地。新城大部分是将中小城市尤其是都市圈核心城市的外部县域当作空间载体，利用合理的建设与规划，把委托区域中经济发展比较滞后的乡村建设成功能完备、具备自身特点的现代化社区，利用集聚与引入先进的现代化产业体系达成三次产业融合的进一步发展，利用健全的城市配套与大量的岗位促进人口聚集与推动城乡民众的双向流动，不但能够处理农业人口变动在城市民众进程中的适应性问题，促进农业人口就近城镇化，处理半城镇化的难题，同时还可以在城乡间建立互动协调的渠道，将新城创建成为乡村至城市的平缓过渡，促进城市社会文明往乡村扩展和促进乡村社会文明的复兴，拉近乡村和城市在文化、社会、经济等层面的发展差异，继而达成城乡之间的协同发展。

（五）促进政府与市场力量有效结合

城镇化是创建时间长、投资额度极大的工程，只依赖政府达成可持续发展的难度较大。因此，需探寻市场和政府之间最优的链接点，借助改革重塑市场和政府在城镇化进程中的界限与角色，打破政府治理能力缺乏的困境，并提升资源发展品质与分配效率。社会资本参加城镇化创建的 PPP 方式在促进解决城镇化资金不足问题上具备显著优势，可以高效促进县域公共事业供给侧结构性改革。在新城 PPP 方式下，社会资本和政府秉持“政府主导、企业运作、协作共赢”的协作观念，把市场主体的运转效率和地方政府的社会责任进行高效联合，展现整体社会资本所具备的优势，和市场主体在协调市场不同方面关系、给予配套服务与吸纳社会资金等方面的长处，创建社会资本和政府一起参加的投融资制度与开发营运制度，可以进一步发挥自身在新城创建开发进程中的动力与潜力，对政府财政不足进行完善，同时还可以更好地处理招商过程中所存在的引资招商难、政商关系不和谐等相关问题。

四　产业新城与县域经济协调发展的对策

从怀来、固安等产业新城的具体运作情况来看，积极接纳首都经济圈的有利辐射、链接融入首都产业链的细化体系，建立“两头在外、大进大出”的开放类发展方式是县域经济获得较好发展的经验之一。新城在未来创建进程中，需紧抓发展战略，优化城市机制，增强城市功能，展现联动效应，整合创新资源，推动产业新城与县域经济协调可持续发展。

（一）以县域特色为基础增强协调发展的内生动力

产业新城和县域经济主城区间需是互相促进协助的互补关系。充分依托县域经济，充分发挥和利用区域特色和比较优势，利用创建新城行业龙头展现新城自身对县域经济的促进作用。一方面，加快形成优势明显、规模较大、特色鲜明的区域板块经济。立足县域，盘点县域内的矿产资源、工业资源、农业资源、生态资源、文化旅游资源等，根据不同的资源禀赋、地域环境、工业化程度、产业基础和城镇化水平，精选与县域资源相配套、具有市场前景和开发潜力的主导产业和特色产业，不断巩固县域经济繁荣发展的良好态势。另一方面，尽可能培养出一批具备自身特点的产业群，推动市场、生产要素与自身资源的更好分配，主动发展与培养具备县域特征及强大竞争力的品牌产品与支柱性产业。同时，创新新模式、新业态，通过多功能拓展、新技术渗透融合以及城乡产业跨界整合等多元化复合模式，科学制定产业集群发展规划，来促进县域经济协调发展。

（二）推进地方产业集群化联动发展

产业集群的不断发展会造成产业区域布局、构架演变、组织形态与不同产业间联系等方面的根本变化。因此，要把产业新城发展融入县域城乡融合的进程，把产业效益提升与县域的发展规划、社会治理、公共服务及资源配置相协调，使得产业新城内各个产业集群个体之间真正发生价值链与非价值链的联系、正式与非正式联系以及双边与多边联系，形成一个有机的区域产业共同体，共享区域资源，共同创造技术、劳动力和规模经济效应，得到集群以外的公司不能得到的市场营销与生产成本方面的优势。同时，要对产业新城的生产基地化和区域化进行统一布局，把地方产业集群与国家“三区（粮食生产的功能区、重要农产品的保护区和特色农产品的优势区）、三园（现代农业产业园、科技园和创业园）、一体（田园综合体）”等项目相互联结，进行联动发展，形成整体推进的新格局。同时，区县政府需提升对此类产业的扶持力度，包含金融借贷帮扶、税收优惠等，继而为县域经济和产业新城的协调发展提供充分的支持与保障。

（三）联合推进产业新城建设和县域经济增长方式变革

深入推进产业新城建设是县域经济能够进一步发展的长期性动力，需将产业构架调整、变动经济增长形式和产业新城创建更好地联合在一起。经济增长形式的变动重点是借助产业构架的调整完善达成的。国内不同县域在自然条件上存在很大差别，传统文化也有一定差异，县域经济发展需依据自己所拥有的优势特色产业，城镇需成为县域特色产业发展的最关键媒介。当前国内的县域经济产业构架一般都存在滞后情况，需将城镇化发展当作长期性动力，基于城镇产业园区，将规划主体功能区当作导向，进一步完善生态经济运转制度，借助高新设备对传统产业进行升级改造，注重帮扶具备县域特征且同时具有较强带动力与竞争力的新兴战略产业，持续推动先导产业的进一步发展，提高主导产业的综合竞争力，借助新型工业化促进农业产业化的整体发展。鉴于县域经济担负着确保国家粮食安全的责任，因此需确保农业的基础性地位，城镇化发展需提升对耕地的利用与保护程度，更好地促进新农村建设与当代农业的进一步发展。

（四）推动新旧城区协同发展

产业新城需秉持“摆脱新城发展而发展”的观念，增强和所处县域其他村镇和城区之间的联合发展，以防所处县域的发展出现失衡情况。在进行规划设定初期，不但需考量和都市圈核心城市之间的耦合联动，还需对产业新城促进所处县域总体发展的相应效应开展解析评价，整体考量产业新城的公共服务、基础设施、产业甚至城市特色创建等和所处县域的发展更好地链接，和县域其他城区进行协调性的发展。在建设进程中，需秉持先通交通，加快推进通信、水利、能源、交通等相关设施和所处县域核心城区间互通互联的速度，稳步促进新城能源信息、综合管廊、生态廊道等相关设施和老城区当前基础设施网络之间的融合，给新城生活生产给予更加便捷的市政支持。在城市营运管理层面，不但需在老城区和产业新城间构建公共服务体系的一体化制度，促进老城区和新城更好地共享共建优质的公共资源，还需展现产业新城营运商自身所具备的专业性能力，从提高城市功能质量、产业转型升级等层面入手，主动对老城区的改造提质给予更专业性的服务，保证产业新城和老城区之间能够协同发展。

参考文献

易雪琴：《都市圈背景下产业新城发展的逻辑困境与对策》，《长白学刊》2022 年第 4 期。

闫恩虎：《城镇化与县域经济发展的关系研究》，《开发研究》2011 年第 3 期。

于瑜：《河南省壮大地方产业集群 促进县域经济协调发展的路径重构》，《农村 · 农业 · 农民》（B 版）2022 年第 3 期。

郭昭君：《河南省数字经济与县域经济协调发展研究》，《现代营销》（经营版）2020 年第 11 期。

刘勇：《产业新城：县域经济转型发展的新探索》，《区域经济评论》2014 年第 6 期。

于靖园：《产业新城：都市圈时代县域经济发展的助推器》，《小康》2020 年第

25 期。

陈思霞：《产业新城 PPP 项目与县域经济增长》，《财贸经济》2021 年第 4 期。

金三林等：《大力推动县域城镇化进程 助力大中小城市和小城镇协调发展》，《农业经济问题》2022 年第 10 期。

北京大学 PPP 研究中心课题组：《基于县域经济高质量发展视角的产业新城 PPP 模式效能研究》，《中国经济报告》2020 年第 6 期。

B.13
产业新城与县域经济绿色发展研究

薛　龙*

摘　要： 产业新城与县域经济在我国经济社会发展中占据重要地位，推动产业新城与县域经济发展是促进我国经济社会整体发展的基础性工作。然而一些产业新城与县域在注重经济发展的同时，逐步暴露出了一些环境问题。促进产业新城与县域经济的绿色发展是完善我国产业新城与县域经济发展环境的有效方法。本研究围绕产业新城与县域经济绿色发展的现状以及存在的不足提出相应的对策建议：增强产业新城与县域的绿色发展理念意识，健全和完善现有的体制机制，引导产业新城和县域产业朝着绿色化方向发展，建设高质量的专业人才队伍，拓宽产业新城与县域经济绿色发展的融资渠道，完善绿色技术创新体系，希望能为我国经济社会的发展提供参考借鉴。

关键词： 产业新城　县域经济　绿色发展　产城融合

党的十八大以来，以习近平同志为核心的党中央从中国特色社会主义发展的实际出发，总结国内外经济社会发展与生态文明建设的经验教训，对绿色发展理念进行深入讨论，并在党的十八届五中全会上把绿色发展列入我国新发展理念之中。随后，党的十九大指出把绿色发展作为提高生态文明以及建设美丽中国的一项重要工作，倡导大力推动绿色发展。要自觉地推动绿色

* 薛龙，博士，郑州轻工业大学经济与管理学院硕士生导师，研究方向为宏观经济政策与企业行为。

发展、循环发展和低碳发展，绝不能为换取一时的经济利益而以牺牲环境为代价。在党的二十大报告中习近平总书记再次强调："必须要牢固树立和践行绿水青山就是金山银山的理念，站在人与自然和谐共生的高度谋划发展。"而产业新城与县域经济在我国经济社会发展中占据着举足轻重的地位，推动产业新城建设和县域经济的发展是促进我国经济社会全面发展的一项基础性工作。当前产业新城的建设和县域经济的发展，既要以绿色产业为动力，又要兼顾资源以及环境的可持续发展。然而，一些产业新城和县域在注重发展经济的同时逐渐暴露出了一些环境问题，促进产业新城与县域经济的绿色发展作为完善我国经济发展环境的有效措施，必须要深刻领会建设生态文明这一事关中华民族永续发展的根本大计，扎实推进绿色发展，促进人与自然的和谐相处，共建美丽中国。

一　产业新城、县域经济与绿色发展

（一）产业新城

产业新城是基于新型城镇化发展的背景，将人作为产业新城建设的核心，将产业发展作为产业新城建设的基石。作为人本城市的发展哲学，产业新城采取以"产城融合"为主要特征的城市发展创新模式，为我国新型城镇化的发展打造出一种可参考的模板样式。作为新型城镇化的重要载体之一，产业新城已成为推动我国城市化进程、促进经济社会转型升级的重要途径。通过以产兴城、以城带产、产城融合、城乡统筹来实现区域的科学协调发展。同时，政府与社会资本合作（PPP）模式也已经被广泛应用于产业新城的开发建设与运营当中。产业新城作为一种新的城市形态，其规划与建设应充分体现"人本"原则，坚持可持续发展战略，注重资源环境承载力分析，构建绿色低碳系统，促进产业结构转型升级，推进经济社会和谐有序健康发展。产业新城的运营体系主要围绕开发模式、规划建设、招商引资以及运营管理四大板块展开。其中，产业新城的开发是主要依靠地方政府的政策支持，通过企业和政府的联合进行工业用地的连片开发建设；产业新城的规划建设，将绿色产业新城理念应用于合作园区的规划设计当中，不但兼顾了绿色新城的合理开发，同时也实现了合作园区建设达到效益最优化；产业新城的招商引资模式凭借对招商理念的创新，将政府招商转变成为企业合作招商，为企业提供高质量的招商服务，借助企业的业务网络平台，达到招商引资的最终目的；产业新城在运营管理方面打破了以往传统的政府管理模式，采取现代园区的管理模式对合作区域进行规范。通过高标准、高质量的建设和运营，在绿色产业新城开发的核心理念指导下，成为行业的领跑者。

据财政部统计，截至 2022 年 7 月末，全国产业新城 PPP 项目总规模累计有 48 个，产业新城 PPP 项目计划投资总额为 5211.96 亿元。就当前而言，我国大多数产业新城项目还停留在建设摸索阶段，生活配套设施的主要建设目的是满足就业人群的日常生活需求，而设施建设的完备性存在较大的提升空间。伴随着我国产业土地政策的改革，产业发展历经从增量到存量盘活的战略转型时期，而以往粗放式园区扩张模式已经被时代所淘汰。土地和生态资源的日渐稀缺，使土地高效利用已成为未来产业新城建设的必然趋势，产业新城的发展方式也逐步从外延式扩张向创新驱动内涵型转变。从产业新城规划来看，将更注重与各个产业发展之间的相互配合，空间布局偏向于与产业特征相结合来设计，使得以土地为载体的产业活动在空间选择方面更趋于理性。

（二）县域经济

在构建新发展格局、推动经济高质量发展的进程中，县域经济发展存在着广阔的提升空间，丰富的资源、充裕的新生劳动力、较低的生活成本等诸多优势将推动县域经济逐渐成为我国经济增长的主战场，其具体表现在以下几个方面。

首先，发展县域经济，打牢产业基础。县域在我国产业梯度转移中处于末端地位，更是我国制造业基础环节和原料供应的主要集聚地。从发展趋势看，县域经济成本优势显著，正由产业配套承载地走向工业经济主阵地，形成了特色产业，达到集群发展的目的。近年来县域第二产业增加值占全国第二产业增加值的比重已突破40%，县域规模以上的工业企业占全国规模以上工业企业总数的50%，近三成的专精新特“小巨人”企业分布在全国近600个县城。

其次，发展县域经济，促进消费稳投资。县域是中国稳市场、促投资中一股不可忽视的力量。2021年6月，商务部等17个部门印发《关于加强县域商业体系建设促进农村消费的意见》，提出开展县域商业建设活动，以推动国内的大循环发展，全面拉动农村消费。2023年的中央一号文件指出，要扎实推进农村重点领域基础设施建设。伴随着县城建设的提速，全国投资潜力有望释放2万亿元以上。

最后，发展县域经济，建设农业强国。党的二十大报告明确提出要加快推进农业强国建设。我国农业之本在于县域，加快农业强国建设，县域承担着重大责任。借助地方的特色优势资源，稳定粮食生产，发展特色农业。加强农业科技与装备建设，深化农村经济体制改革，实现以农业为主体的一二三产业一体化发展，打造农业全产业链。将产业链主体留在县域，帮助农民在更大范围内共享产业增值带来的益处，从而将现代农业打造成富民强县的产业。

县域经济作为国民经济中最基本的经济单元，常常直接反映出经济的冷暖趋势。目前，我国县域经济的发展并不只是由独立的县城发展构成，而是通过发展地方特色产业，把县城周围的村、乡镇等集聚在一起，来带动周围地区的整体发展。综观2021年我国县域经济发展，即便是面临需求收缩、供给冲击和预期转弱的三重压力，我国县域经济总体上依旧取得了较好的成绩。2021年，400个样本县（市）地区生产总值之和为23.74万亿元，实际同比增长8.42%，比上年回升5.61个百分点，但由于大中城市服务业更大幅度地回升，县域经济回升幅度略小于全国水平。其中，全国百强县（市）地区生产总值之和升至11.33万亿元，占全国的比重达到9.91%，增速达到8.96%，反弹更为强劲。

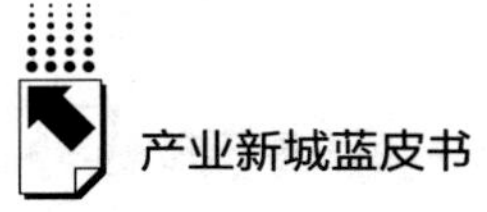

（三）绿色发展

绿色发展理念的提出源于我国生态环境遭受严重破坏的背景，目的是有效缓解城市污染压力并实现资源节约。工业化大规模建设和发展是造成城市环境严重污染、人民身体健康面临严重威胁的主要因素之一。为真正贯彻落实绿色发展理念，既要高度重视人与自然的和谐统一，同时需要通过发展生态经济来引领区域经济的全面发展。绿色发展需要政府和相关部门加强对区域内各个产业的管理，对于公民而言，也需要强化对绿色发展理念的学习，主动改变传统的生产生活方式，着力提高资源在日常生活中的利用效率。

（四）绿色发展对产业新城与县域经济发展的促进作用

首先，绿色发展能够提高产业新城与县域的综合经济实力。推动产业新城和县域经济发展，对我国全面建成小康社会发挥着重要作用。在我国产业新城与县域经济发展进程之中融入绿色发展理念，可以通过整合产业新城以及县域内部的资源来带动当地特色产业的发展。此外，也可以依托特色产业，联动农业、旅游业以及其他产业形成相对完整的产业链。该产业链上包含产业新城与县域的特色产品，其可以拥有更强的竞争优势，而且能够从整体上促进产业新城与县域的全面发展，提升当地的综合经济实力。

其次，绿色发展能够提升产业新城和县域人民生活质量。在绿色发展的背景下，产业新城和县域之间能够形成良性互动机制，从而推动整个区域社会的全面可持续发展。运用绿色发展理念，既可以推动产业新城与县域整体经济的发展，也可以增加当地居民的经济收入。而且产业新城与县域经济发展也让当地政府有了更充足的资金在产业新城与县域的基础设施建设和社会福利上进行投资，切实提高产业新城与县域内人民群众的生活质量，产业新城与县域中社会公平问题将会得到一定程度的解决。

最后，绿色发展能够改善产业新城与县域的生态环境。绿色发展理念要求我们在大力发展经济的同时，既要加强对资源整合和协调的关注，还要更加重视推动当地生态环境保护与可持续发展。因此，通过科学的手段加强对产业结构以及空间布局的合理调整，从而为产业新城与县域生态环境保护提供保障。目前，在我国产业新城与县域经济发展的实践中，城乡一体化对优化产业新城与县域环境起到了至关重要的作用。

二　现阶段我国产业新城与县域经济绿色发展存在的问题

绿色发展作为当前新兴的发展理念之一，带动我国产业新城与县域经济发展再上新台阶，虽然绿色发展已取得一系列重大成就，但在不断向前摸索的过程中，也遇到了如下几个方面的问题，对具体政策的执行和贯彻产生不利影响。

（一）绿色发展理念没有得到完全贯彻落实

虽然绿色发展理念的指导在一定程度上对产业新城与县域经济发展产生了正向的促进作用，但是由于我国产业新城与县域的数量具有大而散的分布特征，并且各个产业新城与县域经济的发展情况存在一定差异，绿色发展理念仍然没有得到完全的贯彻落实。一方面，在绿色发展理念的宣传教育工作中，政府并未实现真正的价值，致使绿色环保意识没有在产业新城与县域内得以广泛普及，绿色发展的理念尚未深入人心；另一方面，由于产业新城与县域缺乏对绿色发展理念应用的足够重视，在经济建设过程中过度追求经济增长而忽视生态保护和资源节约的现象时有发生。

（二）缺少健全完善的发展体制机制

造成绿色发展理念在我国产业新城与县域经济发展中难以取得显著效果的重要原因之一，是我国目前缺乏完善的法律制度加以规范及制约。产业新城与县域经济是伴随着时代进步、经济社会发展逐渐兴起的一种区域经济发展理念，近年来我国为加强生态环境保护工作制定了众多相关的政策法规，但是鲜有运用法律手段把绿色发展理念纳入公众日常生活之中，导致当前我国产业新城与县域内人民对绿色发展理念的认识仍然比较薄弱。

（三）传统产业绿色转型压力较大

当前我国产业新城与县域经济运行的总体情况并不乐观。多数产业新城与县域在发展经济的同时，忽略了对区域内产业结构以及能源结构等方面的理性规划。产业新城与县域内部粗放型的产业发展方式引发了资源浪费、环境污染等问题，致使产业发展难以为继，必然会阻碍产业升级和经济发展。首先，当前产业新城与县域内许多行业的产业链较短、科技含量不高、附加值较低且能源消耗大，仅仅依靠资源或依靠传统加工制造方式，在国内经济低迷、国际经济不振的大环境下，这种发展模式难以持续。其次，由于整体规划不到位，多数产业新城与县域的产业结构简单，出现了严重的同质化现象，导致产能过剩、地区恶性竞争的后果。最后，产业新城与县域对新兴产业的培育能力欠缺。面临现有产业可以通过耗费大量资源、破坏环境的方式来给当地带来 GDP 的状况时，政府和企业等并不愿意为新兴产业因培育与转型所产生的各种风险承担责任。现代服务业和“互联网+”等绿色产业，要想在产业新城与县域地区寻找到生存的土壤是非常困难的。

（四）缺少高质量人才

人才的缺乏直接限制了产业新城与县域经济的绿色发展。目前产业新城与县域内部分人口素质不高，思想陈旧，认为小富即安，对新技术、新方法持抵制态度，在一定程度上阻碍了产业新城与县域经济的绿色发展。此外，产业新城与县域内缺乏熟练掌握管理知识的高质量人才，一些企业在经营管理上采取传统的家族式管理模式，不利于产业新城与县域经济的绿色发展。而产业新城与县域的人力资源观念淡薄，对高层次的科技创新人才以及高级管理人才在经济发展中的重要性认识不足，更不善于运用自身优势引进高质量人才。

（五）绿色发展资金投入不足

当前，产业新城与县域经济的发展大多处于初期阶段，主要依靠我国政策性项目以及招商引资获取发展动力。在政府公共产品供给的高压紧逼下，产业新城与县域的资金储备较低，在绿色发展方面存在严重的投入不足。在产业创新中普遍存在科技含量低、自主研发力度不大，具体表现为自主品牌少、产品附加值低、缺乏终端产品以及高新技术企业。此外，产业新城与县域经济在发展过程中仍然面临着融资渠道不稳定的困境，而产业新城与县域内大多以中小企业为主，难以获得商业银行的信贷支持，农村信用社无法满足企业的贷款需求，资金缺口成为阻碍产业新城与县域经济绿色发展的一大难题。

三　运用绿色发展理念推动我国产业新城与县域经济发展的对策建议

产业新城与县域经济绿色发展要同时兼顾物质利益与环境改善，实现经济与人居环境之间的协同发展。为达到这一目标，首先要解决的是在产业新城与县域经济发展中真正贯彻落实绿色发展理念。为了使绿色发展理念能够对我国产业新城与县域经济发展起到积极的推动作用，可以在以下几个方面加以改进和完善。

（一）增强产业新城与县域的绿色发展理念意识

思想意识是指导人的一切行动的首要力量，发展产业新城与县域经济的各项举措，都需要得到本地区人民的大力支持才能更好地落实下去。由前文分析可知，当前产业新城与县域在经济发展过程中普遍存在绿色发展理念淡薄、认识不足等问题。绿色发展理念既是推动我国产业新城与县域经济环境协同发展的重要基础，在某种程度上也可以为我国建设生态文明发挥推动作用。因此，我们必须要将产业新城与县域作为一个整体来进行考虑，要强化产业新城与县域绿色发展理念意识，最重要的是要提升产业新城与县域当地大众对于生态文明建设和绿色发展的关注度。

要使产业新城与县域当地群众增强对绿色发展理念的认识，首先，要做好绿色发展理念在产业新城与县域经济发展中的作用的宣传教育。将绿色发展理念作为主题进行宣传教育，政府及有关部门应全面借助于现代化媒体形式与装备，拓宽并创新宣传渠道与途径，使宣传工作取得最大成效。此外，还应该充分利用新时代的互联网平台和手段，将绿色发展的理念通过网络传播的形式展示给群众。其次，政府和有关部门要借助学校与各类社会团体在组织教育中的影响力，将绿色发展理念渗透整个教育培训过程之中，从而培养人们的绿色发展和环境保护的观念意识。同时，政府部门也可以利用一些新技术、新工艺等手段来提升产业新城与县域本地人民群众之间的互动交流能力，使他们更好地理解绿色发展的内涵和实质。在宣传教育的过程中，也要对产业新城与县域当地展开深入了解，实地考察当地对绿色发展理念的认识和普及状况，并在此基础上制定出更加适合产业新城与县域的宣传教育模式及举措，使绿色发展理念在产业新城与县域经济发展进程中得以真正贯彻落实。

（二）健全和完善现有的体制机制

法律法规与制度是对人们行为进行有效规范和约束的重要依据。贯彻落实绿色发展理念，既关乎产业新城与县域人民生活的环境质量，而且将极大地影响产业新城与县域经济的可持续发展。把绿色发展理念应用到产业新城和县域经济的发展过程中去，不仅需要根据当地的实际情况制定绿色发展规划，同时也可以把居民针对产业新城与县域经济绿色发展进程中存在的问题提出的建议融入法律法规之中，而且在日后法律法规实施中也要加大违规处罚力度，以此来规范人们的行为。

在我国产业新城与县域经济的发展过程中渗透绿色发展理念，当务之急是要对现行体制机制进行改进与完善。高度关注监管部门对于产业新城与县域经济发展中各种行为的规制，避免在发展产业新城与县域经济时违背绿色发展理念的不良行为出现，降低对当地环境的污染和破坏。

（三）引导产业新城和县域产业朝着绿色化方向发展

现阶段，由于受到经济发展状况的制约，我国产业新城与县域发展表现出较为粗放的发展态势，不仅资源利用率低，难以实现满意的经济效益，而且在产业发展的进程中将会给环境带来极大的污染。根据当前产业新城与县域经济发展现状，引导其朝着绿色化目标发展至关重要，而发展产业新城与县域的绿色化产业第一要务就是要对原有产业结构进行优化调整。

从农业的产业发展现状来看，由于农作物受到化肥、农药等的污染而造成当前农产品质量安全存在严重隐患，极大地阻碍我国产业新城与县域地区农业绿色化发展。在这一形势之下，为了促进农业向绿色化发展，最为重要的是提升现代化农业生产种植技术，降低农作物种植期间化肥与农药的使用量。

从工业的产业发展现状来看，产业新城与县域在确定经济发展规划之前应对当地工业发展状况进行实地考察，通过不断完善本地的工业发展模式来促进传统工业与现代科学技术的有机融合，助力传统工业重新焕发生机活力。此外，还应该加强对新型环保技术与材料在发展过程中的引进与运用，以实现工业发展模式的转变，促进传统工业产业朝着绿色化方向迈进。

从服务业的产业发展现状来看，当前国内多数产业新城与县域地区都可以依托地方丰富的自然资源来开展旅游业，结合地方特色农产品进行农业与电子商务等方面的创新。通过发掘地方特色资源来推动旅游业与电子商务行业绿色化发展，以不断提升自身服务水平。

（四）建设高质量的专业人才队伍

当今社会，高质量人才的培养是各行业能够持续健康向前发展的重要前提。对于国家而言，只有拥有高素质的优秀人才，才能更好地推动整个社会的可持续发展，从而使得人们的生活水平得到有效提升。产业新城与县域经济作为促进我国经济社会发展的重要推动力，其发展有赖于优质人才的支撑。只有在产业新城与县域经济的发展进程中时刻贯彻落实绿色发展理念，才能够达到经济发展和保护环境的双赢目标。随着科学技术水平的不断提升，绿色发展理念对产业新城与县域经济提出了更高标准的建设要求。目前在绿色发展理念指导产业新城与县域经济发展的进程中，由于区域内高质量专业人才的缺失，先进的经济发展模式以及技术设备无法完全发挥效用，成为绿色发展理念难以顺利实施的最大阻碍。高质量的专业人才不仅可以保证产业新城与县域的可持续健康发展，还能为其带来良好的经济效益和社会效益。因此，大力发展产业新城与县域经济，如何建设高质量的专业人才队伍成为亟待解决的问题。

在建设高质量的专业人才队伍时，政府及相关部门可以提升员工的薪资待遇、给予住房补贴或制定购房优惠政策等加大对高质量人才的引进力度。此外，在提高人才福利待遇的同时，建立高质量人才的管理规章制度也是十分重要的，通过制定科学的激励与考核机制，促进高质量的专业人才在推动产业新城与县域经济的发展历程中贡献出更大的力量。

（五）拓宽产业新城与县域经济绿色发展的融资渠道

究其本质，促进产业新城与县域经济发展的根本目的在于改变当地贫穷落后的局面。现阶段我国大多数产业新城与县域经济在发展过程普遍存在融资难、融资贵、融资渠道不稳定的难题，导致三大重点产业农业、工业以及服务业难以实现产业化发展。因此，为促进产业新城与县域经济的绿色发展，当务之急是要拓展两者的融资渠道。首先，政府及相关部门要为产业新城与县域在产业发展方面提供政策支持。通过加强当地基础设施建设和环境治理工作，为产业新城和县域地区的经济发展奠定坚实的基础。其次，银行作为首要选择，在推动产业新城与县域经济发展进程中扮演着重要角色，产业新城与县域地区在确定融资渠道策略时，政府及相关部门应重视协调银行与企业的关系，为企业提供融资便利，带动产业新城与县域地区的经济发展。

（六）完善绿色技术创新体系

绿色发展理念是在现代新型绿色环保技术的基础上提出的，在将这一发展理念落实到我国产业新城与县域经济发展中时，需要注重不断完善绿色技术创新体系。在产业新城与县域地区推广绿色技术应用创新方面，可以从以下两个方面来节约资源、降低成本消耗。一是以现代化的信息手段为辅助，搭建绿色技术合作交流及创新平台，把绿色技术应用于相关产业的创新当中，并在第一时间将发展成果公布给大众，从而为企业之间的技术研发及协作提供更加便捷的条件。二是要加强当地基础设施建设，以促进绿色技术在产业新城与县域经济发展过程中的应用。

四　结论

综上所述，在产业新城与县域经济发展中融入绿色发展理念是切实提升我国产业新城与县域经济发展水平的一项重要举措。从产业新城与县域经济和环境协同发展需求角度出发，要达到促进产业新城与县域经济绿色发展的目的，既要狠抓产业新城与县域经济发展的法律法规建设，同时也要注重培养高质量人才，强化对产业新城与县域经济发展的支持。这样一来，不仅可以大力发展产业新城与县域经济，还可以为产业新城与县域内大众营造适宜的人居环境，促进产业新城与县域经济的可持续发展。

参考文献

郭玉兰：《推动省域绿色发展的路径创新》，《中共山西省委党校学报》2022 年第 5 期。

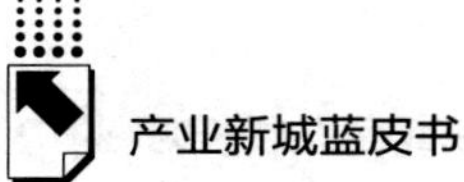

张宇舟：《生态文明建设下县域绿色经济发展策略》，《当代县域经济》2021 年第 1 期。

易雪琴：《都市圈背景下产业新城发展的逻辑、困境与对策》，《长白学刊》2022 年第 4 期。

王文超：《关于城市建设中绿色发展的若干思考》，《建设科技》2022 年第 12 期。

B.14
产业新城与县域经济共享发展研究

李 莉*

摘 要： 产业新城与县域经济共享发展是城乡融合发展进程的逻辑必然，是建设社会主义现代化强国的必经之路。基于共享发展理念，新时代我国产业新城与县域不仅聚焦区域优势和县域特色共筑产业发展基础，还营造优质共享的公共服务增进民生福祉。但是，当前共享发展仍然面临着产业结构衔接及特色资源可持续发展的困境、公共服务投入差距较大的矛盾。以问题为导向，提出实现产业新城与县域经济共享发展应该转型升级产业结构、优化特色产业发展模式、完善社会保障共享机制、大力推进教育资源均衡共享、健全就业服务互动流通体系、促进公共文化服务内容和人才共享，以期为推进高质量发展提供借鉴。

关键词： 产业新城 县域经济 共享发展

党的十八届五中全会强调，把共享作为发展的出发点和最终落脚点。共享发展是通过人人享有、人人均衡、人人参与、人人尽力来实现“全面共享、全民共享、渐进共享和共建共享”的发展。产业新城与县域经济共享发展是重塑城乡关系，推进城乡融合发展进程，建设社会主义现代化强国的必经之路。依托“以产兴城、以城带产、产城共建、城乡一体、共同发展”的理念，产业新城运营商通过 PPP（政府和社会资本合作）模式参与县域

---

* 李莉，博士，郑州轻工业大学经济与管理学院讲师，研究方向为数字经济与技术创新。

及城镇的综合开发，为经济发展提供新机遇、强支撑，注入高效益新动能。鉴于此，本研究客观阐述新时代我国产业新城与县域经济共享发展中的举措，深入剖析当前存在的问题，并据此提出相应的针对性对策，为全面推进城乡融合与高质量发展提供参考。

一　加快推进产业新城与县域经济共享发展的重要举措

（一）聚焦区域优势和县域特色共筑产业发展基础

产业新城通常在启动规划之时，就会成立专家组对产业定位、布局及发展方向进行谋划，并结合广泛的实地和市场调研，研究确定新城的主导和支柱产业，以确保产业规划的科学性、可行性和前瞻性。从微观的角度来看，新城产业布局是在深度考虑所在区位的县域资源禀赋、政策倾向、产业规划和发展基础之上研判而定，以更加协调和统筹县域产业发展。从宏观的角度来看，新城产业布局更是紧跟全球经济发展的趋势和热点，科学预判和深度把握国际前沿领域，将新兴产业落地生根，为产业新城的持续发展夯实基础。

产业新城运营商在区域协同发展的大趋势下，将产业定位聚焦城市群内的优势资源，强化区域产业链建设，推动区域协同一体化纵深发展。依托产业新城所在地的县域区位优势以及有利的交通基础设施，建设和培育产业园工业园区和产业集群，实现产业新城与县城及周边区域的空间一体、交通一体、设施一体，促进经济共享发展。例如，嘉善产业新城依托外贸服饰的传统产业基础，通过引进营销服务和电子商务有力地加快了产业转型升级步伐。此外，凭借其地理优势，积极布局生命医疗大健康、智能网联汽车、商贸服务、影视传媒四大产业集群，成为与上海创新政策率先接轨地、高端产业协同发展地和科创资源重点辐射地。

“十四五”规划强调构建特色产业，各地纷纷推进主题产业园区的建设，产业新城从“大而强”转向“特而专”，着力打造“专精特新”产业名片。通过深度调研地方特色产业，产业新城运营商切实找准与市场对接的突破口，与地方及县域政府达成共识，联合培育特色产业链、发展特色供应链，谋求新城与县域共享发展的繁荣景象。在一系列文化惠农政策的支持下，产业新城运营商将地方历史文化、旅游景点、特色小镇等打造成影视游、乡村游、风情游等线路，实现旅游与城镇建设共建互促的发展局面。这些特色产业会对县域内的土地、水利、风俗文化等优势资源进行配置和整合，形成全方位、立体化、多层次的产业链条，对县域的产业结构进行优化调整，为减少城乡发展中的不平衡打下坚实的经济基础。例如，位于厦门厦漳泉中心地带的同安新城，在以数字经济、电子信息、科技研发为主导产业发展的同时，着力打造文体旅游、医疗康养、酒店服务特色产业，以支撑引领高质量发展超越的新增长极。

（二）营造优质共享的公共服务，增进民生福祉

产业新城选址和建设必然牵涉乡村改造，而县是连接城乡之间的纽带，是城市和乡村要素流动和资源配置的实践场。也正是因为如此，产业新城建设使得县域基础设施的面貌焕然一新，从空间硬件上促进了县域基础设施的完善。从产业新城的交通基础来看，完备的交通体系对于提高园区招商引资的质量和数量具有举足轻重的作用，也有利于园区对人才的吸引，以此提高园区的活力和创造力，这也是产业新城运营商最应优先考虑的。我国多数产业新城距离中心城区的距离相对较远，需要对产业新城内部进行大量的道路基建投资，这将改善区内交通环境，加强产业新城各区块之间的联系，同时又为沿线居民出行提供快速便捷通道，大大提高群众的生活质量。例如，位于庐江县的合庐产业新城，近年来以路网和安置房建设为抓手，高标准推进基础设施建设，为高质量发展“强筋壮骨”。

产业新城运营商在覆盖基础设施和生活配套的基础上，积极升级城市配套公共服务体系，在实现产业新城可持续发展的同时进一步拓展县域公共服务的范围。随着产业新城的逐步发展，县域教育服务的现状将得到大幅度改善。产业新城通过引入优质教育资源，致力于从学校管理、教育教学、师资

队伍建设、学生素养提高等多方面入手，打造均衡发展、特色鲜明、层次多元的基础教育体系，为县域教育事业注入新的活力。

二　产业新城与县域经济共享发展存在的问题

（一）产业结构衔接及特色资源可持续发展的困境

新城的产业结构与县域现有产业之间的衔接存在一定的断层或鸿沟。产业新城的发展必须强化承接产业、现有产业和新兴产业三个层次的耦合协同，实现新城与所在县域之间的共享发展。从实践层面来看，产业新城承接中心城市转移的产业多以传统工业为主，面临着转型压力，目前引入和培育的战略新兴产业又主要集中在高端装备制造、数字医疗、电子信息等高新技术领域。但是，目前的县域产业仍然存在着层次水平低，标准化、链条化、品牌化水平不高，产业链延伸不足的特点，产业集群发展层次和质量明显偏低。

受县域财力制约，县域产业结构发展不均衡，优势不突出。产业链条发展过多依赖于当地的资源禀赋或传统的产业积淀，面对新的市场环境和全球产业变革，这些产业都面临着严峻的转型压力。同时，县域产业在科技创新方面的投资相对较低，可获取资源相对匮乏，产业设备水平也相对较低，造成产业集群龙头企业引领能力较为乏力，缺乏市场核心竞争力。在财政无法支持县域经济发展的情况下，县域工业企业发展普遍存在着科技创新水平不高，科创人员的创新积极性和创造性不足，科创企业的科研成果转化水平较低等问题。

由于部分县域缺乏对人才引进、培养和职业培训等一系列人才体系的建设，既缺乏长远的人才培养计划，也缺乏具有竞争力的人才引进政策，新城园区内基础技能工人和高端技术人才的严重不足，制约了区域经济的发展。

从以上分析可以看出，新城无论是承接产业转移还是引入新兴产业，其产业结构都尚未与所属县域的现有产业形成良好的共享合作关系。新城和县域产业之间存在着衔接不畅和要素资源分配效率低下等问题，严重影响新城与县域经济的健康发展。

此外，新城特色文旅产业的发展要与县域本地的历史地理、资源禀赋、人文环境等重要因素紧密结合，但目前县域对文旅产业的重视不够，开发积极性不高，挖掘深度不够，宣传拓展不到位，难以开辟出一条以文旅为核心的经济发展道路来支撑县域与新城经济发展。此外，也有一些县域在开发文旅产业中，没有坚持可持续发展理念，导致环境污染、生态失衡以及人文景观的破坏，为经济发展付出了较大的代价。

（二）产业新城与县域公共服务方面投入差距较大

实现城乡基本公共服务均等化是实施乡村振兴战略与现代化建设的明确要求。近年来，政府把更多的公共资源用于发展社会事业，但是与产业新城及县域在社会保障、医疗、养老、教育、就业等方面群众需求还有较大差距。

社会保障是全民共享国家发展成果的基本途径与制度保障。社会保障不仅为民众的基础生活提供了基本保障，解除了劳动者的后顾之忧，而且有助于调节收入分配，维护社会稳定和促进经济健康发展。党的十九大报告提出要按照兜底线、织密网、建机制的要求，全面建成覆盖全民、城乡统筹、权责清晰、保障适度、可持续的多层次社会保障体系，切实保障人民群众社会保障基本权益的实现。由于我国城乡社会保障体系呈现分化局面，产业新城与地方县域在发展方面也面临着社会保障碎片化、不统一、权益失衡等共享困境。碎片化的社会保障制度导致乡镇居民不能享有与城镇居民平等的“社保权利”，损害了公平性，不利于城乡统一的劳动力市场的形成。

随着人口老龄化趋势的加快，养老金缺口呈现持续扩大的趋势。但由于统筹层次较低，管理较为分散，养老保险金余缺调剂、互助共济的职能不能充分发挥，难以满足迅速增长的养老服务需求。由于养老保险政策宣传不到位、理解不透彻，误解投保只是一种入不敷出甚至看不到收益的行为，地方县域及以下地区参加养老保险的积极性不高，难以保证参保的连续性。在医疗保险方面，由于城乡基本医疗保险个人缴费采用均等化的筹资标准，忽略了产业新城与县域居民在可支配收入上的差异，使得县域和地方农村特别是低收入群体的缴费压力增大。

义务教育是教育强国建设的基础，教育优质均衡是高质量发展建设共同富裕示范区的重要内容。产业新城运营商为满足居民的生活配套需求，通过教育集团合作引入优质教育资源。但由于城乡二元经济结构的长期约束，城乡教育非均衡化的局面已经成为阻碍产业新城与地方县域共享教育资源的绊脚石。由于区位优势、发展平台、薪酬福利等因素的制约，产业新城获取优质教育资源的数量和质量往往要远高于地方县域，师资队伍的建设也更为规范，教学设备和教学方法也较为先进。而且，受差异化政策扶持和财政投入的影响，优质教育资源更加难以分散、辐射至地方县域。在优质教育共享平台建设的过程中，共享领域仅限于大型仪器设备、书籍以及跨校选课等，而且其内容不够丰富，受惠者的范围也较狭窄，表现在对于优质教育共享认识不足、缺乏多元化的建设方法。

（三）产业新城与县域文化共享机制不完善

在共同富裕的框架下，人民物质财富的增长也伴随着文化与精神层面的提高。文化为民、文化乐民、文化惠民已经成为保障和改善民生的重要举措。但是产业新城与地方县域在实施文化共享的过程中，依然存在文化基础设施和文化服务管理体系差距大、共享制度和平台不健全的弊病。产业新城通常配套有文化馆、艺术展览中心、博物馆、科技馆、文艺影剧院、老年活动中心等基础设施，公益文化宣传、公众文化教育等健全的管理体系，以基本满足城镇居民的文化消费诉求。但是，地方县域无论在公共文化设施的种类、覆盖范围还是在服务管理体系等方面均与新城存在显著差距，这导致文化共享的基本面难以统一。而且，一些县域文化设施的投入没有充分考虑当地民众的文化需求，导致设施的知晓率、利用率不高。甚至有些地方一成不变地将城市公共文化服务内容照搬到地方县域，丧失了地方性、特色性和精准性，难以引起地方县域居民的精神共鸣，因而文化内容的共享还有待进一步分级分类。此外，在共享方式上较为单一，以线下为主，运用现代网络技术和数字媒体手段实施共享的程度较低。

三　促进产业新城与县域经济共享发展的措施

（一）转型升级产业结构

产业的定位、布局和可持续发展是支撑产业新城有序稳健发展的最坚实基础，产业结构转型升级是新城与地方县域经济共享蓬勃发展的加速器。地方政府和产业新城运营商要对标国家战略需求和政策导向，精准把控未来产业的转型方向，有针对性地加速传统产业的高级化。坚持创新驱动发展战略，整合国际化创新资源，探索柔性引才引智机制，引进科技创新创业孵化载体，破除创新要素流通壁垒，提升产业发展能级。同时，认清地方县域龙头企业所处的产业链位置，开展主题培训、精准对接等公益指导与服务，积极向关键节点靠拢，提升产业竞争力。全面梳理供应链存在的薄弱环节，加快关键产品的就近就地配套，提升供应链自主可控能力和现代化水平，进而实现向全球价值链中高端的稳步攀升。此外，还要抢抓数字化、网络化、智能化融合发展的战略机遇，支持传统产业数字化转型和智能化改造，培育数字经济新动能。

（二）优化特色产业发展模式

立足县域经济的发展现实，并将其与自身的资源禀赋、传统文化、地理区位等基础优势相结合，培育出一批具有鲜明特色、延伸配套性好、带动力强、专业化水平高的产业集群，夯实产业新城与县域经济共同发展的基础。从创新的基础、可资利用的资源禀赋以及区域经济实力出发开展科技创新，形成独特优势，避免盲目跟风，造成产业同质化。在强调特色的大背景之下，落实好“特色立县、品牌兴县”战略，充分发挥县域区域优势，做强特色品牌。加强对县域龙头企业的培育，扶持企业向“专精特新”的方向发展，持续增强企业产品的核心竞争力。加快推动地方县域龙头企业的发展，逐步把龙头企业培育成为与县域农民利益共享、风险共担的企业，有效解决经营低效、创新能力较弱的问题，以龙头企业的发展带动产业新城与县域经济的发展。

（三）完善社会保障共享机制

有效消除产业新城与地方县域在社会保障机制方面存在的“鸿沟”，才能进一步保障城乡居民的基本权利，缩小城乡发展和居民生活水平差距。针对地方县域社会保障覆盖范围不广、普及力度不够的问题，需要切实加强法治建设，以突破社会保障碎片化的局面。在深刻调研县域及以下居民在医疗、养老、最低生活保障、特殊人群救济等方面关切需求的基础上，完善和规范立法。为提高产业新城与地方县域居民参保、续保的积极性，应采取微信公众平台官方发布政策、抖音小视频政策解读、进县下村入户宣传、摆摊设点答疑解惑等亲民手段宣传社保具体政策，深化“多缴多得、长缴多得”观念。紧跟新时代经济社会发展的需要，改革户籍制度，进一步放宽农民进城落户条件，降低城市落户门槛，加快形成产业新城与地方县域的人员流转。以医保基金收支及运行情况、人均可支配收入及医保财政支出等为基础展开全面测算，最终确定城乡居民的缴费率，构建一个与居民可支配收入增长相联系的指数化调整机制，实施缴费动态调整，从而体现出筹资的公平性。在将城乡居民收入差异纳入考量的前提下，政府的财政补贴应该侧重于对贫困、残疾、老年等各类低收入群体的照顾上，优化低收入群体医疗费用报销办法。

（四）大力推进教育资源均衡共享

现阶段顶尖教育资源多集聚在国家级中心城市和地方大中型城市，县域及以下地区受制于资源稀缺、地域限制和教师待遇等因素难以获取，这使得我国城乡教育资源配置严重失衡。地方政府应采取科学的政策手段，健全经费保障机制，正确引导新城的优质资源辐射所在县域，实现县域教育资源配置水平的优化。尽快落实省、市、县三级财政支持制度，通过制定优惠政策、建立绿色通道、给予资金支持等措施，积极探索教育体制改革的新渠道，确保县域教育教学设施与新城接轨。在发挥县域“亲自然、接地气”的实践特色优势的同时，挖掘地方特色教育资源如革命老区、人文景观、历史典故等，激发县域自主特色办学的活力，与产业新城教育集团之间结对帮扶、错位互补，发展城乡联动的特色教育。加大县域“互联网+教育”基础设施的财政投入和建设力度，深入落实信息化教育的技术培训，加强与新城优质师资的远程互动，着力打造教育资源共享服务平台实现共建共享。引导新城与县域教师合理利用教育资源共享平台，借助平台实现教学资源查找、上传、共享、学习以及教学模式方法的交流、互助，从而切实提升专业技能素养。

（五）健全就业服务互动流通体系

就业切实关系民生福祉，党的十八大明确把就业摆在“六稳”“六保”之首。产业新城可与地方县域之间建立城乡就业创业服务机制，促进劳动力在城乡间合理畅通有序流动，利用市场机制实现劳动力在地区间以及产业间的有效配置，扩大就业容量，提升就业质量。产业新城应努力壮大产业企业发展格局，为地方县域居民提供适当的就业岗位，同时政府加大政策扶持、宣传和对接力度，保障劳动力供应和职业技能培训。针对县域及农村迁居居民的受教育程度低、专业技能不足的情况，产业新城与县域政府应按照精细化、长效化的要求，加强就业援助、就业岗位开发，适当加大职业培训投入，有效提升劳动力的能力和素质。政府出台社保减免、社保降费、稳岗返还、企业补贴等政策，帮助产业新城的企业稳定员工队伍。联合构建公共就业服务信息网络和人力资源服务系统，布局人才服务市场或中介机构，整合新城需求和县域劳动力供给的信息并即时共享，以满足多样化的市场需求。将平台经济、非全日制就业、小店经济、户外经济等作为工作重心，扩大就业渠道，在新就业形态中增加基础服务岗位。

（六）促进公共文化服务内容、人才共享

随着新时代人民群众对美好文化生活需求的旺盛，产业新城与地方县域要进一步加强文化内容、设施和人才的共享。政府应加大财政投入力度，实施文化帮扶，挖掘富有地方特色民俗文化和名典遗迹的深刻内涵，把群众的文化参与和文化认同有机结合起来，扩充地方县域的文化知识储备。加强对县域文化人才的发掘与培养，注重对乡土文化能人、民族民间文化传承人特别是非物质文化遗产项目代表性传承人的发现与培养。通过开展文化服务体验活动、文化娱乐培训班、公益性群众文化活动等方式满足群众的精神文化需求，提升地方县域居民的文化层次。打通产业新城与县域文化资源共享的信息平台，引导产业新城工业企业、社会中介服务组织积极参与文化人才库的建设，完善文化服务人才交流机制。在加强金融扶持、财税减免等配套政策的情况下，新城与县域可以通过召开人才共享会议、设立文化科技联络员、举行文化创意市集活动等措施，促进公共文化服务内容和人才的共享。依托现有“互联网+”技术，融合多元化的新媒体渠道，以技术手段推进文化共享。比如，开通图书馆、博物馆网络平台（公众号、小程序、短视频、数字展厅），借助网络技术满足社会公众对文化的需求，提升公众获取文化知识的便捷性。同时，对网络文化主体的多元化给予更多的关注，对网民和协会的作用进行最大限度的发挥，使其成为促进文化交流与共享的主要力量。

参考文献

王元亮：《新发展格局下我国县域产业高质量发展研究》，《中国西部》2022 年第 2 期。

刘珂、乔钰容：《产业新城对我国县域产业转型升级的影响机理与路径研究》，《郑州轻工业学院学报》（社会科学版）2019 年第 Z1 期。

易雪琴：《都市圈背景下产业新城发展的逻辑、困境与对策》，《长白学刊》2022 年

第 4 期。

谭九生、郑玉春：《城乡公共文化设施共享机制优化策略》，《城市学刊》2018 年第 2 期。

许秀文：《新型城镇化进程中城乡社保制度统筹发展的困境及对策》，《农业经济》2021 年第 2 期。

B.15
产业新城与县域营商环境优化研究

田 珍 姜楚楚*

摘 要： 在以县城为重要载体的新型城镇化背景下，打造良好的县域营商环境是促进区域经济发展的有效助推器，是推动产业新城高质量发展的重要抓手。本研究从优化营商环境的背景出发，分析了当前面临的困境，并从政务环境、市场环境、要素环境、法治环境四方面提出促使产业新城与营商环境形成良好互动的对策，旨在激发县域经济活力，为加快推进以县域为中心的新型城镇化和乡村振兴提供支撑。

关键词： 县域经济 产业新城 营商环境

优化营商环境这一改革议题自提出伊始，一直受到国内外的普遍关注。2001 年，世界银行专门创建营商环境研究团队，并于第三年开始发表营商环境年度报告，旨在构建较为完善的评价指标体系，对全球各经济体的营商环境进行量化评估和排名。当前，我国的 GDP 总量已经跃居世界第二位，但营商环境排名仅在第 31 位。近年来，随着产业新城等区域集聚园区的不断兴起，县域经济得以飞速发展。但县域作为一个相对的地区单元，虽在整个国家及省内范围中具有一定的经济基础和市场规模，但是由于其较低的经济发展水平和相对薄弱的产业体系，营商环境不良会极大地制约当地经济增长和商业投资，“招商难”等问题也将成为当地发展的瓶颈。在现今全球化

* 田珍，博士，郑州轻工业大学经济与管理学院副教授，硕士生导师，研究方向为国际贸易与国际投资；姜楚楚，郑州轻工业大学经济与管理学院硕士研究生。

竞争激烈的背景下，优化县域营商环境已成为县域吸引更多资源、提高自身竞争力的关键。

一　优化营商环境的背景

（一）营商环境优化产生的现实背景

营商环境是指一个国家或地区的企业经营和发展所处的经济、政治、法律、文化等方面的整体环境。它包括了对企业所提供的服务、政策和制度的透明度与可预测性、法律体系的公正与有效性、政府机构的效率和执政能力、社会积极性和创新能力等因素的评估和分析。县域营商环境的优劣，决定了其对第二、第三产业的吸引力高低。2018 年国务院《政府发展报告》中提出我国经济增长缺乏内生动力、发展效益较低、创新能力仍需提高，部分中小微型企业存在经营困难，很多地方经济下行等问题都与营商环境欠优、放管服改革滞后息息相关。优越的营商环境是一个国家或地区经济社会发展的硬环境和软环境的集中体现，也是一个国家或地区提升综合竞争力、吸引力和驱动力的重要基础。我国营商环境改革大致经过三个阶段，即市场主体进入阶段、市场主体成长阶段以及高质量发展阶段。

早在党的十一届三中全会我国就已经开始对营商环境进行建设。建设经济特区、开放港口、改善管理体制、制定配套法律法规，完善城市基础建设，建设大学、图书馆，这本质上就是对营商环境的建设优化。2014 年，全国范围内实施商事制度改革，缩短企业开办时间，降低市场进入成本，促使国内市场主体成倍增长，截至 2021 年末，国家统计局公布的市场主体总量达 1.5 亿户，全年日均新增市场主体超过 2.5 万户。该阶段累积的数量基础为后一阶段提供了广阔的提升空间。市场主体短期内倍增，为县域产品市场提供了充足的供给要素，为县域生产要素市场提供充足需求。市场弥补了县域内生动力不足等，但短期倍增可能导致两个市场供求失衡，出现市场竞争激烈、企业招工困难、成本增加等新问题，因此这一阶段更需要从组织、法律、技术层面不断优化营商环境。目前，我国仍处于市场主体成长阶段，需要适应高质量发展格局，努力将数量基础转化为质量基础。

（二）营商环境优化政策背景

我国在世界营商环境排名中迅速增长，与中央政府高度重视营商环境建设与优化紧密相关。2013 年，党中央召开十八届三中全会，通过《中共中央关于全面深化改革若干重大问题的决定》，首次提出要建立公平开放透明的市场规则以构建一流的营商环境。2015 年，习近平总书记在长春召开的部分省区党委主要负责同志座谈会上，要求破除体制机制障碍，加大简政放权力度，不断提升营商环境整体水平。2017 年，时任总理李克强在全国深化“放管服”改革会议上提出“营商环境就是生产力”，必须下大功夫、真功夫持续优化我国的营商环境。2018 年，习近平总书记在深入推进东北振兴座谈会上指出要“以优化营商环境为基础，全面深化改革”。2019 年，国家发改委发文要求在全国范围持续不断改善营商环境，激发经济活力；同年，国务院通过《优化营商环境条例》，将近年来优化营商环境中行之有效的政策、经验和做法上升为法规制度。2021 年发布的《中华人民共和国国民经济和社会发展第十四个五年规划和 2035 年远景目标纲要》提出，全面实行政府权责清单制度，持续优化市场化法治化国际化营商环境。

优化营商环境是我国政府根据新形势、新发展、新要求做出的重大战略部署。国家领导人的重要倡议和国家政策的接连颁布，体现了我国对于优化营商环境的极度重视。当前全球经济贸易相互博弈，优化营商环境与打造产业新城相辅相成，有利于集聚资本、高新技术、稀有人才，增强国际竞争力。党的十八大以来，我国整体营商环境得到极大改善，但我国在世界营商环境排名中仍落后于部分发展中国家，距离建设更高水平开放型经济新体制还有一段距离，与新时代对优化营商环境的更高要求还不相称，优化营商环境始终是影响改革议程和投资预期的重要参考。

二　营商环境优化的现实困境

我国县域优化营商环境面临的现实困境是多方面的。一是县域经济发展相对滞后，基础设施、人才等方面存在差距，影响了优化营商环境的进程。二是政府部门职能不够清晰，县域自身发展规划和战略缺乏全局性考虑，导致改革难以深入推进。同时，一些官员对改革进程仍持观望态度，缺乏积极主动的执行力。此外，法律法规的制定和执行在县域尤其是基层环节上依然不够完备，给企业家和投资者带来了较大的不确定性，也阻碍了优化营商环境的有效推进。

（一）政务服务亟待提升

政府提供公共服务的效率高低，直接影响企业经营投资等活动的开展。如果政府在环境保护、业务许可、工作机制、审批流程设置了过多的规则措施，就会限制企业的投资经营决策。由于很多县级的数字化政府建设不够充分，只能依靠各个职能部门自行发布本部门政务信息，信息共享程度严重不足，政务公开及时性、全面性较差，存在比较严重的信息零散化问题，从而导致企业无法及时获得政策优惠情况以及其他必要的市场信息。《中国营商环境调查报告（2022）》（以下简称《报告》）显示，近三年市场主体对于数字政府的需求一直未得到满足，2019 年，市场主体对于数字政府的需求率为 92%，但由于数字政府不够健全，存在业务不全、操作不便、无法全流程办理等问题，其实际使用率仅为 53%，未满足的潜在需求高达 39%。到 2021 年，虽然提高了 6 个百分点的实际使用率，但依旧有很大的缺口（见图 1）。

（二）改革不平衡问题突出

各县级政府间缺乏协调统一的政策支持与配套措施，制约了县域经济的

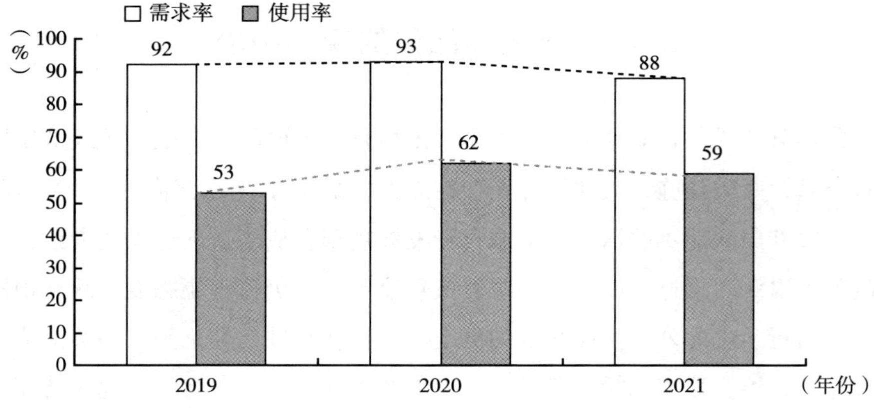

图 1　2019~2021 年数字政府的需求率与使用率

资料来源：《中国营商环境调查报告（2022）》。

整体竞争力和可持续发展。其中一些县级以上城市特别是东部沿海地区，由于其经济和文化地位的高度，更容易吸引企业和人才，现已成为全国的经济中心，而有些县域则面临较多的经济、民生方面的问题，相对来说则较为弱势，甚至部分县域把重点放在城市发展上，忽略了农村的需求，这使得城乡发展不平衡问题更加严重。另外，不同县域之间的政策扶持力度和质量存在很大差异。有些县域可能得到更多的政策支持和资金投入，而有些县域则因为各种原因而未能获得足够的支持，这种政策配套不均衡会导致不同地区间的营商环境优劣不同，尤其是在线下政务大厅办事效率、数字政府使用比率两个方面差距最大。《报告》显示，在 2021 年所有调研城市中，数字政府使用率的最大值与最小值之间平均相差超过 1 倍，尽管从全国范围来看，数字政府已经从大规模知晓阶段进入大规模使用阶段，但部分地区数字政府建设明显滞后。另外，各地区经过一段时间的摸索，已经找到了提高政府办事效率的基本方案，调研组从其中选取了最具代表性的三种：“最多跑一次”、“一窗办理”和“一小时办结”来衡量各地区政务效率，可以看出政务办事效率最高与最低的地区差距悬殊（见图 2）。

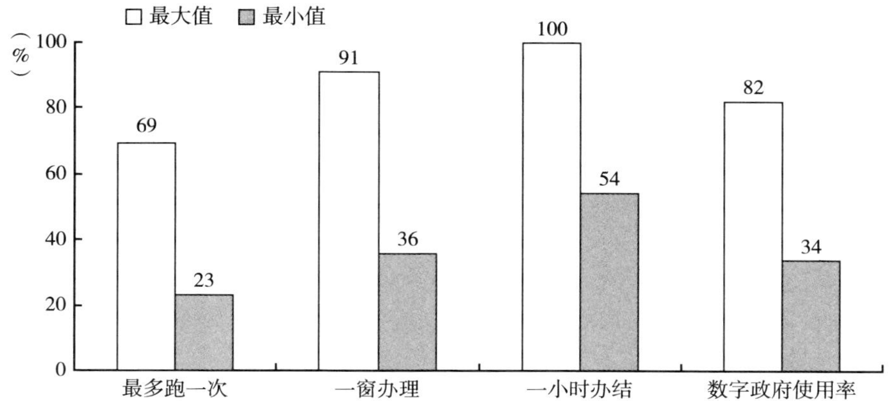

图 2　2021 年调研城市营商环境优化进展差距

资料来源：《中国营商环境调查报告（2022）》。

（三）市场主体成长困难

当前，市场主体面临市场竞争激烈、要素成本高的问题，特别是在农村县市存在金融渠道不畅通的现象。由于缺乏金融知识、反担保条件不足和金融监管标准不一等因素，县域内的企业难以获得贷款和融资机会，从而影响了其可持续发展。其中，比较突出的问题是中小微企业面临融资难的困境。由于大企业常常能收获更高的经济效益，政府部门在发放贷款或者担保时会首先考虑大企业的融资需求，而中小微企业的诉求则通常被放置在第二序列。在《报告》中，调研组针对“企业当前面临的最大困难”进行调查，“市场竞争激烈”“劳动力成本高”连续 4 年成为市场主体投资经营的两大难题。2020 年，这两大难题被提及的比率分别高达 28%和 17%，尽管 2021 年这两大难题的所占比例降低，但依旧与“房租成本高”占据前三席位，成为“新三难”。而“办理许可证难”“开办企业难”“退出市场难”的比重为 5%、2%、2%，不再是市场主体面临的主要困难，成为“旧三难”（见图 3）。市场主体难点的转变，既反映了“放管服”改革所取得的阶段性成就，也根植于“放管服”改革在短期内实现市场主体数量翻番的巨大成就。市场“准入”“准营”越便利，新进入的市场主体数量越多，产品市场供给越多，竞争必然越激烈；在生产要素市场上需求越多，生产要素价格必然越高，市场主体的成本越高。

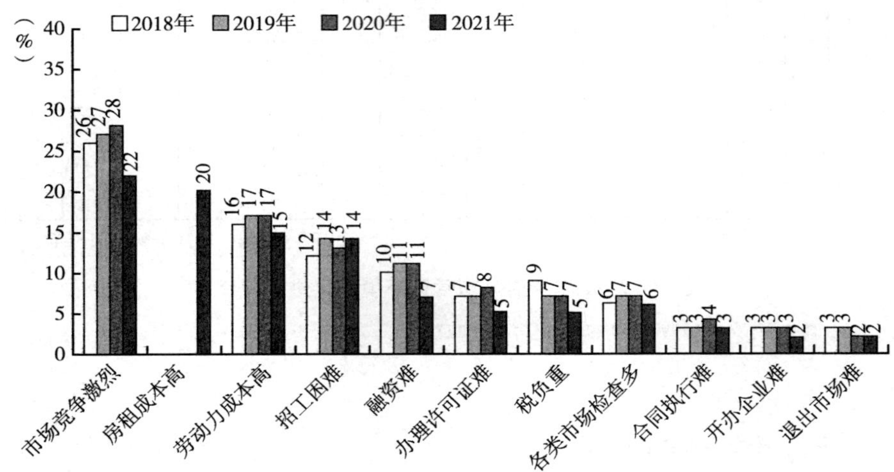

图 3　2018~2021 市场主体面临的困难

注：“房租成本高”是 2021 年新增指标。

资料来源：《中国营商环境调查报告（2022）》。

（四）法治保障存在不足

一方面，法律制度不健全。县级行政区域相对于省级和国家层面而言，其相关法律、法规以及政策支持相对较少，且部分存在阶段性、矛盾性等问题，各县域的地方法规与规章制度之间协调性差，容易产生法律空白，导致县域内的企业在遇到问题时不能得到充分的法律保障。另一方面，执法水平参差不齐且缺乏标准化。由于县域经济发展水平和执法能力不同，有些县域政府执法机关人员相对较少，缺乏专业人才或执行不严格，对于其中一些违法违规行为不能及时查处。即使部分县域基层执法力量优势深厚，但是由于营商活动多元化、具体化，相关执法过程有可能出现“人情执法”“随意执法”等行为，从而影响了外部的投资决策和营商信心。各县域内的市场主体以小微企业和个体工商户为主，该主体的文化水平相对较低、法律意识相对薄弱，加之该市场主体与司法部门之间普遍存在联系较少的现象，缺乏系统学习法律知识的渠道，导致县域市场主体在遇到不公平竞争时，有34%的企业选择不作处理，而小微企业更是有54%的选择接受，只有14%的愿意采取行政、司法、仲裁或者媒体曝光等途径维护自身合法权益（见图4）。

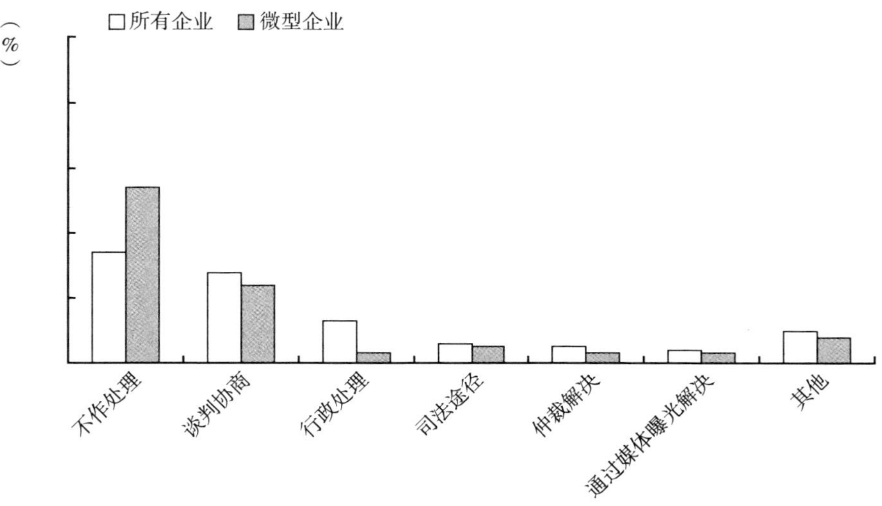

图4　市场主体遇到不公平状况处理方式

资料来源：《中国营商环境调查报告（2022）》。

三　产业新城与营商环境良性互动

我国是由广大县域构成的国家，国内部分县域综合实力较弱、财政资金不足、结构性矛盾突出，同时面临着总量不足和转型升级的双重压力。优化营商环境是产业新城高质量发展的重要支撑，对于当地经济发展和吸引外部投资产生直接影响。优越的县域营商环境能够提升当地企业的生产效率和竞争力，为企业的发展创造良好的条件。同时，更加合理规范和便捷高效的行政管理、政策支持以及基础设施建设都会吸引更多的外部投资者，促进当地的资源流动和经济繁荣。因此，“营商环境”与“产业新城”是紧密相连的关系，营商环境优化本身也是建设完善产业新城的一项重要内容。

（一）营商环境优化的重要地位

优化营商环境是党中央、国务院在新形势下做出的重大决策部署，是促进高质量发展的重要举措；是增强创新与竞争力、吸引外来投资、扩大就业机会、提升经济社会行政效能、促进县域经济发展的有效举措；既是我国经济结构调整的必由之路，也是建设开放型经济新优势的必由之路。营商环境优化，需要从政务、市场、法治、人文四个环境维度着手，只有全部完成以上四个方面改善进程，才能真正达到优化营商环境的目的。

营商环境优化是市场主体生存发展的沃土。良好的营商环境会对市场主体的各项经济活动产生积极影响，不仅能够为其创造适宜成长发展的经营条件，也可以减轻市场主体负担，降低县域内各企业的交易成本，不断增强、释放市场活力和市场创造力。同时，县域市场主体的发展又反过来优化市场环境，增强营商环境的稳定性、可预期性，二者之间形成良性互动，相辅相成，相互促进，为县域产业健康发展添砖加瓦。2021 年中国县域营商环境百强县（市）中，隶属于江苏、浙江的县市占据其中一半席位，其次是福建、安徽、山东分别有 9 个、9 个、8 个县市上榜，而河北、四川、湖南、海南、江西的数量均不足 5 个，云南、陕西、贵州、广东甚至只有 1 个。营商环境是县域新兴产业的“隐形发动机”，有利于县域育先机、开新局，融入新发展格局，为县域打造良好的形象，增强吸引力和影响力，提升县域综合实力和整体发展水平。

营商环境关乎国家或地区对于投资者、经营者的吸引力，更好地让市场在资源配置中起决定性作用。对于诸多投资者和经营者而言，县域营商环境的优劣，是内外地投资者决定是否投资经营的参考指南之一，起着“指挥棒”“风向标”的作用。营商环境较差或者优化力度小的县域，无法受到投资者青睐，市场主体的缺少加之当地政府对改善营商环境的轻视，往往会使县域陷入环境越来越差、发展越来越慢的恶性循环。相反，良好的营商环境可以给予企业等投资主体在该县域的优质经营体验，吸引更多的企业家进行投资，从而带动当地的居民就业、政府税收、基础设施建设等。从地方层面来讲，营商环境是县域综合能力和竞争力的体现，是解放生产力、发展生产力的重要渠道，支撑着县域社会经济的可持续发展。

（二）良好的营商环境是产业新城高质量发展的基石

在创新驱动发展战略的推动下，产业新城作为一种促进产业和城乡共同发展的新模式，为县域经济高质量发展注入新的动力。县域产业新城的高质量发展与其外部的营商环境联系密切。Benn Eifert 在研究非洲营商环境时发现，当地企业的成本中包含很大比重的基础设施、公共服务等有关营商环境的支出，且这部分成本与企业绩效直接相关，支出金额越大则企业业绩的增长量越低。如果政府可以改善基础设施、提高公共服务水平，就能够直接提高企业绩效。这说明，良好的营商环境可以降低企业间接投入成本，增强企业盈利能力，往往可以吸引更多的投资。

良好的营商环境需要具备以下条件：较低的市场准入门槛、完善的市场主体扶持政策、审慎地看待新兴市场主体的形成。第一，市场准入门槛的高低会影响产业新城市场主体的产成。放宽市场准入门槛，如降低小微企业注册申请条件、简化项目申请审批环节和手续等，有利于催生更多新的市场主体，有利于提升新企业的创新投资效率，促使产业新城发展壮大。第二，支持和鼓励新型行业和新型业态企业的创新。在经济快速发展时代，一个良好的营商环境，代表着一个更加完善的创新激励体系，它可以充分实现在各个领域的探索与实践，并为产业新城的崛起创造有利的条件。例如，政府要根据新的行业和新的发展特征，制定相应的政策措施和方法，并对那些在市场上做出实际成效的企业主体予以鼓励和资金支持。通过实施扶持激励政策，将技术创新和经济发展有机结合起来，不断激励产业新城进行科技创新。第三，“包容性、谨慎性”的规制是一种最大限度地激励创新和激励市场的价值取向。监管机构适当包容新兴市场主体，允许试错行为，能够推动产业新城健康发展。

（三）产业新城的发展有助于优化营商环境

产业新城为县域集聚互联网、数字技术，为优化营商环境提供了更好的技术手段。第一，“互联网+”可以减少企业的交易费用，提高企业的办事效能，进而实现企业的最佳经营。利用“互联网+政府”的平台，实现企业开办、生产和经营；通过网上的注销登记和处理，可以促进公众、企业、政府部门的信息交流，减少企业的组织交易费用。同时，“互联网+政务”集成平台可以将分散的业务事项进行集成，增强各个政府部门之间的协作，提高信息流通的有效性，提高行政管理的工作效能，提高企业经营环境的品质。第二，大数据技术深入融入各种经济行为，对经济的经营条件产生了明显的改善。构建政企融合型大数据系统，推动大数据技术的运用，可以转变政府内部的常规运行方式，重构行政管理过程，提高政府公共事务提供的准确性；与此同时，利用大数据技术，可以有效地进行信息集成，打通“信息孤岛”，实现数据的交流共享。

四　产业新城带动营商环境优化的路径

（一）提高政务公开质量，持续深入推进“放管服”改革

政府信息披露的质量直接关系企业获取信息的时效性和企业的发展机遇，同时也是衡量县域营商环境状况的依据。县级政府要设立政府机关，及时发布地方政府信息，确保政务信息发布的及时性、完整性、准确性，并将有关的信息编入对应专栏，便于广大企业和群众查阅。与此同时，各职能单位帮助企业解读政务信息，以便企业能够更好地理解政策、执行政策，提高企业的营商环境满意度。解读的形式不受语言限制，可以采用图片、视频等形式表达。尤其要注意到，作为政策执行者的县人民政府，必须提升行政效率，开放竞争环境，确保改革的公平度和透明度，因地制宜实行相应措施，以增强理论与现实的适配度。县域优化营商环境需要立足于当地的基本情

况，结合各地自身产业和资源优势，有针对性地采取措施，逐步破解困境，推动县域经济快速稳健发展。

（二）发挥营商环境空间溢出效应，推动营商环境区域化发展

良好营商环境在一定程度上具有空间集聚作用，能够辐射带动其周围县域营商环境的改善。近年来，各地各单位围绕优化营商环境的各方面提出了诸多改革和创新的措施，效果显著，经验众多。根据试点、复制、推广的原则，应进一步强化对相关工作的经验总结和统筹协调，将重点领域的各项改革措施进行整合，并在全国范围内形成一套供以参考借鉴的方案；要避免各自为政、竞争环境不平等现象，倡导采取积极措施，强化对欠发达地区的资金、技术等方面的支持。市场监管作为保障营商环境的重要手段之一，引导县域政府在全国范围内制定简明易懂、灵活易行的规范，有利于促进市场监督的公平正义和透明度。建立国家互联网监控体系，强化规范体系，促进各级监管部门之间的信息交流和非法线索的共享，加强联合执法，提升监督效率。在政府工作所涉的方面，近些年各地、各个部门在政府工作中有很多比较成功的实践，要将其提高到制度层面，制定一套标准化的操作规程和程序在国内推行。在国家标准内，允许县域政府不断创新，量体裁衣，选择最适合当地的方案。

（三）以问题为导向，突破企业发展瓶颈

鼓励县内的商业银行和其他金融组织根据地方实际情况，积极探索和完善企业的金融链理念和融资方式，根据企业类型、规模、特点等，进行金融产品的个性化定制。像县域内的市场主体，要加强对政府有关法律法规的解读和推广，并通过多种途径，大力宣传推广各大商业银行和其他金融组织所提供的各种优惠企业贷款，以指导和协助小微企业获得融资贷款。要加强对企业信用信息的收集和整合，确保其及时性和完整性；建立信贷服务平台，积极与银行、金融机构对接，实现企业间的信贷信息交流，有效地化解企业与金融机构间的信息不对称问题；加强平台与各地政府间的信贷服务连接，

切实运用企业信用信息，有效解决中小企业的融资困难问题。针对房租成本高，县域应加快完善公租房、保障性租赁住房和公有住房保障体系，扩大租赁住房的供应。

（四）维护公平竞争秩序，着力打造公平公正的法治环境

在当前我国县域法治营商环境一般的情况下，一是加强对县域层面法律、法规、政策等文件的制定和完善，使其更符合实际场景，完善地方的法律规范，提高商业活动中的透明度和可预测性，在制度的监督下协助加强县级和执法部门的管理。二是要着力加强执法人员素质和人才储备建设，开展大规模的执法人员培训，提高其素质和职业道德，增强执法队伍的专业性，加大反不正当竞争法的执行力度。三是与时俱进创新执法方式，推进执法全程留影、建立严谨信用评价机制、健全群众监督和举报渠道，确保监督管理的正常化，切实实现人民监督的主体作用。

在立法方面，应当以《优化营商环境条例》的贯彻落实为契机，加快有关法规的"立改废"，把各方的呼声诉求当作立法不可缺少的环节，对于与条例不符的法规、规章、规范性文件进行彻底的梳理、修改，对于不能满足改革要求的规则条文进行废除或二次修改，对于成熟定型的、行之有效的，则通过立法的方式加以整合。在执法方面，要做到有法必依、执法必严，要完善权力清单以及监督和执行机制，防止出现自由裁量权过大、选择性执法、重复执法等情况；对在监督中出现的侵权、假冒伪劣、走后门等危害市场的违法犯罪行为，要加强惩处，并设立惩戒与补偿制度，威慑有不法企图的人。

参考文献

李洪雷：《营商环境优化的行政法治保障》，《重庆社会科学》2019 年第 2 期。

温凤媛、白雪飞：《辽宁营商环境建设现状与优化对策》，《沈阳师范大学学报》

（社会科学版）2022 年第 6 期。

王玠：《持续不断抓好抓实营商环境》，《经济》2021 年第 3 期。

曾育芳、方伶俐：《县域营商环境优化对策》，《当代县域经济》2022 年第 11 期。

金东：《基于治理现代化视角的河南省县域营商环境优化研究》，《管理工程师》2022 年第 4 期。

宋林霖、何成祥：《优化营商环境视阈下放管服改革的逻辑与推进路径——基于世界银行营商环境指标体系的分析》，《中国行政管理》2018 年第 4 期。

苏泠然、许光建：《优化营商环境理论与实践的演进、发展与展望》，《价格理论与实践》2019 年第 10 期。

沈荣华：《优化营商环境的内涵、现状与思考》，《行政管理改革》2020 年第 10 期。

B.16

产业新城与县域高质量就业研究

宋勇超*

摘　要： 产业新城建设是县域经济社会发展的强大动力，发展好产业新城对于县域高质量就业有着重要的推动作用。当前，在全国就业压力较大的背景下，产业新城的发展将会提升县域经济发展水平，提升县域的人才吸引力，实现人才引入与县域发展的双向良性互动。但当前县域在基础设施与公共服务建设、产业结构、人才引进政策、就业服务平台搭建等方面存在一些不足，需要完善产业结构，加快发展高新技术和新兴产业；推动城乡产业融合发展，吸收城乡劳动力；大力发展县域经济，激发就业市场活力；完善劳动力就业服务支持体系建设；优化市场环境，营造良好的营商环境，统筹推进县域经济社会和高质量就业的发展。

关键词： 产业新城　县域经济　城乡统筹　就业

国家高度重视产业新城建设和县域经济的发展，习近平总书记在党的二十大报告中强调，推进以县城为重要载体的城镇化建设，统筹城乡就业政策体系。产业新城建设将成为县域经济持续向前发展的重要支撑，产业新城带来的产业集聚和城市功能设施的逐步完善，将会持续推动中小城市和县域经济高质量发展。在新发展格局下，产业新城具有庞大的市场需求潜力和发展优势，将会推动县域成为吸纳就业的重要载体以及创新创业的

* 宋勇超，博士，郑州轻工业大学经济与管理学院副教授，研究方向为跨国公司与国际直接投资。

重要平台，未来需要着力提升县域吸纳就业的能力，营造创新创业的良好氛围。

一　产业新城和县域经济发展现状

（一）产业新城发展概况

产业新城的核心是在“产业”，产业新城的发展必须要有完善的产业体系支撑，而且产业发展状况决定着产业新城未来的经济发展水平和人口集聚能力。当前我国很多产业新城的产业方向和发展目标都与优势产业、区域资源条件以及国家相关发展规划相匹配，更加注重与高附加值、高科技、新材料、新能源相关的新兴产业的发展，不断推动产业升级。同时，多数产业新城加快实现产业链的延长和优化，不断推进优势产业集群。并且一些产业新城运营商不断发挥出重要作用，尤其是在新兴产业的引导、孵化和培育方面。目前产业新城开发和运营的显著特点就是坚持市场化的运营手段，通过深入推进市场化的运作，不断提高产业规划设计的前瞻性、城市发展的科学性以及生态保护的可持续性，进一步实现产业和城市资源的最大化配置和最优化利用。

国内很多产业新城都会选择靠近区域中心城市、具有一定的产业基础、经济发展潜力较大的县（市）作为试点地区，从而更好地利用大城市的溢出效应，有效承接中心城市的产业转移，加快产业新城的建设和发展步伐。目前国内发展较完善的产业新城大多分布于南方地区，以三大经济圈为代表，尤其是分布在长三角和珠三角地区，主要原因就在于这些发达地区有着雄厚的产业基础、经济基础和成熟的消费市场。当前很多国内产业新城在总体设计规划方面的投资较大，在一些保障居民基本生活的基础设施建设方面的投资完成度较高，包括交通、水电等方面，但是在教育、医疗以及休闲娱乐设施等方面的投资建设，还有很大的提升空间。

持续推动产业新城的发展模式变革可以有效推动产业结构转型升级，促进城市化科学绿色发展，不断加快县域经济的高质量发展。产业新城可以通过以产兴城、以城促产、产城融合的发展路径，实现城市、区域经济和整个社会的全面、协调、可持续的发展。未来产业新城的发展模式将继续引领新时代中国新型城市化的发展方向。因此，产业新城在规划设计、建设发展、运营管理中，要坚持人的核心地位，牢牢把握人的基本生活和潜在的发展需求，科学准确地定位产业发展的整体方向，合理布局产业结构和城市空间结构，不断完善城市基础设施和相关配套功能，努力改善人居环境，着力打造优势产业突出、配套设施完善、生态环境优美的产业新城。

（二）产城融合发展概况

产城融合是产业化与城市化良性互动的产物，是产业新城高质量发展的重要特征和表现，产城融合的发展程度也是衡量产业新城发展水平的重要评价指标。产城融合的基本内涵是通过创新引领、整体规划、科学布局、多元投资等多种方式，促进产业与人、产业与城市功能区、产业与城市各种设施的协调发展，实现产城融合发展。产业发展、城市化建设、人口集聚是产城融合发展三大要素，产城融合是产业、人和城市功能三者的有机融合，产城融合发展要促进城市化与产业化有机适配。在产城融合的发展过程中，产业的注入为新城区经济的发展提供持续动力，从而不断推动新城区的基础设施建设，进而逐渐吸引周边人口向新城区集聚，实现新城区对居住、医疗、教育、娱乐等方面的消费需求大量增加，推动新城第三产业的发展。

当前，很多新城区的产城融合水平、产城融合整体协调度相对比较低，依然有比较大的提升空间，而且产业发展、城市化建设和人口集聚发展程度不够协调。虽然有些产业新城已经逐步走出了单纯依靠硬件设施建设的功能整合阶段，通过不断优化软环境来集聚高素质劳动力和优势产业、打造优美的人居环境等，开始向更高层次的产城融合阶段推进。但是，很多产业新城仍然存在产业化与城镇化发展不均衡、产业建设和城市建设的重心不能有效匹配等问题，以至于产城之间无法实现良性互动，出现了“有城无产、有产无城”的问题。部分产业新城的产业发展与城市建设的协同水平不高，所引进的产业项目与新城整体产业链的定位和产业格局不够契合，导致新旧产业接续、新产业的发展空间受到限制。此外，部分产业新城存在产城融合运行机制不健全的问题，表现在部分相关政府部门的职责划分不明确、机构设置不合理、保障制度不健全等方面，制约了产城融合的高效运转。

在产业新城规划和建设过程中要始终贯彻落实以产兴城、以城促产、以人为本的发展思路和创新、协调、绿色、开放、共享的新发展理念。产业新城建设要充分把握产业化和城市化的发展规律，而且应当根据城市现实情况和客观条件积极引进相关优势产业、完善城市基础设施建设、优化城市各项功能建设以及完善相关运营管理机制等方法促进产城融合的深入发展。

（三）县域经济发展概况

近年来，国家高度重视县域经济的发展，习近平总书记多次深入县域调研并强调发展县域经济的重要性。县域经济是城镇经济与农村经济的统一体，也是我国国民经济的基本单元。县域是连接城乡市场、吸收农村转移人口、承接大城市以制造业为主的产业转移的重要载体，县域也是我国制造业、零售业等实体经济发展的重要载体。县域经济在产业发展路径选择上离不开制造业的支撑，当前很多以农业为主的县域产业结构已经逐步向二三产业为主的产业结构转型。县域是推进城乡消费潜力释放的重要空间，对于促进城乡经济和城乡消费具有重要意义。

当前，我国大多数的县域产业发展仍以工业经济为主导，传统产业占比过高，产业优势不明显，推动县域经济发展的重要环节就是要推动县域二三产业的发展。当前很多县域经济发展模式逐渐从分散的工业企业向产业平台集聚转变。在当前县域经济发展的过程中，出现了包括县域产业基础较薄弱、产业集聚平台不足、县域基础设施落后、县域人口流失有加重趋势等一些问题。需要加强对县域经济发展的规划建设，加快补齐县域经济发展中出现的短板，为区域经济高质量发展打下坚实的基础。

县域经济实现高质量发展需要通过产业结构优化、多要素集聚升级、城乡关系改善和体制机制创新等多方面努力。在县域经济发展中，需要明确县域经济的发展定位和方向。必须充分发挥县域内自然资源、劳动力资源、地理位置等优势，积极承接周边大城市产业转移，大力引进高新技术产业和新兴产业。立足县域经济发展实际，找准发展定位，实现县域经济特色化、产业化、规模化发展，统筹推进城乡一体化发展，加快形成县域经济高质量发展格局。未来县域经济的发展趋势将是从封闭发展向区域一体化发展转变、从单一产业向多元产业转型。

（四）产业新城背景下县域就业概况

县域为农业转移人口市民化提供了基本空间和平台，农业人口市民化是县域城镇化不断发展的重要表现。不仅体现在对本地农民的直接吸纳上，而且更重要的是体现在对外出务工的农民工的间接吸引上，这也是县域经济发展的重要动力。县域通过产业引进和培育提供大量工作机会，吸引外出人才回归。

产业园区是城市吸引就业的重要载体，而县域产业园区与大城市的开发区存在着不小的差距。县域产业园区主要是以传统制造业、农产品加工业为主，分布着一些零散的中小企业，但是缺少规模大、质量高、品牌优的大企业，也未形成有效的产业集聚平台。这导致县域承载就业人口的空间小，难以吸引高素质、高学历的青年人才。而且很多县域的基础设施和公共服务建设不够完善，尤其在医疗、教育、养老等方面难以达到青年人才的期望。

产业新城可以补上县域经济发展的短板，促进优势产业集群发展，为县域经济的创新发展注入新动能，实现县域经济的内生式发展。县域通过承接大城市的产业转移、完善自身产业链、扩大制造业规模等方式，能够有效解决县域内城乡劳动力的就业问题。产业新城通过相关产业引进建设，不仅可以吸引大量外来人口就业，而且可以在公共服务和运营管理过程中为本地人口创造大量的就业机会。县域应该以地方特色产业+社会公共服务建设为抓手，提高人才引进工作的效率和质量。

二　产业新城在推动县域高质量就业方面存在的问题

（一）基础设施和公共服务建设不完善，就业承载能力较低

有些产业新城的基础设施和公共服务建设方面仍存在较大的提升空间，对人口和就业承载能力不足，尤其在医疗、教育、养老等方面难以满足高素质、高学历人才的需求，对青年人才的吸引力不足。产业新城在不断发展中，一定程度上实现了产业集聚和规模经济效益，但由于缺乏对居住、商业、娱乐等城市功能配套服务的考虑，难以形成人才集聚。

当前城乡基本公共服务以县域统筹，但是多数县域财政资金有限，难以全面解决县域在基础设施、教育质量、医疗条件、社保水平、就业服务等方面的不足。区域发展不平衡、土地政策等方面不够完善也导致我国经济欠发达的中西部地区县域城镇化水平较低，农民工难以充分享受到和城区居民相等的公共服务和福利待遇，长此以往不利于城乡居民的就业结构的均衡发展，无法充分吸收乡村闲置劳动力，也不利于农村技能型和高素质的人才回流。

（二）产业结构单一难以吸引人才集聚

很多产业新城存在产业结构单一、主导产业不突出、产业发展不均衡等问题，产业结构单一将会造成就业机会不多、就业结构不均衡等一系列就业问题。而且县域高新技术产业和新兴产业发展相对较落后，很多产业都位于价值链和产业链的中低端位置，以数字经济、物联网、新材料和新能源等为代表的新兴产业发展较为缓慢，尚未形成依靠技术和创新驱动的经济发展方式。

很多县域产业园区不同程度存在着产业层次不高、产业结构不完整、一二三产业之间融合不深、集群效应不强等问题，真正意义上的产业园区尚未形成。产业新城的产业园区也是吸引就业的重要载体，而县域产业园区主要

是以零散的中小企业为主，由于产业基础薄弱、结构单一、设施不完善等原因，难以承载大型企业。这最终导致县域承载就业人口的空间狭小，大量劳动力只能选择外出寻找工作机会。

（三）人才引进政策不完善

有些县域地区和单位在制定人才引进政策和执行人才引进政策的过程中，存在一系列的问题。首先是有些县域只是为了引进人才而引进，并未充分考虑相关人才的实际需求和发展需求，最终可能会导致引进人才的工作积极性和满意度不高，造成人才的心理落差，促使人才流失。其次是过于重视引进人才的激励措施，忽略了靠县域内资源优势、产业条件、人居环境等方面来增加对人才的吸引力。另外，这些问题往往会带来包括忽略对人才后续发展的政策延续和培训体系建设的问题，导致一些人才的才能无法得到充分展示和发挥，可能会让人才产生无用武之地的失落感，难以充分激发人才的潜能和斗志。县域在人才培训体系方面不够健全，难以满足人才未来发展的需求。而且，有些企业响应政策积极引进人才，但之后的政府跟进服务和政策落实不到位，也会对企业以后引才的积极性造成不利影响。

（四）就业服务平台建设不完善

有些县域还没有建立权威官方的就业服务平台，只是依靠上级政府或者省级的就业服务平台。县域公共就业服务平台没有形成明确、具体、规范的工作制度，相关的政策规定也不够完善。基层公共就业服务平台工作人员管理机制不健全，专业人员较少。另外，县域对基层公共就业服务平台建设财政资金投入规模较小，难以有效保障就业服务平台的高质量运作，会存在就业服务信息网络不畅、就业信息数据不全、就业服务数据的价值没有被充分挖掘等问题。当前劳动力流动较大、工作岗位的更换频率较快，造成就业服务数据交叉更多、更为复杂，但由于县域就业服务平台大数据技术投入有限，劳动力信息数据的整体情况难以全面把握，会导致就业政策的精准度、及时性出现偏差。另外，县域就业服务平台的便利性、标准化程度有待提升，而且就业服务平台一些功能不完备，无法有效帮助劳动者更好地筛选和查找工作岗位，为人才就业带来了一些不便之处。

三　推动县域高质量就业的对策建议

（一）完善产业结构，加快发展高新技术和新兴产业

坚持以产业多元化为方向，大力发展物联网、区块链、数字经济、新材料和新能源等新兴产业。充分发挥资源优势与自身产业特色，立足产业发展基础，推动相关主导产业进一步发展延伸，并逐步形成较为完整的产业链和较大规模的产业群。充分发挥产业新城外部性的积极作用，积极对接大城市的相关优势产业。通过不断促进产业分工与合作，积极引进和集聚先进的现代化产业体系，着力推动产业融合发展，提高产业新城的优势和竞争力。加快产业数字化转型，积极探索传统产业转型升级的新路径和新方法。加快培育特色化、规模化、集群化的先进制造业体系，构建全流程、全链条、立体式的产业服务体系，重点对技术含量高、创新性强且符合地区实际的先进产业开展高质量、高效率的产业招商引资。联合相关高校和科研院所打造标准化、定制化的科研创新平台，以产业吸引力加速集聚创新创业要素，营造充满活力的创新创业的氛围，努力破解县域产业优化升级过程中招商、引资、引技、引智等各方面难题。着力聚焦现代服务业，以大数据、物联网技术为支撑，因地制宜发展大健康产业、文化创意产业等现代产业。

另外，加强县域产业园区的相关配套建设，为吸引产业入驻提供高效、优质、便利和全面的服务。产业园区通过集聚生产要素，打造产业链、产业集群，形成各具特色的县域制造业主板块，吸纳大量专业型和技能型人才。着力培育一批新兴产业，大力引进实力强、品牌优的高新技术企业，推进县域创新创业发展平台的建设，以创新和技术引领、驱动县域产业集群发展。通过不断优化和调整产业结构，有效支撑和满足更大的就业需求。

（二）推动城乡产业融合发展，吸收城乡劳动力

产业的发展能够吸引人才，城市的发展能够留住人才。县域经济的发展不是简单孤立的发展，而是要站在连接城乡、统筹推进的高度进行谋篇布局。推动县域产业群辐射乡镇，驱动产业链连接城乡市场。推动城镇乡村融合贯通，不断促进区域经济协调均衡发展。县域经济是发展农业、富裕农民、推动农村建设的关键和依托，当前县域内城乡经济发展和生活水平存在较大差距，可以通过城区产业导入、发展平台经济、推进电商市场等方式为乡村的创业、就业提供更大的空间和平台，助力农村人口实现就地城镇化和就近工作。县域经济是城乡融合发展的纽带、桥梁和动力，全面提升农业农村生产规模化、经营产业化、管理科学化的水平，着力实现乡村全面振兴新格局。

在城乡发展中，要强化统筹设计，推进协同实施，实现融合创新。坚持城乡在生产、生活、生态保护等方面统筹推进和协同发展，大力推进县域互联互通、共建共享、特色分明的数字化和智能化城乡融合发展的新格局。大力推动县域城区的基础设施和公共服务向乡村地区进行延伸，以县域城区的优质教育、医疗、养老等为基础，统筹好城乡资源，引入互联网大数据技术，发展线上平台服务，不断满足城乡居民的基本生活和消费需求。另外，积极引导城郊资源融合，发展乡村特色休闲旅游业、观光农业等现代特色产业，不断吸纳城乡大量闲置劳动力，实现产业和资源的良性互动。

（三）大力发展县域经济，激发就业市场活力

解决就业问题最根本的途径就是加快县域经济增长，增强县域经济综合实力。要明确县域经济发展的定位和目标方向，坚持抓牢县域产业基础，充分发挥县域发展比较优势进行产业错位发展。另外，要立足县域经济发展的现实情况，全面整合产业优势资源，发挥好县域的区位优势，深度挖掘县域资源的潜在价值，切实发展好富民强县的优势特色产业。依托产业集聚区和产业园，不断优化产业布局，促进产业集聚，实现要素集聚，从而全面提升

县域内产业经济的综合竞争力。通过不断完善基础设施建设、推动城市相关配套服务的升级优化等措施，促使各要素资源不断向县域内产业园区和产业平台集聚。

县域经济要加强创新驱动发展，深化县域经济体制改革创新，着力培育县域经济的创新能力，持续激活县域经济发展潜力。实现县域经济的可持续发展需要勇于打破固有发展模式，寻求新的发展机遇。要加大创新人才的引进力度，在市场经济中培育一批创新主体、打造一批创新平台。加强县域内各经济要素的有序流动，促进县域间的经济一体化发展，不断增强县域经济对人才就业的吸纳能力。

（四）完善劳动力就业服务支持体系建设

创新人才引进政策体系，以最大的力度和诚意引进青年人才。要更加注重激励措施，努力构建更加科学、更加完善、更加柔性、更加高效的人才引进政策体系。要不断优化引才方式，着力创建人才需求和专业需求匹配数据库，以更加专业、更加精准、更加务实的服务为广大人才提供切实的保障。人才工作的开展离不开学校，要努力引进高校、科研机构入驻，还要加强与高校、科研机构的合作交流，瞄准挖掘高学历高素质青年人才。要推动县域就业服务平台的建设和完善，加强对各区域人才信息的整合和梳理，不断完善政府、企业和高校的就业协作机制，努力做好各类人才就业创业的动态跟踪服务。

要持续加强劳动力技能培训体系建设，为各类劳动者提供有针对性的职业技能培训，进一步拓展城乡劳动者获得更多职业技能的渠道。县域应该结合当地特色产业、需求量较大的岗位和专业进行系统化、规模化、实用性的培训，促进劳动者自身全面发展，提高城乡劳动者就业的质量和工作的满意度。此外，也要适时开展个性化的培训，根据劳动者的需求，面向新兴产业和现代服务业，以劳动者自主选择为主，政府部门给予相应的支持。不断推动人才的培育和引进协同发展，不仅引得来人，更重要的是把人留下来发展好。

（五）优化市场环境，营造良好的营商环境

相关政府部门要深化体制机制改革，持续打造公开透明、公平竞争的营商环境。政府要树立服务企业的意识与责任，努力以体制机制创新和公共服务创新促进县域产业新城营商环境和公共服务水平的改善和提升，为县域产业发展和企业发展提供良好的制度环境保障，激发市场活力。要进一步完善招商引资的模式方法，不断降低县域内各类中小企业获得运营资金的潜在成本以及改善可能影响企业吸纳就业的风险和成本。

大力扶持和发展民营经济，时刻关注中小企业的发展。加大政府政策、资金支持力度，重点提升县域内中小企业的存活率、各类人才创业的成功率。要关注县域内各类企业的生存发展的实际情况，及时、有效地解决企业在日常生产经营中遇到的各类困难。县域各级政府要积极主动地帮助各类市场主体尤其是中小企业降低经营成本、优化办事程序、给予税收优惠、帮助解决融资难融资贵问题等，着力改善县域内投资环境和营造良好的创业氛围，不断增加县域内各类市场主体的数量，促进就业容量的扩大以及就业创业机会更多地涌现。

参考文献

冯烽：《产城融合与国家级新区高质量发展：机理诠释与推进策略》，《经济学家》2021 年第 9 期。

高京燕、仝凤鸣、吴中兵、邓运：《产业新城发展模式机理分析》，《河南工业大学学报》（社会科学版）2018 年第 1 期。

易雪琴：《都市圈背景下产业新城发展的逻辑、困境与对策》，《长白学刊》2022 年第 4 期。

张云超：《新型城镇化背景下产业新城促进我国城市科学发展优势与理论实践价值》，《郑州轻工业学院学报》（社会科学版）2019 年第 5 期。

范毅、王笳旭、张晓旭：《推动县域经济高质量发展的思路与建议》，《宏观经济管理》2020 年第 9 期。

李志国：《县域吸纳就业的能力分析与路径选择》，《党政干部学刊》2022 年第 10 期。

吴红蕾：《新型城镇化视角下产城融合发展研究综述》，《工业技术经济》2019 年第 9 期。

王蔷、丁延武、郭晓鸣：《我国县域经济高质量发展的指标体系构建》，《软科学》2021 年第 1 期。

北京大学 PPP 研究中心课题组：《基于县域经济高质量发展视角的产业新城 PPP 模式效能研究》，《中国经济报告》2020 年第 6 期。

B.17
产业新城与县域高质量承接产业转移研究

李寒娜*

摘　要： 在构建新发展格局的战略指引下，县域作为国内大循环的战略腹地，迎来了承接产业转移、延链补链强链的新机遇。作为我国县域承接产业转移的平台，产业新城依据本地资源特色和已有产业基础，绘制产业图谱，明确主导产业承接的方向，依靠精准承接，做优做强本土特色产业。产业新城的发展模式不仅为移入的产业提供了环境良好的落地点，而且对县域内的资源进行整合，促进产业的集群式发展与转型升级，实现以集群带动、高端引领来促进县域产业的高质量发展。

关键词： 产业新城　县域经济　产业转移

古语云："郡县治，天下安。"县域经济由农村和城镇经济共同组成，是我国国民经济运行中的基本单元。实现县域经济的高质量发展，不仅是解决"三农"问题的切入口，也是我国建设现代化经济强国的重要根基，更是我国经济实现高质量发展的重要载体。国家"十四五"规划纲要提出，"优化区域产业链布局，引导产业链关键环节留在国内，强化中西部和东北地区承接产业转移能力建设"。在构建新发展格局的战略指引下，县域作为国内大循环的战略腹地，迎来了承接产业转移、延链补链强链的新机遇。实现县域经济的发展，须以产业的发展为基石，而实现县域经济的高质量发

* 李寒娜，博士，郑州轻工业大学经济与管理学院讲师，研究方向为技术创新与产业升级。

展，更离不开产业的高质量发展。产业转移为县域经济高质量发展带来了机遇，如何结合自身产业优势，积极承接优势产业是县域经济发展亟须解决的问题。

一　我国县域承接产业转移的现状与特征

（一）我国县域产业发展与承接产业转移的特征

从产业结构看，县域经济既有属于第一产业的农、林、牧、副、渔等，也有属于第二产业的工业，同时还有属于第三产业的房地产业、金融业、服务业等，是既相对独立又相对完整的综合业态。与城市经济体相比，除了二三产业外，其所拥有的第一产业是城市经济体所不具备的优势，而农、林、牧、副、渔等第一产业与我国农村经济体密切相关，是促进城乡一体化发展的重要载体，也是推动新型城镇化建设融合发展的重要抓手。

在产业发展方面，县域经济三大产业呈现此消彼长的态势。县域经济体总量是衡量县域产业发展程度的常用指标，但是在质量维度方面，县域产业结构是衡量县域经济发展质量的不可忽视的指标。从时间发展动态的视角看，县域经济体所处的省份地区不同，其产业结构、产业总量和产业质量的发展现状和变化速度也存在较大的差异。《中国县域经济发展报告（2020）》显示，城镇第二产业和第三产业进步明显。与县域经济第二产业和第三产业发展较快相对的一个重要特征是，第一产业在经济增长中的比重进一步缩小。百强县发展水平较高，可与“粤苏浙鲁”并肩。到 2019 年，中国县域三次产业结构中的第二产业与第三产业占比分别约为 42%和 44%，第三产业占比大幅提升。从各省份县域产业结构来看，2019 年，陕西、江苏、浙江等省份的县域经济产业以第二产业为主，安徽、四川和山东的县域经济以第三产业为主。

县域千方百计筑巢引凤，积极向国内外产业伸出橄榄枝，虽然承接产业转移的路径不同，但普遍存在以下共性特征。一是都重视交通基础设施建设

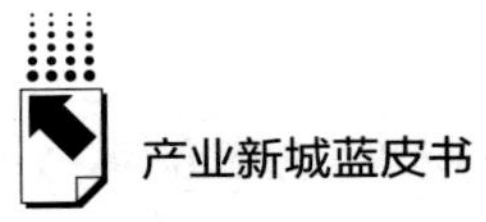

的铺垫。各县域经济体加大交通基础设施的修缮与规划，建设综合的交通运输网络，以此来连通自身与产业转出地的承接，为产业融合创造便利的基础条件。二是都立足现有基础和发展潜力对接。工业基础较好的地区依托产业基础和综合配套优势，集群引进高成长性制造业和战略性新兴产业。三是承接产业转移时不盲目、不盲从。县域经济体在选择自身产业承接之前，分析自身产业优势以及资源禀赋，以此确定主导产业和优势产业进行承接，既实现了高质量承接，又促进了转入产业在此更好地发展。

（二）我国县域承接产业转移存在的问题

1. 土地资源与发展空间的严重浪费

前些年，为了更好地承接产业转移、招商引资，很多县域单位基于上项目，竞相压低地价，企业要多少地给多少地。甚至一些地区大张旗鼓地进行招商引资，但招商进来并不进行建设，实际投资力度较小，不仅造成土地浪费，同时利用率极低。与此同时，观念意识上的缺失也造成县域未能高质量承接产业转移，比如一些县域缺乏长远的规划建设，城镇布局不合理，同时由于土地较多，没有节约用地的思想，造成招商引进的企业在厂房、办公用地和宿舍等方面存在较大的浪费，未实现土地的集约利用。

2. 产业配套能力不强、营商环境较差

从市场经济体运行的规律和效率来看，具体项目的开发运营涉及地方政府的深度参与，尤其是营商环境不太良好的地区，往往项目的运行结果是低效率且缓慢的。从产业转移企业的角度来看，其参与县域经济的开发与建设的积极性往往不高。一方面，产业转入企业发展经营所面临的营商环境需要改善；另一方面，在市场准入、竞争公平性以及对生产要素的平等使用等方面，产业转入要面临更多的体制性因素的制约和阻碍，县域营商环境与发达地区还存在着差距，部分地区亲商、帮商、富商、安商的氛围还不够浓。

3. 工程技术、高级技工等人才资源短缺

随着教育的普及，我国整体劳动力水平和素质在不断上升，但是县域经济依然存在高端产业与技术人才、复合型人才的缺失。不仅如此，往往还存

在留不住高端技术人员、人才外流的现象。不同地区的劳动力知识水平及技能水平存在较大差异，而由于人口、经济、环境、社会等各因素的影响，人力资本的流动存在结构性不匹配，较多地流向发达的城市。推动高端人才向中西部地区，尤其是县域经济体流动存在着一定的困难。但这种困难长期存在却会阻碍县域经济的发展，成为卡脖子问题，造成优秀的企业不愿意落户，或落户了很难长期定居。因此，如何构建有效的人才引进体系，扩大高端人才队伍，优化营商环境，是我国县域经济实现高质量承接产业转移的重要因素。

二　新发展格局下县域承接产业转移的机遇与挑战

（一）新发展格局下县域承接产业转移的机遇

1. 国内统一大市场促使区域联系更加紧密

在“双循环”新发展格局下，县域经济的发展地位更加突出，载体功能更具有可塑性，是实现高质量发展的重要载体。一方面，县域经济的发展是破解我国“三农”问题的重要抓手，是有效连接城镇市场和农村市场的纽带，是实现国内国际双循环的中间主体，在推进我国城乡一体化过程中发挥着不可或缺的作用；另一方面，县域经济是一个功能完备的综合经济体系，它不仅充分涵盖了三大产业的各个部门，同时串联了生产、流通、交换、分配等各个环节，是实现产业链供应链现代化的重要载体。新发展格局下，过去“两头在外”的循环方式越来越难以为继，一些外贸企业2022年已开始由单纯出口向出口兼内销转变，国务院办公厅专门出台《关于支持出口产品转内销的实施意见》，2023年《政府工作报告》再次提出推进内外贸产品同线同标同质。国内大循环必然体现在东、中、西部区域间和城乡的循环，扩大内需导向必然带来人口、市场、技术等要素向西平衡流动。

2. 区域协调发展战略为县域承接产业转移注入更大活力

产业链的现代化、高级化为我国县域经济体的产业动能和价值动能的培育提供了新视角、新契机。随着“一带一路”建设、西部大开发、东北振兴、中部崛起等区域协调发展战略的深入实施，生产力布局和政策扶持向中西部地区倾斜的力度将逐步加大。比如，国家“十四五”规划建议提出，健全区域合作互助、区际利益补偿等机制，更好促进发达地区和欠发达地区、东中西部和东北地区共同发展。结合不同县域经济体的比较优势和区域特色，引进适宜的特色产业，进一步完善产业链供应链，打造规模性的相关加工、制造和材料供应基地，提升全球价值链的嵌入度，这也是国内国际双循环发展，实现我国经济高质量发展的必然要求。县域经济新动能的培育促进县域经济发展，同时也使我国扩大内需，畅通国内大循环更具安全性。

3. 全方位开放布局带动县域经济体走向开放前沿

近年来，全国外商投资准入负面清单减少，海南自由贸易港建设总体方案和深圳进一步扩大改革开放实施方案相继发布，自由贸易试验区增加，双循环背景下我国开放的大门越开越大。随着对外开放空间布局不断优化，原来是沿海开放为主、经过几年试验再逐步推及中西部地区，现在是东西南北中全方位开放，未来中西部地区有望增设更多开放平台，这为我们扩大双向贸易和投资带来开放机遇。

（二）新发展格局下县域承接产业转移面临的挑战

1. 逆全球化趋势加剧给县域承接产业转移带来巨大压力

随着中美贸易摩擦以及欧美各国的工业化回流战略的实施，中美之间的贸易和竞争格局不断加剧。在美国的各种战略导向下，不断挑起各国的贸易摩擦并退出各种多边协议。这种逆全球化的战略使得承接国际产业转移的成本越来越高。相比于大中型城市，在这种逆全球化的冲击下，我国县域经济体面临的冲击更大，不仅与国际市场交流合作的机会更少，而且所需要耗费的成本日益增大，利润空间越来越小，给参与国际循环带来了更多的困难与挑战。

2. 国际需求萎缩给县域产业链供应链的稳定带来多重压力

在全球经济发展的新形势下，实现我国经济高质量发展依然不能闭门造车，仍然需要高度的对外开放，深度嵌入国际循环中。但由于我国产业链供应链的不完善，随时面临着海外市场对原材料和加工材料等的断供，不仅海外和国内双重市场的订单需求下降，同时仅有的订单生产也面临着断供风险，并进一步扩大到了整个产业链和供应链的上游和下游，整个产业链面临着安全稳定的风险。

3. 营商环境成为区域竞争的关键

地缘关系使产业转移呈梯度推进态势。如果把沿海地区比作第一级台阶，中部地区毗邻沿海省份比作第二级台阶，西部则属于第三级台阶。在物流运输成本等因素的刚性约束下，如何发挥比较优势，提供差异化服务、错位型竞争，成为我们面临的一个重要挑战。随着“要素红利”和“政策红利”的逐渐弱化，“创新红利”和“制度红利”不断增强，营商环境的内涵特征正在发生深刻变化。越来越多地方把营商环境作为比拼关键点、抢夺制高点，更关注“企业感受”，更注重“市场环境”建设。

三　产业新城：助力县域高质量承接产业转移

作为我国县域经济体承接产业转移的机遇和平台，产业新城的发展模式解决了以往政府主导或民营企业主导模式下面临的资金、平台、效能等问题，为县域经济的发展引入了关键的人才、技术、资金、发展理念等核心要素。同时，产业新城的综合性载体功能减少了信息不对称所造成的问题，促进资源的有效配置，为企业进入当地提供了更便利的落脚点。更重要的是，企业落户当地后，一方面能够利用产业新城所带来的额外便利，另一方面能够与产业新城协同合作，从而推动产业的集群式发展，促进三链融合，进一步增强县域经济体产业发展的软件和硬件环境，吸引更多的优势企业进驻，形成良性的正反馈循环。

（一）以产业新城为载体，提高县域产业承接能力

实现产业高质量发展是产业新城构建发展体系与发展模式过程中所遵循

的基本原则。一方面，围绕主导产业、支柱产业，遵循产业集群发展、企业集中布局、资源合理配置、功能集合构建的思路，减少信息不对称，促进产业链上、中、下游的企业有效沟通和协同发展；另一方面，产业新城模式能够促进共享，完善配套设施，推动产业融合，使产业链不断地整合，并不断地补链、延链，形成高品质的产业集群，同时促进研发和服务体系的集聚。这种高品质的产业集群进一步为县域经济体的发展提供了新的动能，推动县域经济的发展从粗放向集约转变、产业附加值向中高端转变、技术水平向自主创新转变，为县域经济实现高质量发展带来了新的窗口。作为我国县域承接产业转移的平台，产业新城依据本地资源特色和已有产业基础，绘制产业图谱，明确主导产业承接的方向，依靠精准承接，做优做强本土特色产业。产业新城的发展模式不仅为移入的产业提供了环境良好的落地点，而且对县域内的资源进行整合，促进产业的集群式发展与转型升级，实现了以集群带动、高端引领来促进县域产业的高质量发展。

如河南省灵宝市，原本属于经济不发达的县域，借助于灵宝豫灵产业园，高质量承接产业转移，实现了产业的转型升级和高质量发展。作为资源型城市，路径依赖问题一直是灵宝市产业发展的制约因素，但其积极承接产业转移吸引的国投金城冶炼有限责任公司成功地解决了这一棘手难题。该公司的生产项目既包含了多金属综合回收，也包含了黄金开采、冶炼、深加工等项目，并且这一工艺目前位于亚洲前列。其处理难度较大并且复杂的多金属综合回收项目在当地建成以后，第一次开工运行就实现了产量和质量的双重达标，体现了当地对大型工厂设备的承接能力。并且随着企业与产业新城的协同发展，灵宝当地已经成为集开采、冶炼、深加工于一体的千亿级产业集群，促进了企业自身的创新。

然而灵宝市并未止步于此。除国投金城冶炼有限责任公司之外，灵宝市重视产业转型升级，在延链、补链、强链思想的指导下，不断完善产业链的上下游，实现了其传统铜产业的转型升级，将其发展成为铜产业集群。截至2022年，灵宝市已有相关铜企业16家，并形成了集生产、加工、研发于一体的完整产业链。成立了铜箔技术研究院，并不时邀请国内外相关专家举行铜箔产业高峰论坛，形成了具有灵宝特色的铜产业高质量发展的集群道路。得益于此，灵宝被称为“中国铜箔谷”。

（二）科学的产业规划引领县域产业协同布局

产业新城项目在实施之前需要专业的团队进行规划，这些专业的团队成员由相关领域的专家组成，具有较强的专业知识，在经过团队深入调研、认真研究的基础上，因地制宜地制定适合本县域经济发展的产业规划，确定主导产业和支柱产业。采用这种方式确定的产业发展规划，减少了县域经济体混乱无序的产业发展问题，不仅能紧跟国际经济发展方式，走在产业发展的前端，同时结合当地的自然禀赋、资源优势等进行发展，以确定更适合自身的产业承接方式。依据自身禀赋和价值链核心环节产业，进行承接和培育，同时，以产业新城为载体，协同合作，实现集群高质量发展，优化了资源配置，提升了资源利用效率。比如，嘉善县凭借地理优势，一方面紧抓上海自贸区建设的机遇，紧跟嘉善项目，与信息技术、软件研发等相关高端企业积极洽谈，及时引入；另一方面结合本地现有的外贸服装产业较为发达的禀赋优势，特别引进电子商务平台、营销服务等相关配套项目，成功推动了传统产业升级改造。又如，安徽省灵璧县已建成的轴承产业园，依托人工智能、5G 互联网、大数据等技术，打造线上线下相结合的交易平台，培育轴承专业市场，开拓海外市场，构建功能配套完备的现代化轴承产业集群发展体系。灵璧县位于淮北平原，2017 年以前，该县还是国家级贫困县、皖北人口大县、传统农业大县，没有工业基础。但是，近几年灵璧县取得了突破性的工业发展，一跃成为以轴承工业为专业特色的产业集聚区，目前已有轴承企业及关联配套企业 30 余家，正在形成以轴承钢、轴承套圈、保持架、热处理、轴承组装等专业化分工明确、配套能力强的完整产业链条，并被安徽省授予“机械制造特色产业集群（基地）”。

（三）改善营商环境、筑牢金巢“引凤来”

县域经济体因其本身的经济及地理位置等，在承接产业转移的问题中重点需要解决如何将企业引进来、如何将引进的企业长久留下来、如何让留下来的企业能更好发展。这些问题的解决，离不开当地配套设施的完善以及营商环境的改善。产业新城的建设为解决这一难题提供了良好的条件。其作为县域承接产业转移的平台，为转入的企业提供了设施较为完善的落脚点，改善了县域经济体的营商环境，为产业落地提供高品质的条件。高效专业的产业新城运营主体由专业化的高素质人才组成，在制定县域经济产业发展规划时，产业新城依据本地资源特色和已有产业基础，绘制产业图谱，明确主导产业承接的方向，依靠精准承接，做优做强本土特色产业。改善城市品质和营商软环境，积极促进国内外高品质创新要素在县域地区扎根。另外，产业新城模式是政府和社会共同合作的模式，在建设的过程中，为了确保产业新城项目高效有序地运行，当地政府会不断地深化要素供给侧结构性改革，促进高端要素高效配置。

四　产业新城推动县域高质量承接产业转移的思考与建议

（一）以产业新城为抓手推动县域高起点承接产业转移

从动态发展的角度来看，县域经济体与产业新城之间是相辅相成的互补关系。以产业新城为抓手，充分利用产业新城发展模式带来的资源整合及要素优势，推动县域经济以更高的水平参与到国内国际大循环中，推动都市圈和县域经济投资发展模式的改制与升级。同时，县域经济的改制与升级进一步促进产业新城模式更好地发展。一是推动产业新城内主导企业以加强研发与合作实现自主创新，形成一批有优势的自我品牌。构建集研发、生产、品牌、营销等于一体的产业链体系，深入参与国际分工，利用我国区域市场协同优势，整合区域供应链环节，深入嵌入全球价值链，实现价值链的升级。二是利用产业新城下县域经济的产业集群作用，充分发挥企业在参与全球供应链中的配套服务优势，推动我国县域经济体在全球经济运营中的能力。为此，重要的抓手在于积极开展跨国并购，建立一体化的生产管理体系，从而实现从研发到生产再到品牌和营销的系统管理体系。三是充分利用国家“一带一路”倡议的优惠和支持，推动与沿线国家的相关合作往来，推进县域企业与“一带一路”沿线国家和地区合作共建产品生产加工研发基地，开拓国际市场，在深度和广度上更好地参与国际经济循环。

（二）全力营造一流营商环境，形成资源要素集聚“强磁场”

吸引企业入驻的不仅仅是政策的优惠、基础设施的完善等相关显性因素，县域经济体的软环境即营商环境同样至关重要，甚至是决定引入的企业能否愿意长久地留下来的决定因素。招商靠服务，发展靠环境。招商引资的竞争，说到底是营商环境的竞争，也是决定承接产业转移成败的关键因素。要拓宽视野，提升优化营商环境。在坚持现有好做法的同时，应对标北京、上海、粤港澳大湾区甚至国际发达城市，既从长远发展和工作全局谋划，也从基础工作和点滴小事做起，着力找准改革突破口、打好集成“组合拳”，着力破积弊、立新举、优服务、树标准，以高标准、高质量的营商环境推动人才、资本、技术等要素的集聚，培育自身的竞争优势。要提高政府效能，让市场主体办事更便利。加大放管的力度，持续主动简化繁杂手续，减少不必要的流程约束，为当地群众创造更多的就业机会。健全管的机制，应注重建立全过程、全链条监管机制，当好市场秩序的“裁判员”和“守护者”。提升服的质效，在减环节、减材料、减时限的同时，应注重数字政府建设，在政务流程再造、数据归集共享等方面进行系统性重构，以内部流转效能提升来增强市场主体感受。

（三）以产业新城模式为契机加强县域经济治理结构提升与改进

传统的县域经济发展模式存在较多的弊端与限制，针对县域经济目前发展过程中面临的痛点，产业新城发展模式能够因地制宜地制定产业规划，调整现有的产业结构，紧跟产业发展的趋势，建设具有前瞻性的产业集群，促进县域经济治理结构的提升与改进；针对以往县域经济发展在产业招商布局、招商引资方面的痛点，产业新城发展模式通过社会和资本的合作，可以弥补当地政府资金短缺的困境，能够通过社会资本的资源和融资能力，解决资金难、资金贵的问题，从而更好地促进县域经济的发展。因此，借助于产业新城发展模式，应从更高的定位进行产业的引导和规划，积极引入重大产业化项目的落地及精准对接，引导产业错位布局。应通过打造绿色循环、资源共享、特色鲜明、舒适开放的产业生态圈，形成功能区产业集群，创新产业链、生态链，促进资源要素的高效利用，带动县域经济产业转型升级。

参考文献

白雪洁：《中国新一轮产业转移：动因、特征与举措》，《国家治理》2022 年第 5 期。

北京大学 PPP 研究中心课题组：《基于县域经济高质量发展视角的产业新城 PPP 模式效能研究》，《中国经济报告》2020 年第 6 期。

曹丽哲、潘玮、公丕萍、常贵蒋、李裕瑞：《中国县域经济发展活力的区域格局》，《经济地理》2021 年第 4 期。

龚晓菊、臧杨杨：《乡村振兴与我国县域产业发展路径：浙江范例研究》，《生态经济》2022 年第 9 期。

陈思霞、张冬连：《产业新城 PPP 项目与县域经济增长》，《财贸经济》2021 年第 4 期。

郭爱君、毛锦凰：《新时代中国县域经济发展略论》，《兰州大学学报》（社会科学版）2018 年第 4 期。

李泉：《中国县域经济发展 40 年：经验与启示》，《石河子大学学报》（哲学社会科学版）2019 年第 1 期。

刘冲、刘晨冉、孙腾：《交通基础设施、金融约束与县域产业发展——基于“国道主干线系统”自然实验的证据》，《管理世界》2019 年第 7 期。

刘勇：《产业新城：县域经济转型发展的新探索》，《区域经济评论》2014 年第 6 期。

刘珂、乔钰容：《产业新城对我国县域产业转型升级的影响机理与路径研究》，《郑州轻工业学院学报》（社会科学版）2019 年第 Z1 期。

李玉恒、黄惠倩、王晟业：《基于乡村经济韧性的传统农区城乡融合发展路径研究——以河北省典型县域为例》，《经济地理》2021 年第 8 期。

芮明杰：《统一大市场建设：产业跨区域转移新契机》，《国家治理》2022 年第 5 期。

张云超：《新型城镇化背景下产业新城促进我国城市科学发展优势与理论实践价值》，《郑州轻工业学院学报》（社会科学版）2019 年第 Z1 期。

张佰发、李晶晶、胡志强、王娟娟、苗长虹：《自然禀赋与政区类型对中国县域经济发展的影响》，《地理研究》2021 年第 9 期。

张忠国、夏川：《需求导向下的产业新城产城空间建构思路——环首都地区 4 个产业新城建设分析与思考》，《城市发展研究》2018 年第 3 期。

案例篇

Case Study

B.18

太康县产业集聚区高质量发展研究*

周晓东**

摘　要： 传统农业大县如何在经济发展大潮中探索出一条现代化道路，是摆在中部省份面前的一个现实性问题。太康县产业集聚区从无到有、从弱到强，形成了装备制造、纺织加工及节能环保等优势产业。在推动产业集聚的同时，促进了产城融合发展，形成了产业化与城镇化良性互动的发展格局。在区域竞争日趋激烈的态势下，其承受的压力与挑战日益加大，并面临着土地资源紧张、产业结构升级不畅及营商环境难以满足市场主体需求变化的问题。着眼于县域经济高质量发展目标，太康县产业集聚区应重点解决好发展方向、激励约束机制及资源保障三个根本问题。

* 本研究受河南省哲学社会科学项目“推动企业科技创新的资本市场体系优化研究”支持（批准号：2021BJJ115）。本研究在资料收集及撰写讨论时得到了太康县产业集聚区管委会的大力支持，在此一并感谢。

** 周晓东，博士，郑州轻工业大学经济与管理学院副教授，硕士生导师，研究方向为产业经济。

关键词： 县域经济　产业集聚区　营商环境　太康县

作为粮农及人口大县，太康县在矿业及能源资源并不丰富的条件下，通过解放思想，释放市场活力，利用市场主体外引技术，政府顺势引导扶持，推动形成数个特色产业，并将产业集聚与城镇发展结合起来，探索产城良性互动融合发展之路。太康县的产业发展实践所体现出的市场主体与政府角色定位，以及不同发展阶段主要矛盾的变迁过程与应对措施，对于地处中原的河南省具有典型的示范意义和推广价值。发展过程中，作为对接政府与市场主体桥梁的产业集聚区管委会，如何把握好服务与管理边界，既不越俎代庖，又积极有为，实现呵护市场主体的积极性与保障公共产品充足性之间的平衡，是一个共性命题。在这种意义上，太康县产业集聚区管委会在长期实践中的持续艰辛探索，也具有了适用性很强的借鉴价值。

一　产业集聚区概况

太康县产业集聚区始建于 2009 年 9 月，规划总面积 23.35 平方公里。至 2021 年底，产业集聚区建成区面积达到 10.35 平方公里，现有 54 个厂区，入驻企业 132 家，备案项目 205 个。2021 年度集聚区规模以上企业增加值 130.5 亿元（其中工业增加值 123.85 亿元），同比增长 1.5%；实现利税 31.5 亿元（其中工业 26.7 亿元），同比增长 1.4%；工业用电量 6.7 亿度，同比增长 8.1%；规模以上企业实现主营业务收入 448.6 亿元（其中工业 425.1 亿元），同比增长 1.2%。从业人员 6.7 万人（其中工业 6.2 万人），固定资产投资完成 49.8 亿元。主导产业营业收入、利税、用电量、从业人员分别为 439.55 亿元、25.6 亿元、4.4 亿度、5.6 万人，其中纺织服装企业 65 家，实现营业收入 272.5 亿元、利税 16.4 亿元、用电量 3.5 亿度、从业人员 3.4 万人，分别占集聚区工业收入、利税、用电量和从业人员的 54%、52%、48% 和 51%；通用装备制造企业 33 家，实现营业收入

167.05 亿元、利税 9.2 亿元、用电量 0.9 亿度、从业人员 2.2 万人，分别占集聚区工业收入、利税、用电量和从业人员的 34%、35%、13%和 31%。

产业集聚区自成立以来，发展持续稳定，获得一系列社会肯定。

2016 年，被工信部评定为“全国产业集群区域品牌锅炉压力容器产业试点地区”，《河南日报》整版刊登了太康县产业集聚区发展经验，并被《河南日报》和河南工商业联合会评定为“百亿产业集群 30 强”。

2017 年，在国家质量监督检验检疫总局开展的区域品牌价值评价工作中，“太康锅炉”品牌价值评估为 34.3 亿元，被中国棉纺织行业协会授予“中国棉纺织名城”称号，获“河南十佳创新型产业集聚区”称号。

2018 年，荣获中国纺织工业联合会“中国新兴纺织产业基地县”与“纺织产业扶贫先进单位”称号，荣获中国长丝织造行业协会“中国长丝织造产业基地”称号，省质监局授予“河南省工业锅炉产业知名品牌示范区”，省发改委授予“河南省首批省级低碳园区试点创建单位”，省工信厅授予“河南省装备制造业转型发展示范园区”、河南十佳发展战略产业集聚区等荣誉，省工信厅批准太康成立河南省智能环保锅炉制造创新中心，省科技厅批准太康成立河南省新型研发机构，成功组织 2018 年河南太康锅炉行业质量提升活动启动暨河南省四通锅炉创新中心成立大会、2018 年中国长丝织造行业技术创新研讨会、广东省福建泉州商会中原地区产业对接与扶贫“双创”示范基地挂牌仪式暨论坛、太康县纺织服装产业差异化发展暨转型升级对接洽谈会、中国搪瓷工业协会换届大会、锅炉国家标准制定会议、2018 年河南省造纸行业“四新”技术交流及推广会议等大型活动。

2019 年，先后荣获“棉纺织产业集群创新发展示范地区”、省产业集聚区“二次创业”典型案例等荣誉，成功举办河南纺织服装产业高质量发展论坛等活动。

2020 年 8 月 21 日河南省发改委官网发布《2019 年度河南省产业集聚区高质量发展考核评价综合排序》，在考核综合排序中，太康县产业集聚区居于全省第 13 位。先后荣获省三星级产业集聚区、省优秀产业集聚区、“十三五”区域经济发展杰出贡献奖等荣誉。

2021 年，先后荣获 2021“金星奖”河南十佳最具成长潜力集聚区称号，被 2021（第四届）亚洲经济大会授予 2021 年度最具投资价值园区称号。

二　产业集聚区产业发展状况

经过多年发展，太康县产业集聚区发展水平已达到相当水准，形成主业特征突出、规模经济效应明显的局面。目前该县已形成以下四个主导产业集群：纺织服装产业集群、锅炉制造产业集群、节能环保产业集群及食品加工产业集群。

（一）纺织服装产业

太康县曾因盛产棉花而被誉为“银太康”，“承天时、秉地利、聚人和”，该县充分利用产业集聚区建设平台，顺势而为，立足太康原有纺织产业基础、棉花资源、人力资源，通过开展以商招商、商业协会招商和产业链招商，同时建立对外开放工作站、太康人创业联盟，全力招商，积极承接产业转移，引进江浙粤闽及港澳台等地纺织服装企业入驻，着力培育纺织服装产业集群，不断延链补链强链，引导集群向规模化、品牌化、集群化发展，实现了集群从小到大、从弱到强、从散到聚的嬗变，目前已形成了全国有影响的差异化纱线及弹力面料生产线产业集群。截至目前，纺织服装产业集群已入驻企业 68 家，其中，纺纱企业 12 家、织布企业 35 家、成衣企业 21 家。投产及在建纺织规模达到 176 万锭，喷气、喷水、圆盘织布机规模达到 12000 台，其中，已投入倍捻机 180 台、浆丝机 13 台、喷水织机 8800 台、喷气织机 1350 台、经编织机 1200 台、智能圆盘织机 518 台，服装年加工能力 6 亿件。纺纱行业重点企业有太康县银鑫棉业有限责任公司、河南通泰纺织有限公司、太康县万利源科技有限公司、河南昊晟纺织科技有限公司等。织布行业重点企业有河南盛鸿纺织有限公司、河南中福织造有限公司、河南协益织造有限公司、河南天虹轻工科技有限公司、河南润泰纺织服饰有限公司等。服装加工行业重点企业有河南欧企德服饰有限公司、香港磊磊集团、河南源通服饰有限公司等。整体来看，在差异化纱线和弹力面料领域形成了较为明显的集群效应。

（二）装备制造产业

太康县素有“锅炉之乡”的美誉，锅炉制造业发端于1976年，沿311国道形成了远近闻名的“锅炉产业带”。2009年在产业集聚区内着力打造以锅炉制造业为特色的通用设备制造产业园，推动太康锅炉产业“退带入园”。目前制造产业园已入驻企业33家，其中A级锅炉企业5家（四通、永兴、中太、韩科热力、神风）、国家高新技术企业1家（四通）、河南省著名商标5家、河南省工业企业质量标杆企业1家、河南省工业品牌示范企业3家，年生产能力达10万蒸吨，形成了以锅炉为主的装备制造产业集群。园区企业获得专利33项，河南省名牌产品1个、河南省工程技术研究中心2个，形成了“全国最集中的A级锅炉制造基地”。

在技术研发方面，锅炉企业产品也由曾经的“傻大粗笨”，实现了向“高精尖靓”的华丽转身，产业技术含量大幅增加，由传统单一燃煤锅炉发展转型为燃油、燃气环保节能锅炉以及生物质锅炉、智能锅炉等多技术路线产品系列，现有产品涵盖48个系列500多种规格型号，年生产能力达6万蒸吨。在市场销售方面，拥有国内28个省、自治区、直辖市近千个营销网点。“互联网+”、世界工厂网和上海国际锅炉产品博览会等平台拓宽销售渠道已逐渐取代了由业务员跑市场的传统模式。国内外市场占有率稳步提升，远销欧洲、美洲、澳洲、非洲等80多个国家和地区。产品省内市场占有率达55%以上，国内市场占有率达35%以上。“太康锅炉”品牌价值在原国家质量监督检验检疫总局开展的区域品牌价值评价工程中，品牌价值达到34.3亿元，进入区域品牌价值评价百强。先后荣获“全国产业集群区域品牌锅炉压力容器产业试点地区”“河南省特色装备制造产业园（工业锅炉）”“河南省产业集群区域品牌建设试点单位”“河南省装备制造业转型发展示范园区”等荣誉。

（三）节能环保产业

目前已形成以龙源纸业为龙头，以光大环保能源、达源环保等节能环保企业为核心的节能环保产业集群。该产业目前已实现近35亿元工业产值，上缴税收近3亿元。龙头企业已成为太康县的利税大户。逐步建立起吸纳就业能力强、技术装备水平高、产品市场份额大的节能环保产业发展体系，加快将节能环保产业培育成为太康经济新增长点。

（四）食品加工产业

依托农业大县资源优势，太康县一直扶持食品加工产业的发展，目前招引入驻食品加工企业13家，其中代表性的有牧原农牧、明正清真食品、碧海食品、宏光制冷、国园食品等企业。该产业产值已达10亿元，税收近1亿元，已初步形成肉类食品加工产业群，在周边地区已有相当影响力。

三　产业集聚推动下的产城融合发展

太康县在推进城镇化过程中，把产业发展放在了首位。太康县深刻认识到只有产业经济发展起来，才能吸引、留住各类人才。对于进入城市的居民来说，最急需的还是就业，只要有了良好的就业环境，农民进城的愿望还是很强烈的。而要创造就业机会，就必须产业发展先行。在发展产业的过程中，把创新作为推动开发区高质量发展的着力点，打造特色产业集群，提升核心竞争力。目前，产业开发区已建和在建厂区70个，入驻企业270家，为6.1万人提供了就业岗位。为了实现可持续发展，大力推动产城融合发展，加快配套服务建设。近年来对开发区道路、管网、绿化、亮化等基础设施工程进行了新建、改建和提升改造，开发区内超市、医院、教育等配套设施全面启用，形成了较为完善的配套服务和城镇服务功能。着重抓好主导产业园区建设，强化产业支撑，推动县城与园区的连接贯通，把开发区打造成为新型城镇化的重要载体，以产兴城、以城带产，形成产城融合发展的良好局面。

太康县政府及产业集聚区制定加快开发区发展的实施意见，完善开发区总体发展规划、国土发展规划和控制性详细规划。通过土地整理挖潜、推进标准化厂房建设，拓展开发区发展空间。完善园区配套设施，坚持把基础设施与城市基础设施、公共服务设施统筹安排，完善开发区商贸、物流、医院等公共服务设施，为项目入驻创造条件。加强与中科院大连化物所、河南省工程院等科研院校合作，设立新型科研创新平台、科技企业孵化器，着力解决锅炉企业有锅无炉、纺织服装企业印染卡脖子等问题，太康县纺织服装产业园、锅炉共享产业园、智能物流仓储产业园、南通家纺产业园、纺织品检测中心、现代纺织绿色染整产业园等政府投资项目正在加速推进，预计在2025 年建成全省纺纱规模最大的纺织产业园、全省布料生产规模最大的织造产业园、全国有重要影响的服饰产业园。再引进纺织服务项目 40 个以上，总投资超 300 亿元，实现年生产 10 亿件服装的能力，年产值达到 400 亿元以上，到 2025 年打造成为中原地区纺织服装加工制造的重要组成板块。实施驱动创新，持续推行“太康英才计划”“候鸟招引工程”等活动，采取“候鸟式”聘任、“双休日”专家等灵活引人方式，支持和鼓励高校、科研院所科研人员兼职创新。鼓励高校毕业生、在外成功人士等高层次人才返乡创业、报效家乡，集聚更多的人才和资本，把各方面优秀人才集聚到本土发展需要中来。

四　产业集聚区高质量发展面临的问题

作为中部省份的县级产业集聚区，太康县产业集聚区能取得上述成绩是难能可贵的，但在竞争格局日趋激烈的大趋势下，其面临的挑战与压力也日益加大。

（一）可利用土地紧张

由于城镇三区三线的规定，开发区发展的国土空间压缩，由原来 23. 35

平方公里变为 15. 57 平方公里，一些大项目无法落地，在土地空间既定的情况下持续增长的难度不断加大。

（二）产业结构不合理

即使产业集群效应比较明显的纺织产业，也面临着产业链条不全的困扰。在环保要求不断提高的今天，如何补全印染环节难度越来越大；锅炉产业在产业升级换代上面临的问题更严峻，从行业来看，企业小、散、乱及附加值低的局面至今没有得到根本解决。

（三）营商环境不能满足企业现实需求

营商环境是指市场主体准入、生产经营、退出等过程中涉及的政务环境、市场环境、法治环境、人文环境、基础环境、产业环境、创新环境、金融环境等有关外部因素和条件的总和。太康县近年来为优化营商环境做了大量工作，要求各职能部门将服务于全县经济发展作为重点工作来抓；围绕产业集聚区的工作难点调整运行机制，在机构设置及人员配备上高规格配置，以增加产业集聚区协调能力及效率。上述措施在一定程度上改善了营商环境，提高了招商效果，但并未从根本上满足市场主体对营商环境的期待及适应竞争环境的变化，越位与缺位现象仍旧大量同时存在。企业的特性是逐利的，只要是能降低成本、减少风险、促进发展的环境都是好的营商环境。

（四）融资难、融资贵问题长期存在

民营企业是太康县经济主体，融资难、融资贵问题是一个困扰发展的长期问题。该问题不仅限制当地企业的发展速度，从长远看也严重阻碍了企业建立现代企业制度的步伐，进而导致企业技术创新缺乏内生动力。

五　产业集聚区高质量发展的思路

当前，产业集聚区已成为县域经济最主要的经济增长点，各类经济指标

占有举足轻重的份额，日益发展为打造产城融合发展、助力当地社会全面发展的支撑点。根据太康县产业集聚区发展实际，着眼于经济社会可持续高质量发展目标，应重点解决好发展方向、激励约束机制及资源保障三个根本问题。

（一）明确产业发展方向，以目标引领管理服务内容

随着竞争加剧，未来企业发展必定是以创新为导向的发展。同中部许多县域经济一样，太康经济主体上仍未从根本上摆脱研发投入不足、创新水平不高的局面，企业竞争优势主要体现在成本优势上面。由于土地要素及人力要素在价格优势方面差距越来越小，靠上述要素优势形成的竞争力不具有可持续性。另外，社会人均收入水平不断提高，消费者对产品品质的要求日益提高，产品周期不断缩短，势必导致企业对创新的依赖越来越强。所有的这些变化无不昭示着产业集聚区要谋划可持续发展，必须能够提供保护企业创新、推动企业创新的发展生态，所有的工作须以此为指向，不缺位、不越位地为企业提供服务与引导。

（二）重塑产业集聚区激励机制，推动“要我干”变“我要干”

作为当地产业发展的主管部门，产业及管委会的工作质量及效率至关重要。从更高的层次看，管委会本身就是为了提高公共服务效率而设置的经济综合管理机构，以便更好地为招商、企业运营提高服务效率，降低企业与政府间交易成本，打造良好的营商环境，最终提高当地的企业竞争实力。要实现上述目标，就要解决好经济集聚区管委会职能定位与激励机制问题。从本质上看管委会的首要职能是通过为企业提供专业化的服务，降低企业与政府职能部门之间的交易成本，这是管委会存在的基本价值。如果将管委会职能定位过于宽泛，相当于在县级政府与企业之间又设立了一级政府机构，势必因管理层级的增多影响工作效率，也失去了其存在的初衷。另外，管委会职能过多，也不利于政府其他职能部门工作开展，不符合专业化分工提高效率的原则。管委会的核心职能应聚焦通过专业化的服务能力降低企业与政府各

职能部门间的交易成本，让企业在市场竞争中能够轻装上阵，专心于产品创新。为了让企业轻装上阵，也必须要让管委会轻装上阵。基于上述分析，管委会内部组织架构也要围绕为企业提供专业化服务进行岗位设计，并根据岗位部门的工作职能不同，确定关键好用的绩效指标，建立起常态化绩效考核机制，让激励机制起作用，推动“要我干”转化为“我要干”。在重塑产业集聚区激励机制的具体操作中坚持市场化和去行政化的方向，明晰开发区管委会、属地、部门乡镇之间的职责权限。通过权责清单，推进各方职责落实到位，确保平移到开发区管委会的权责能“接得住”“用得好”。

着眼于激发活力，加强人员力量的调配，通过变编制管理为岗位管理，实行档案封存，积极推行岗位薪酬制度，探索推行全员岗位聘用制，建立开发区“干部能上能下、人员能进能出、待遇能高能低”的竞争择优选人用人机制，对开发区发展急需的管理人才、专业人才，推行聘任制和人才派遣等方式，实行特岗特薪、特职特聘，破除干部身份壁垒，有效激发内生动力，助推开发区高质量发展，进一步推进“管委会+公司”管理运行效率全面提升。

（三）提升公共产品供给能力，为市场力量发挥创造条件

产业集聚区虽已取得不菲成绩，但从可持续发展角度看企业的创新能力明显不足，有不少企业仍处于常年低水平徘徊状态，规模经济效益低下。形成这种局面的因素是多方面的，既有企业家自身知识结构及能力结构的因素，也有当地人力资源市场的因素，还有当地资本市场发育水平等因素。摆脱发展困境，要同时解决企业家发展视野、风险分担及资金筹措等关键问题，短时间内仅靠企业自身能力难以实现，需要政府以产业集聚区为主要载体与抓手，切实从提供公共产品角度化解或缓解上述矛盾。

首先，产业集聚区管委会进一步加大力度推动行业交流、人员交流，提高交流质量与成效。政府在此过程中的角色定位要准确，政府的最终职责是把人员交流的平台搭好，让企业自己通过交流尝到甜头，内生出交流的持续动力与主动性。政府最终要从倡导者、推动者、筹划者的角色转化为服务

者、配合者，进而实现通过交流发现新机会、新技术，并达到改变企业决策者的思维方式。所有的现代化企业必须要有现代化的企业家，企业家思维的转变是企业发展模式转变的首要一环。

其次，产业集聚区要更加积极主动推动企业兼并重组。目前，太康企业主体数量可观，但规模经济效应不突出，这一点在太康传统锅炉产业体现得尤为明显，严重制约了企业研发能力及生产管理水平的提升，产品同质化严重。现实迫切需要通过企业兼并重组突破发展瓶颈，但在当地企业家主体思维观念没有发生根本转变及资本市场没有充分发育起来以前，靠市场主体自己完成这一任务是很困难和漫长的，需要政府采用合适方式为企业兼并重组及产品升级创造条件及助力。政府可以考虑以集聚区管委会为主体建立产业发展基金，产业发展基金通过向企业注资方式引导企业发展方向，更可以此撬动更多资金流向有发展潜力的优质企业；也可以通过产业基金与企业共同建设行业实验室及行业技术中心，为整个行业高质量发展提供基础设施；政府在推动产业发展的过程中，要特别注意介入程度、方式及退出时机的把握，一切要以发挥好企业的积极性为前提，坚守企业是市场主体的原则，政府只是助力与服务，而不是主攻。政府只是舞台的提供者，企业才是经济舞台的主角，当企业有能力自己通过资本市场进行整合时，政府就完成了用“空间换时间”的使命，要及时退出。

再次，政府要高度重视本土资本市场的培育。县域经济发展过程中，资本市场发育水平不高是一个共性问题。资本市场不仅是融资渠道问题，也事关激励机制、风险匹配等企业发展的底层逻辑，有一个健康稳定的资本生态，对于企业创新及可持续发展至关重要。当然，资本市场培育不可能一蹴而就，需要分步骤依次推进。第一步，应完善企业征信系统。只有让企业对自己行为负责，让每一个经营者为自己不诚信付出代价，信誉才真正具有市场价值，资本市场的运行成本才能显著降低。第二步，推动发展普惠金融。第三步，推动银企合作，建立资产交易市场。帮助中小企业把股权抵押、知识产权专利抵押等担保变现，引导中小企业守信用，量力而行，循序发展。

最后，可以考虑在产业发展基金的基础上引进风投、私募等机构投资者，通过举办行业交流会、资本论坛等形式营造金融生态。在交流碰撞中既为投资端带来了项目，也为融资端带来了资金，还拓宽了当地企业家的视野，为其改变发展模式、放弃抱残守缺提供条件与动力。

参考文献

聂丽、石凯：《农村金融集聚影响农村经济增长的区域差异与路径选择》，《财贸研究》2021 年第 5 期。

杨平宇、陈建军：《产业集聚、绿色发展与治理体系研究——基于浙南产业集聚区的调查》，《经济体制改革》2018 年第 5 期。

陈鸿、刘辉、张俐、王洁新：《开发区产业集聚及产—城融合研究——以乐清市为例》，《城市发展研究》2014 年第 1 期。

杨劲松：《工业园区产业发展模式选择》，《上海经济研究》2006 年第 3 期。

魏后凯：《我国产业集聚的特点、存在问题及对策》，《经济学动态》2004 年第 9 期。

魏倩男、贺正楚、陈一鸣、刘亚茹：《产业集聚区产城融合协调性及综合效率：对河南省五个城市的分析》，《经济地理》2023 年第 4 期。

B.19
子长市工业园区推动县域经济高质量发展研究

陈 昱　李金羽*

摘　要： 县域经济高质量发展是国家经济发展的重要引擎。产业新城的发展在实现县域产业兴旺和推动县域经济高质量发展方面扮演着重要的角色。本文以陕西省子长市工业园区为例，基于县域经济高质量发展视角，介绍了子长市工业园区概况和发展目标，对子长市工业园区推动县域经济发展的路径进行了详细分析。子长市利用工业园区作为全市工业经济发展的主要载体和重要平台，在增加经济总量、产业升级、提供医疗保障、创造就业岗位、推进城镇建设等方面产生了良好效益，推动了县域经济高质量发展，最后提出了产业新城需要明确产业定位、加大招商力度、创新发展模式、优化产业结构，以推动县域经济高质量发展。

关键词： 产业新城　县域经济　工业园区　子长市

县域经济是国民经济发展的一个重要组成部分，党的二十大报告指出，“高质量发展是全面建设社会主义现代化国家的首要任务”。推动县域经济高质量发展，不仅是解决“三农”问题的突破、构建城乡经济共同体的关键，也是扎实推动共同富裕的重要根基，是中国经济双循环的重要载体。以创新

* 陈昱，博士，郑州轻工业大学经济与管理学院副教授，研究方向为资源经济与可持续发展；李金羽，郑州轻工业大学经济与管理学院硕士研究生。

驱动为内核、以产业集群为抓手，对县域经济进行产业结构调整，促进县域经济社会健康发展，具有十分重要的现实意义。当前，我国社会的主要矛盾已转变为人民日益增长的美好生活的需要和不平衡不充分的发展之间的矛盾，以产业吸引集聚人口，通过城市的基础设施进一步推动新城发展，产业和新城相互融合促进经济高质量发展，满足人民生活高水平、高质量的需求。

一　产业新城与县域经济高质量发展

（一）产业新城发展概况

随着我国产业转型升级步伐的加快，创新驱动持续引领产业发展，新产业、新业态、新模式不断催生，产业结构不断得到优化。以人为本、以产业发展为基础、以“产城融合”为代表的城市发展创新模式为中国新型城镇化建设提供了一个可供参考的范例。

新一轮的基建周期正在开启，新基建促进产城融合。在产业新城的建设过程中，更多地从基础设施上来满足人民的需要，完善其配套功能。在对基础设施进行强化和完善的过程中，可以使产业新城内的生活服务配套设施的质量得到提高，同时还可以为具有不同生活习惯的人群提供有差别的配套设施，让他们能够在不同的层面得到更好的服务，从而达到多层次、差异化的精准对接。新基建始终坚持“以人为本”，将产业作为发展的推动力，进一步推动产城融合。

在未来的城市规划用地中，本着节约原则，对新城进行严格的用地审批，并对其进行合理的功能布置，以提高土地利用率。通过经济活动和生产要素的合理流动，使得土地对产业活动的空间选择更加合理化。在全球科技化进程持续加快的背景下，创新驱动发展已经成为一个时代的主题。产业新城迫切需要利用科技创新的力量，持续地推动其业态结构从低端制造到高端创新的升级，优化产业结构，提升自身竞争力。以互联网、大数据为代表的“智慧城市”，是高度信息化、网络化、智能化的城市发展模式，通过对城市中的人员、设施、环境等进行精确的监控、管理和操控，从而有效地提高资源配置效率，社会管理效率，使人与自然、社会的关系得到改善。通过推动智慧新城的建设，可以推动企业对核心技术、战略技术的研究与开发，进而提高相关行业的创新能力。

产业新城作为推动产业转型升级和新型城镇化的战略平台与载体，是一个创新发展方式的方案供给。在未来产业新城发展中，越来越多基于前沿科技的创新性产品和服务将会出现，而且，基于产业新城衍生出的大数据分析有力地推动城市治理创新、产业发展创新、空间规划创新等方面内容，都将成为推动中国城市创新发展的重要实践理性的来源。

（二）县域经济高质量发展的重要意义

1. 县域经济高质量发展是实施乡村振兴战略的主抓手

实施乡村振兴战略，是新时代“三农”工作重心。县域是乡村振兴战略实施的重要抓手，县域通过构建现代乡村产业体系、提升农村基本公共服务水平、加快城乡融合发展、强化农业农村优先发展投入，推动县域经济向高质量发展转变。只有县域经济高质量发展，才能全面推动农业升级、农村进步、农民发展，提升县域经济发展的综合实力，实现县域发展带动乡村振兴的目标。

2. 县域经济高质量发展是繁荣农村经济的主要平台

农业与农村经济是县域经济发展的基础和保障。县域经济尤其是产业园区经济的发展壮大，可充分发挥县域经济在人才、土地、物流等方面成本较为低廉的优势，从而释放县域在空间布局、创业就业、居民消费和公共服务方面的便利性和集聚性，从而助推农民增收致富。县域经济高质量发展，带动农村生活服务业的快速发展，逐步健全农业农村经济发展的服务体系，巩固农业的产业化发展以及农业的基础地位，从而推动农村经济繁荣发展。

3. 县域经济高质量发展是新型城镇化发展的重要基础

稳就业需要兴产业，只有筑牢产业发展基础、激活产业发展潜能，才能有效稳定和扩大就业。目前，我国不少县城产业发展规模小、层次低、布局散、竞争力弱，不仅对县级政府财政收入带来不利影响，也难以为农业转移人口提供量多质优的就业岗位。县城利用自身的特色资源、特色文化、特色区位、特色生态等优势，培养特色主导产业，延伸全产业链条，完善配套产业，走产业集群式发展之路，从而强化新型城镇化建设的产业支撑。县域经济的高质量发展，有助于缩小城乡发展差距、打破区域发展界限，使发展成果更多、更公平地惠及全体人民，从而促进城乡融合发展，推进新型城镇化建设。

4. 县域经济高质量发展是国家经济发展的重要引擎

我国经济发展模式已由高速增长阶段转向高质量发展阶段，目前正处于转变发展方式、提升经济结构、加强增长动力的攻关期。从供给侧看，通过规划设计，县域经济可以承接城市产业梯度转移，推动县域经济和产业转型升级；从需求侧看，县域人口占比高，消费市场体量大，可支配收入逐年提高，县域消费潜力巨大，是国内大循环的主要消费市场。分布广泛而又数量庞大的县域行政单元的高质量发展事关国家高质量发展全局，“县域兴则国家兴，县域稳则国家稳”。

二　子长市工业园区产业概况描述

（一）子长市工业园区概况

子长市，由陕西省延安市代管，位于黄土高原中部，以绿色、低碳、高效、节能、循环经济的理念规划建设子长市工业园区。园区规划面积 2.06 万亩，其中近期规划 0.86 万亩，远期规划 1.2 万亩，已逐步形成“一区四园”的发展格局，包括煤炭资源综合利用产业园、绿色低碳循环产业园、天然气综合利用产业园及现代物流产业园 4 个园区。

园区已先后引进国家电投、大唐集团、延长石油集团、延安能源等 30 家企业，建成煤矸石综合利用、工业废弃物集中处置、新型建材、墙体保温材料、电子商务中心、千吨级冷藏配送中心、园区道路等 8 个项目。重点建设 10 亿立方米天然气净化厂项目、500 万吨低阶煤多联产循环综合利用节能示范项目、车村煤矿一号井建设项目 3 个，同时积极开展煤炭热解气化一

体化综合利用、煤电外送、园区铁路专用线和现代物流园区基础设施建设等项目的前期工作。

园区在矿产资源和建设用地方面具有显著的发展优势。延安域内矿产资源丰富，主要有煤炭、天然气、石油、岩盐、铁矿石、石灰石等 10 余种，是陕北重要的能源化工之地，尤其是子长市的煤种为全国稀有的 44~45 号气煤，是配焦、气化、液化、燃料动力和低温干馏的优质化工煤，被有关专家称为“天然化工精煤”。目前，园区规划面积 2.06 万亩，其中近期规划 0.86 万亩，远期规划 1.2 万亩，批回建设用地 2342 亩，正在组卷上报 1202 亩，收储国有土地 3386 亩，已形成可利用土地 5728 亩。

政府对工业园区的政策优惠主要有，国务院、市政府明确规定上缴的行政事业收费一律按下限收取，县内留成部分按规定下限的 50% 收取；企业在项目建设过程中，建设行政主管部门按政策收取的城市建设配套费，50% 安排给园区管委会用于基础设施建设；入驻企业租赁或购买园区内的标准厂房，一律按成本出租或出售。

（二）子长市工业园区发展目标

根据产业定位，子长市工业园区规划时限为 2016~2030 年，分为三个阶段，统筹规划，分步实施，到 2030 年产业规划项目完全建成后，实现年均销售收入 323.25 亿元，年均利税总额超过 66.6 亿元。

2016~2020 年，园区以煤炭为基础，通过对煤炭的分质利用，采用高温和低温热解技术生产半焦，副产物进一步加工成附加值更高的成品油、甲醇、LNG 等产品，加强资源的利用及产品的竞争力；完成了煤矸石生产多孔砖、煤泥生产型煤等环保项目，解决了能源浪费问题，保护环境，带动经济发展；园区建设了铁路专用线和大型物流中心项目，保证原材料及生产的产品能够及时有效地运输，实现经济价值。

2021~2025 年，园区计划实现充分利用煤化工近期产品，如煤焦油、甲醇、焦炉煤气等作为原料，进行后续加工，生产终端市场所需的化工产品及中间品；加快油田伴生气、油田油泥中污油回收及综合利用；结合产品规划，增加铁路运输能力，保证园区内产品及时、高效运输。

2026~2030年，园区规划发展PVC制品等下游精细化工产业，同时发展城西天然气产业，提高园区综合竞争力。伴随着工业园区进一步发展成熟，根据当地的工业废弃物及城市垃圾等情况进行分类综合处理，建设环境友好型工业园区。

三　子长市工业园区助推县域经济高质量发展路径探索

工业兴则百业兴，工业强则经济强。全国各地县域经济的发展情况直接决定着本地经济高质量发展，以及推动乡村振兴、脱贫攻坚的成果和质量，而县域经济的发展很大程度都依赖于工业经济，因此县域工业经济是根本。子长市立足实际，抢抓政策机遇，认真做好园区发展规划设计，不断强化基础抓平台，致力产业抓招商，聚焦项目抓突破，积极打造成为定位清晰、独具特色的专业化、现代化工业园区，稳步推动工业和能源产业实现更高质量、更快速度的发展。

（一）工业园区推动子长市经济高质量发展的实践路径

工业园区作为一种有效促进产业集聚、加快资源集中的发展方式，对于推动县域经济发展具有举足轻重的作用。子长市工业园区通过以下实践路径推动县域经济的高质量发展。

1. 加快推进项目建设，持续优化投资环境

子长市工业园区充分利用交通、资源、政策优势，吸引农民进区兴业、非公有制经济进区投资、外地公司进区办厂，引导分散的乡镇企业集中发展，扩大对内对外开放，搞好招商引资，储备一批适合各个层次投资者需求的大项目，大力开发可以起到骨干示范作用的好项目，克服土地紧张、无法放置更多项目的矛盾，方便集中连片实施统一管理。要把有限的资金用在基建上，用在降低投资费用上，用在改善投资环境上，用在提升政府工作效能上，用在推动工程建设上。园区以项目建设为中心，构建招商引资平台，增强区域经济竞争力，推进子长市经济高质量发展。

2. 充分利用自身优势，积极探索创新机制

子长市工业园区充分利用矿产资源和建设用地优势，规划特色产业的发展，注重产业链上下游的衔接，使园区的经济发挥出“1+1>2”的效果。园区坚持走高质量发展道路，通过持续深化改革，提升服务供给能力和水平，加快各类创新资源要素的集聚速度，持续激发每个企业的创新积极性，为每个企业进行创新研发活动创造有利的环境，积极培养企业的内生动力，坚持盘活存量与引进增量并举，做大总量与提升质量并重，一手抓现有产业的做大做强，一手抓新兴产业的引进培育。工业园区把创新作为引领发展的第一动力，不断强化企业自主创新能力，构建以市场为主导、以企业为主体的创新体系，通过技术创新不断降低企业生产成本，提升企业竞争力和园区整体实力，打造县域工业经济发展新高地。

3. 以工业园区为载体，推动产业转型升级

子长市大力实施市委市政府的“高端能化支撑”战略，坚持高质量发展，加快产业转型升级，推动新旧动能转换，促进高端能化支撑。积极推进煤炭资源综合利用产业园、绿色低碳循环产业园、天然气综合利用产业园和现代物流产业园的“一区四园”建设。加快构建较为完整的能源化工产业链，全力推进100万吨煤炭分质分级利用、30万吨生物质清洁煤、15万吨钴基费托蜡、15万吨危险废物综合处置、4×66万千瓦火电外送、50万吨煤焦油加氢、5亿立方米天然气制氢、20万吨LNG以及煤炭铁路专用线、智能商贸物流、碳纤维导体新材料等项目建设与前期工作，加快形成布局合理、产业集聚、功能完善、特色鲜明的新兴园区，提升资源转化和综合利用水平。工业园区坚持以大企业带大产业，大力发展产业集群，推动产业结构优化升级，为子长市经济高质量发展提供重要支撑。

4. 发挥园区示范效应，推动子长产城融合

子长市工业园区贯彻产业发展与城市建设并进，奉行产业发展与城镇建设同步的现代化发展理念，从一开始就摒弃单一发展工业的模式。在工业园区发展早期，就明确提出了建设具有竞争力的高科技工业园区和现代化的新

城区发展目标。子长市引导工业企业向园区集中、园区向城镇集聚，要发挥园区的集聚作用，发挥园区的功能，促进子长市的产城融合。在城市的基础上，发展工业园区，完成城市化与工业化的相互促进，使城市建成区面积逐步扩大，不断增加人口，城市经济也逐渐繁荣，使工业园区成为城镇空间拓展和经济高质量发展的增长点。

（二）工业园区助力子长市经济高质量发展的效应分析

自 2016 年，子长市围绕国家和陕西能源产业政策，在县城中建立大规模的综合性工业园区，改善产业结构，提升产业布局，发展园区经济；坚持产业集群发展，吸引大项目、大企业到园区来。经过多年的建设，子长市工业园区对县域经济发展的带动效应越来越明显，具体如下。

1. 县域经济规模总量不断扩大

工业园区经济的兴起，有力地促进了县域经济的快速发展。2021 年子长市累计完成财政总收入 9.57 亿元，比 2016 年净增 2.07 亿元，工业为财政收入增长 21.6%贡献了 18 个百分点。其中，2021 年全县工业总产值 150.05 亿元，比 2016 年净增 84.09 亿元，增量中的 30%来自子长市工业园区；园区工业增加值的发展速度也比全县工业增加值的发展速度快 10 个百分点。

2. 县域医疗保障制度不断完善

工业园区提升了子长市经济水平，增加了子长市财政收入，在很大程度上推动了民生事业的快速发展，促进了子长市医疗保障制度的建设。与十年前相比，子长市人民医院住院平均费用下降 37%，门诊平均费用下降 40%。药占比由 66%降到 31.4%，平均住院天数由 9.9 天下降到 7.8 天，所有控制性指标均处于全省二甲医院最低水平。门诊接诊人次也由 2012 年的 14.5 万人次上升到 2021 年全年门诊 21.9 万人次。子长市也荣获“国家公立医院改革示范县”“全国公立医院综合改革真抓实干成效显著县”等荣誉称号，被确定为“全国紧密型县域医疗卫生共同体建设试点县”。

3. 县域经济结构质量不断优化

过去的很长一段时间，子长市工业总量较少、水平偏低制约了城市经济的发展。子长市工业园区按照“稳油、扩煤、增气、兴电、促转化”的发展思路，稳步推进产业园区的基础设施建设、承载条件不断完善，形成了有特色的园区经济产业发展格局，助力子长市经济高质量发展。子长市一二三产业结构比从2016年的9.3∶56.1∶34.6调整为2021年的6.9∶63.3∶29.8，第一产业比重不断下降，第二产业比重迅速提升，产业结构不断优化。

4. 县域就业人口数量不断提升

以园区为平台，子长市引进投资项目达104个，总投资228.8亿元，引进了陕西延长石油榆林煤化有限公司、陕西西京电子科技有限公司等30家企业。快速发展的工业园区，已成为劳动力就业的基地，在全市园区城镇中，已经有超过8000名的从业人员，占全市城镇待业、失业人员的60%以上。同时，园区还为农村剩余劳动力创造了大量的就业岗位，5年间在全市20.54万的农村劳动力中，有3万人累计转移到第二和第三产业。

5. 城镇建设项目得到有序推进

子长至安塞高速公路被列入国家公路网规划，芋子湾道路、210国道、环城路网、子靖大街和瓦窑堡新区西五及西六路加快建设。大力实施城市更新行动，4个老旧小区改造全面完成，冯家屯生态停车场、操场滩公共停车场建成投用。全国文明城市创建工作扎实推进，智慧城市管理平台功能进一步完善。安定省级历史文化名镇建设初具规模；杨家园则镇、涧峪岔镇基础设施项目加快推进。硬化农村公路6.8公里。常态化开展“一区三线”“八清一改”等行动，建成无害化卫生厕所1653座。涧峪岔镇重耳村、栾家坪街道徐家洼村被确定为省级美丽宜居示范村。

四　县域经济高质量发展视角下产业新城运营启示

（一）加强顶层设计，因地制宜地确定产业定位

产业定位在产业新城的开发建设中具有主导作用。建设产业新城一定要把规划放在第一位，把产业定位做好，以地区产业发展情况为基础，与自身

优势相结合，对主导产业进行科学界定，确定与地方发展相适应的产业定位，并制定出一套切实可行的发展方案，带动县域经济高质量发展。首先，区域在确定产业定位时，应注重顶层设计，从系统性、战略性的角度出发，以经济高质量发展为目的，科学规划发展模式。其次，根据自身资源、区位特点和产业基础，整合自然资源和社会资源的优势，结合地区地理位置、劳动力、交通等因素，依靠资源优势和区位优势发展经济，并依据产业基础，发展升级原有产业，围绕产业链进行上下游配套产业的招商，打造先进产业集群。最后，区域经济的发展带动着区域间分工协作的加强，围绕经济圈的卫星城在进行产业定位时，应依据中心城市的主导产业，发展配套产业，与中心城市分工协作，协同发展。

（二）坚持招强引优，全力打造招商引资高地

招商引资是拉动产业新城经济增长的主要动力，是推动县域经济高质量发展的有效途径。产业新城在发挥现有企业和项目的基础和潜能优势的同时，要持续加大招商引资力度，积极引进、集聚大企业、好项目，在总量扩大中优化结构，在优化结构中扩大总量。首先，产业新城应加强组织领导，统筹协调招商工作，完善招商引资机制，搭建招商引资平台，形成全方位、多层次的招商格局。其次，加强新城基础设施建设和产业配套，加大政策优惠力度，强化服务意识，为投资企业提供必要的项目储备，减少外来企业投资成本，依法保护外商投资企业，营造良好的投资环境。最后，坚持精准招商、科学招商，依托产业定位，围绕产业主导产品及其上下游产品进行招商引资，加强企业间生产协作，形成产业集聚，实现产业链的断层缝合、空白填补，以招商引资的大突破推动县域经济的大发展。

（三）创新发展模式，实现新城可持续发展

创新发展模式是产业新城持续健康发展的重要动力，是区域经济与产业经济高质量发展的重要手段。随着市场需求下降、传统产能过剩、传统产业链基本布局完成等，产业新城应积极创新发展模式，探索发展空间。首先，

创新产业链模式，产业新城应前瞻性研究未来经济发展趋势，科学分析市场需求变化，理性设计产业发展方向，实现一张蓝图绘到底。其次，创新战略化模式，产业新城在制定自身战略规划时，应立足自身产业与产能发展，与国家、区域、市场和产业发展战略进行叠加融合，引领新城持续发展。最后，创新价值化模式，产业新城运营须从园区土地开发、产业导入培育、园区运营、产业企业、持续发展等方面制定全流程、体系化、标准化的多元化价值实现模式，还要制定严格的园区投资与奖惩退出审批机制，减少资源闲置浪费。

（四）优化产业结构，深化特色产业集群发展

产业结构的优化升级是实现经济高质量发展的重要支撑，是产业新城全面协调可持续发展的保障力量。因此，通过产业结构的调整，不断深化特色产业集群发展，降低创新创业成本，节约社会资源，保证产业新城可持续发展，促进区域经济高质量发展。产业新城优化产业结构，首先，要贯彻市场调节和政府引导相结合原则，充分发挥市场配置资源的基础性作用，依托国家产业政策，优化新城配置。其次，要掌握核心关键技术，创新开发高新技术，提高产业技术水平，大力发展高新技术产业，借助高新技术产业改造传统基础产业，大幅度提高产业新城劳动生产率，推进新城经济协调稳定发展。最后，要加大高技术和共性技术研发力度，深化校企合作，重视对高技能人才的培养，以新技术改造提升传统制造业，助力先进制造业快速发展。

参考文献

北京大学 PPP 研究中心课题组：《基于县域经济高质量发展视角的产业新城 PPP 模式效能研究》，《中国经济报告》2020 年第 6 期。

张平、唐丰：《工业挑大梁，促进经济高质量发展》，《经营管理者》2020 年第 7 期。

许爱萍：《产城融合视角下产业新城经济高质量发展路径》，《开发研究》2019 年第 6 期。

B.20

西峡香菇产业园一二三产业融合带动县域特色产业振兴研究

彭青秀　张世鹏*

摘　要： 推进农村一二三产业融合，是促进农业供给侧结构性改革的重要举措之一，是落实乡村振兴战略、促进城乡一体化的必由之路，也是促进农业质量提升、农村繁荣、农民增收的重要途径。本研究以西峡香菇产业园为例，详细介绍了西峡香菇产业园的概况和发展现状，通过对西峡香菇产业园一二三产业融合的分析，指出西峡香菇产业园存在的不足之处，在此基础上提出了三点建议：一是强化组织推融合，二是搞好生态促融合，三是打造品牌助融合。

关键词： 一二三产业融合　乡村振兴　产业集群　西峡县

西峡县位于河南省西南部，豫、鄂、陕三省交汇处，是南阳市下辖县，东接内乡，南临淅川，北邻洛阳，西延商洛，面积3454平方公里，伏牛山南麓经西峡县中部延至内乡县西部。西峡县“八山一水一分田”，是河南省第一林业大县，20世纪恐龙蛋化石群遗址震惊世界，被誉为“世界第九大奇迹”；21世纪西峡县为巩固拓展脱贫攻坚成果与乡村振兴有效衔接，凭借“香菇甲天下”的美誉，以产业园建设为突破口，实施香菇种养产业园、香菇加工产

* 彭青秀，博士，郑州轻工业大学经济与管理学院教授，硕士生导师，研究方向为产业经济；张世鹏，郑州轻工业大学经济与管理学院硕士研究生。

业园、香菇多业态融合发展产业园“三园”联建，以产业促就业，以就业促兴业，开启了乡村振兴的新篇章。

一　西峡县香菇产业园概况

西峡县香菇产业园始建于2012年，为了提升香菇产业发展水平，在西峡县委县政府的推动下，借助西峡食用菌产业被列入省重点培育的30个农业产业集群试点的机遇，沿鹳河沿线布局香菇产业集中连片发展。从寨根乡出发，倾力打造沿双龙—军马河—米坪—石界河—桑坪—寨根—西坪7乡镇为主的百公里香菇长廊，形成香菇产业集群。香菇产业园形成了一批袋料香菇集聚区、示范区，逐步取消了农户房前屋后的零星种植，实现了集群发展。2021年西峡县成功举办2020中国（河南·南阳）食用菌产业发展大会暨西峡香菇交易会，“西峡香菇”跻身首批《中欧地理标志协定》100个保护产品名录和河南省特色农产品优势区。被授予中国香菇价格形成中心、河南省食用菌产业协同创新基地、河南省中药材产业发展十强县，荣获南阳市“两藏两优”擂台赛第一名。

二　西峡县香菇产业园一二三产业融合发展现状

（一）现代化香菇产业格局形成

香菇产业园成立以来，通过对接大市场，壮大香菇加工、贮藏、购销龙头组织，着力打造“全链条、全循环、高质量、高效益”香菇产业集群，以双龙、丁河香菇市场和张仲景大厨房等为龙头，加快香菇城项目建设，提升香菇产业集群，大力推行“公司+基地+公司”的模式，提高香菇产业的组织化程度，使菇农由传统产业农民变为现代产业工人。近年来，西峡香菇产业不断发展壮大，在实现集中连片、规模发展方面取得了显著进展。同时，这一产业的上游与基地建设紧密相连，与市场中游构成紧密联系，向下游打造骨干龙头出口企业的目标也越来越明确。香菇产业内部呈现出产业链条完备、科技支撑强大、品牌效益明显、市场竞争有力等特点，形成了现代化的香菇产业格局。此外，这些香菇产品还具有内在品质优良的特点，深受消费者喜爱和认可。

在县领导的支持下，2021 年西峡已有香菇专业乡镇 15 个、专业村 140 个、标准化基地 198 处，标准化工作率达到 98%；吸引外部投资以及本地资本共成立香菇收购企业、门店 1000 多家，再加工企业 300 多家。截至 2019 年，全县有 2 万多农户种植香菇，直接或间接从事该行业的从业人员约 20 万人。仅香菇单产品年产值就接近 30 亿元，农民收入也从传统的劳作收入到如今的绝大多数收入来源于香菇产业。双龙市场年交易额达到 15 亿元，丁河香菇市场年交易额达到 40 亿元，西坪香菇市场年交易额达到 60 亿元。

2005~2019 年，西峡香菇自营出口额经历了惊人的增长：2005 年还不足 350 万美元，而到了 2019 年已达到 13.4 亿美元（见图 1），累计创汇达 66 亿美元。在全国香菇出口额中，西峡香菇占据了大约 30% 的市场份额，并且连续 7 年领跑河南农产品出口。尽管受疫情影响，2022 年西峡香菇及其制品出口依然领跑河南出口农产品，货值达 16.11 亿美元，同比增长 150%。这表明随着经济的发展和对品质的不断追求，西峡香菇已成为一个备受认可的行业品牌，同时也证实了香菇产业作为一项重要的农产品出口业务的潜力和前景。

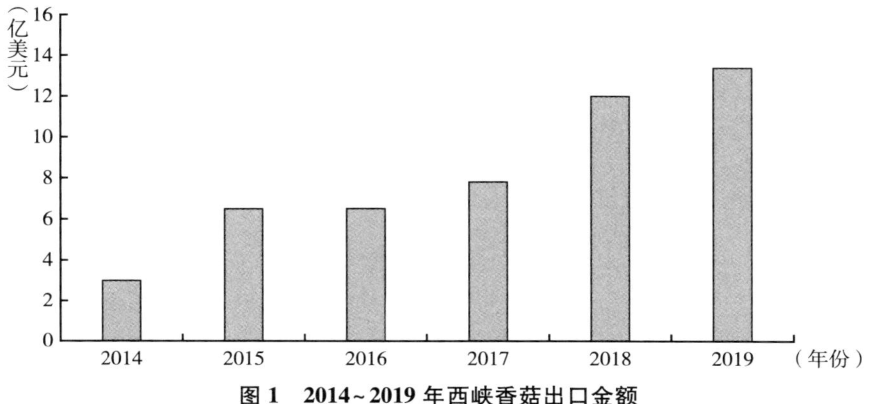

图 1　2014~2019 年西峡香菇出口金额

资料来源：中国食用菌协会。

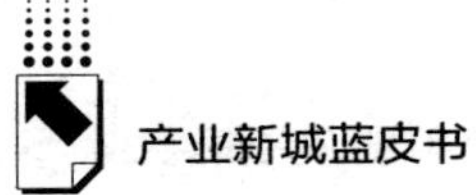

几年来，西峡香菇产业从单一的原菇产品为主不断扩展到如今包含香菇酱、香菇罐头在内的一系列衍生产品共同构成的香菇产业链，经过不断优化香菇产业各环节层次，整合各界资源，形成了如今成熟的“西峡方案”，真正实现了“西峡香菇甲天下”，走出了一条生态环保、产业融合、科技创新的大道。

作为中国食品土畜进出口商会命名的全国唯一的香菇标准化出口基地县，西峡县着力推进标准化建设，提升香菇品质。这些标准涵盖了绿色生产、加工、生鲜、干制等多个方面，并致力于将香菇产品推向国际市场。目前西峡县已经成为一个具有现代化生产技术和完善管理机制的标准化建设基地，西峡香菇在海外市场上的竞争能力逐步提高。西峡香菇被确定为中国国家地理标志保护产品，在日本、新加坡等国被默认为免检产品。同时“西峡方案”不断强化香菇产业链资源的融合发展，打造了一条涵盖种植、生产、加工、销售等多个环节的产业链。同时，西峡县更注重科技创新，并引进了先进的加工设备和技术，从而提高了生产效率和产品质量。以上因素共同推动了西峡香菇产业持续稳定地发展。

（二）三链同构促香菇产业高质量发展

西峡县积极探索菌果药旅产业发展之路，并通过打造百公里产业长廊的形式拉动香菇等农产品相关企业和合作社的发展。吸引香菇产品精深加工企业入驻，积极打造香菇产业集群，拉长产业链条。同时，培育一批科研教学、休闲观光等农业精品线路，推进“农业+研学”“农业+健康养生”“农业+休闲观光”等多业态融合，供应链、产业链、价值链同构，实现香菇一二三产业融合，为高质量发展注入“源头活水”。

2021 年，以废弃菌棒回收利用为目的，在西峡投产的宝能热电联产项目开始运行，带动香菇产业集群不断壮大，价值链、供应链、产业链互促共进，实现高质量发展。2021 年西峡工业实现产值 630.1 亿元，同比增长 18.87%。与此同时，西峡县在乡村振兴方面正努力打造产、学、研、游一体化的特色农旅小镇和乡村振兴产业园。为了实现这个目标，西峡县积极落实百城提质项目，总投资达 117. 83 亿元，并已完成 11 亿元的投资。在未来几年，西峡县将继续增强乡村振兴示范带建设，推动产业升级和农业现代化，促进城乡发展要素流通和城乡有机融合，构建由政府主导、市场运作、产业集聚、社会参与的新型乡村振兴格局。2022 年 5 月，在南阳市城乡一体化示范区规划 530 亩土地，仲景食品投资 15 亿元，建设仲景食品产业园项目。该项目计划分三期投资建设，一期工程计划总投资 6 亿元，建成后生产规模为年产 6000 万瓶香菇蚝油和 6000 万瓶调味酱。2023 年，西峡县已建成制棒厂 86 家，香菇专业乡镇 16 个、专业村 140 个、标准化基地 198 处，标准化生产率达到 98%以上，清洁化生产率达 80%以上，双龙镇香菇交易市场、丁河镇香菇交易市场、西坪镇豫鄂陕香菇汇三大交易市场年成交额突破百亿元。

（三）提高农民收入实现共同富裕

西峡香菇在不断扩大产业容量的同时，不断扩充就业空间。统筹县乡优势资源，推进毗邻村镇间全要素接轨，实现区域资源互补共享。按照“分工明确、布局合理”的原则，整合关联度高、发展相似产业，建立上下游生产、加工、销售、服务、流通链条闭环，打造西峡县“菌果药旅”四个百公里产业长廊。2022 年，全县先后开展 20 多次实用技术培训，累计培训脱贫群众 5000 余人次，在脱贫户和监测对象中已培养各类持证人才 949 人。其中，“菌果药”种植类技能人才 807 人、农村实用人才（食用菌生产工、农机驾驶员等）124 人、电子商务师等高技能人才 18 人。据统计，2021 年西峡“菌果药旅”四大特色产业已实施共建项目 710 个，覆盖 16 个乡镇，综合效益突破 300 亿元，惠及 20 万西峡群众，人均增收 5000 元以上。西峡县人民政府有关数据显示，2021 年，西峡县生产总值 283. 9 亿元，同比增长 8. 4%；农村居民人均纯收入 20539 元，同比增长 8. 5%。据统计，西峡县全县 47 万人有近 20 万人从事香菇种植、加工和购销，农民纯收入的 60%来自香菇产业。香菇产业成为农民增收和西峡县农村一二三产业融合的重要支柱，农民生活水平不断提高，促进了农村社会大局的稳定，也促进了社会的和谐。

2017 年西峡县农村居民人均可支配收入 15143 元，2021 年达到了 20539 元，5 年增长 36%，同时 2021 年收入中的 80%来自“菌果药”三大特色产业。与全国相比，虽然河南省农村居民人均可支配收入低于全国农村居民人均可支配收入，但是西峡县农村居民人均可支配收入却高于全国农村居民人均可支配收入（见表 1），说明西峡香菇产业带动农民收入方面成效喜人，为共同富裕作出了不可磨灭的贡献。

表 1　2017~2021 年农村居民人均可支配收入比较

单位：元

年份	西峡县农村居民人均可支配收入	河南省农村居民人均可支配收入	全国农村居民人均可支配收入
2017	15143	12719	13432
2018	16536	13831	14617
2019	17876	15164	16021
2020	18930	16108	17131
2021	20539	17533	18931

资料来源：根据《南阳统计年鉴》《河南统计年鉴》《中国统计年鉴》整理。

2023 年，西峡香菇又推出了组织联建、构建跨域合作新机制。坚持党建先行，在县、镇、村三级和“两新”组织中建立联合党组织，把支部建在产业链上，不断织密多层级、多主体、多形式的区域联动组织网，为区域融合发展、协同共治搭建桥梁。目前，结合县乡工作实际，在毗邻村镇间成立产业发展类联合党组织 61 个、工作攻坚类 23 个、专项服务类 8 个，党建“引擎”全面嵌入乡村振兴各项事业发展。

区域联动，打造跨域治理新模式。探索“全域党建+社会治理”模式，以全科网格化建设为牵引，推进以党建引领基层治理，形成了网格党建“一体化”、资源整合“一张网”、矛盾化解“一条龙”、指挥处置“一中心”的“四个一”基层治理模式，有效应对毗邻村镇间由地理环境、区域规划、人口结构等因素导致的复杂社会治理难题。2022 年以来，全县共领办道路照明、旧房改造、城市更新等民生实事 2016 个。

三　西峡香菇产业一二三产业融合存在的问题

（一）合作社未发挥应有的作用

依据西峡县食用菌办公室的数据，目前该县拥有 870 个香菇合作社，其中有 60%的从事香菇生产的农户已经加入了专业的香菇生产合作社，但在一些合作社中存在管理不善、组织无序、散乱等问题，导致生产流程和质量难以得到有效保障，往往只是流于形式。未能推广新技术和管理方法，也未能为农民提供有效帮助。这导致更高的成本和更低的收益，使合作社难以与大型企业竞争，无法为农民提供所需的支持，导致香菇生产停滞不前，香菇品质没有改善，使得香菇的市场价格下跌，并让许多农民陷入经济困境。加入这些合作社的农民往往因得不到支持而感到失望甚至退出。

首先，合作社未能有效发挥作用。目前，西峡县存在一大批无管理、无组织、散乱的食用菌专业生产合作社，香菇合作社只流于形式，合作社的无所作为直接影响了西峡香菇标准化生产，从而影响西峡香菇竞争力的提高。

其次，西峡香菇专业合作社惠及的农户很少。目前西峡香菇专业合作社有 870 家，注册资本在 1000 万元以上的有 57 家，仅占比 6.6%；注册资本在 500 万~1000 万元的有 11 家，占比 1.3%。大部分合作社规模比较小，合作社会员在 50 人以下，惠及农户少。可见，西峡县香菇专业合作社的特征是数量多、入会农户少，专业化程度较低，在许多情况下，合作社无法提供必要的资源和专业知识来帮助农民提高产量，这不但不能让香菇农户增加利润，反而背负着沉重的行政成本。由于合作社无法为农户提供必要的资金和技术支持，香菇品质低下、产量低下，许多农民放弃合作社系统，转而采用其他更有利可图的替代方案，导致香菇产业增长乏力。农民不得不依靠自己的资源和知识来进一步发展该行业，导致盈利能力和可持续性下降，香菇专业合作社不能发挥应有的作用。

（二）生态矛盾日益突现

香菇产业的发展需要牺牲部分林业资源，因为香菇是一种常见的食用菌，大多属于木腐菌类。生物学计算表明，传统上生产 1 吨香菇，要消耗 70 立方米的木材。即使西峡县森林覆盖率全省最高，达到 76.8%，也远远满足不了香菇生产的需要。同时由于出口香菇到国外需要无污染的木材资源，如日本、德国等国家都详细规定了生产香菇所需的木材，西峡县的森林资源远远落后于西峡香菇产业的发展。尤其是 1982～1997 年间，刚开始大力发展香菇事业，虽然成为全国最大椴木香菇生产基地，但环保意识不强，对森林资源进行无止境、大范围的随意砍伐。西峡县香菇产业的快速发展是以巨大的木材消耗为代价的，尤其是西峡县的椴木资源消耗更多，短短十年时间，椴木储量下降了 5 万立方米，从而造成西峡的自然资源受到了巨大的损害，水土流失严重，相伴而来的还有洪涝灾害、碎屑流等问题，严重损害了西峡人民的生命财产安全，即使随着我国对林业保护力度的加大，西峡县采取木材外调的方式，但随后不久，由于周围一些县市也在逐步限制林木资源的采伐，导致西峡香菇的木材供应不断减少，从而导致木材的价格上涨，也进一步提高了西峡香菇进行绿色生产的成本。

缺乏可持续发展的环境，必然导致西峡香菇生产的不健康发展，不健康的发展最终将成为阻碍西峡县经济增长的因素。作为我国南水北调中线工程的源头县，西峡县有着十分严格的环保要求。因此，西峡县香菇产业一二三产业融合发展不能以破坏环境和林木为代价，一定要克服与生态的矛盾，坚持可持续发展。

（三）香菇产品缺乏知名品牌

截至 2023 年 2 月，在西峡县注册的香菇生产加工企业有 890 家，其中，注册资本在 1000 万元以上的有 10 家，501 万～1000 万元的有 17 家，201 万～500 万元的有 47 家，101 万～200 万元的有 38 家，100 万元及以下的有 417 家。从成立时间看，1 年及以内的有 5 家，2～5 年的有 189 家，6～10 年的 84 家，11~15 年的有 27 家，15 年以上的有 1 家。可见，由于西峡香菇的快速发展，西峡香菇的生产加工企业近十年来发展迅猛。但是，由于缺乏品牌竞争力观念，西峡香菇缺少国内知名品牌。2017~2022 年国内香菇十大知名品牌中没有西峡香菇的身影。相比之下，如福建、黑龙江和四川等地虽然缺少香菇生产条件，但仍然上榜。同为生产大县的庆元县也上榜两家。由此可见，西峡香菇企业需要加强品牌建设，以提高其在市场上的竞争能力，避免落后于其他企业。

此外，西峡香菇企业的产品多数集中在初级加工环节，缺乏深度加工，像香菇调味品、香菇汽水、香菇肉松等深加工企业非常稀少，由于产品结构简单，产品科技含量和附加值较低，产业链环节较少，同时对西峡香菇地理标志品牌没有充分利用起来，没有品牌发展战略，无法满足消费者日益变化的需求，难以形成品牌优势。

四　西峡县香菇一二三产业融合建议

（一）强化组织推融合

随着质量兴农的深入推进，香菇市场的竞争日益激烈，西峡香菇除了关注质量、生产效率等方面的提高，还应积极完善投资社会服务组织，从而达到农业标准化、规模化水平和市场化程度的要求，提高效益，实现可持续发展，不断推进行业的高质量发展和健康发展。优化市场结构，对当地经济产生积极影响，创造更多的就业机会，这将有助于降低生产成本，提高农民的利润。

首先，要完善专业的合作组织，其可以协调农户之间的合作关系和市场销售，提供技术指导和科学管理方法，促进行业的可持续发展。2022 年，西峡香菇专业合作社达 870 家，但多数合作社服务不力，甚至徒有虚名，政府监管机构应当加强管理工作。同时，在注册过程中必须明确成立的目的和义务，食用菌办公室需要承担对接工作，组织各方面资源协调、规划香菇生产，研究中心做好技术培训工作，提高从业人员的技能水平，培养更多专业人才，提高香菇行业人员整体素质。香菇专业合作组织要明确权利和义务，要对合作社成员做好培训和辅助，做好标准化推广工作。加强风险防控，确保合作社可持续发展。加强成员之间的交流与合作，为乡村振兴提供必要的支持。

其次，要建立健全西峡信息服务体系。在信息化市场下，提高信息的对称性可以大幅度提升农产品的价值，有效提升西峡香菇在市场竞争中的优势以及效益。一是要由政府做好公共服务信息平台，公共服务信息平台由政府牵头，农业局、食用菌办公室与香菇协会紧密合作，共同开展信息发布工作。公共服务信息平台具有公共性和免费性，面向所有农户，提供及时、准确的农业生产信息。发布有关香菇种植、管理、市场行情等方面的资讯，帮助农户掌握最新动态，并设置在线客服系统，为农户提供更加及时和方便的咨询服务。二是由行业协会以香菇产业为核心构建民间香菇信息服务组织，为西峡香菇提供宣传、推广、信息发布等各种帮助。通过拓展市场、扩大销售渠道以及提高品牌效益，帮助农户实现增收，为整个行业的发展注入新的动力。三是通过引进私营咨询公司，利用其专业知识与技能，为香菇合作社、加工企业和政府机构制作行业发展报告，为政府未来规划提供参考，建立西峡香菇数据库，汇集各种试验成果、测试报告等为合作社提供更具前瞻性的市场营销策略。四是利用西峡县拥有全国最大的香菇交易市场和北方最完备的信息市场的优势，创建西峡香菇信息中心。借助市场信息，生产加工人员和企业可以加强对于农业生产和市场动态的了解和把握，及时调整生产和经营策略，保持竞争优势。

最后，要完善西峡香菇科技与推广服务体系。科技是第一生产力，构建好科技服务体系对于西峡香菇发展有重要意义。一是要依靠西峡香菇科学院，通过科学院前沿技术构建西峡香菇科技与推广服务体系，建立与各高校的联系与合作，针对香菇栽培等核心技术进行研究，提供先进的技术给农户，将科研成果转化为生产力。二是要充分利用西峡香菇产业合作社众多的优势，把合作社升级成能提供香菇科技服务的组织平台。做好西峡香菇产前、产中和产后的科技服务工作，在产前做好种菇材料配比工作，在产中确保香菇的生长发育，在产后做好香菇加工销售工作。三是健全农业推广站体系，巩固新技术和新菌种的推广，加强对香菇农户的指导，让他们更好地了解香菇栽培技术知识，这对提升香菇的生产效益、质量以及竞争力均有重大意义。

（二）搞好生态促融合

为贯彻“绿水青山就是金山银山”的理念，西峡香菇产业及一二三产业融合之路必须要坚持绿色发展的道路。一要继续落实香菇等使用菌用木材外调的政策，加强当地木材资源的保护和管理。二要寻找替代香菇菌木，开发更多速生林木作为香菇产业发展专用林木。三要建立工厂化制棒，提高培养养料的质量，提高香菇生存率，进而减少对森林资源的消耗。四要研究西峡香菇产业循环发展模式，走循环生态的发展之路。探索在不改变西峡香菇质量的情况下，将生产模式由传统使用木屑为原料的木腐菌生产转换为以秸秆等草腐菌为原料生产。五要加速研发与应用节木技术，提高香菇产业资源利用率，推动西峡香菇产业发展与生态环境保护相适应，实现一二三产业融合并走向可持续发展道路。

（三）打造品牌助融合

尽管西峡县被誉为全国最大的香菇生产基地和交易市场，然而西峡香菇的知名度较低，因此必须着手打造一个知名品牌。

一是做好香菇品牌形象的维护。第一，当地政府要利用西峡县作为中国最大香菇生产基地和交易市场的优势，可以打造西峡香菇节，并邀请全国知名农产品企业参展。此外，还可以邀请各地游客来体验西峡的香菇生产和采摘环节，在当地特产的包装上印上西峡香菇的品牌形象，提高西峡香菇品牌影响力。第二，积极参加农业农村部的“三品一标”活动、参与各类官方进行的农产品评选，借助平台提高西峡香菇品牌知名度，还要利用现代化媒体平台，开设官网、微博、微信等社交媒体宣传，做好西峡香菇品牌推广。

第三，利用西峡香菇技术输出优势，推广品牌并打造西峡生产技术模式。第四，构建品牌监控系统，及时发现品牌缺陷和问题，避免市场上的香菇假冒伪劣商标和山寨商标扰乱市场秩序。

二是打造西峡香菇知名品牌。尽管在中国香菇品牌排名中西峡香菇品牌始终未能进入前十，但西峡香菇仍有很大的发展潜力，打造西峡知名品牌企业，有利于提高西峡香菇市场竞争力，可以吸引更多消费者，推动当地香菇产业的可持续发展。可以从以下五个方面入手打造西峡香菇的知名品牌。第一，从质量入手，以质量提高竞争力，是西峡香菇生产加工企业确保品牌立足的根本。好的质量才能提高客户忠诚度和对品牌的信任度。第二，增强品牌意识，品牌效应可以增强消费者对品牌产品的认可度和忠诚度，带来更大的收益和商业利润，同时，还可以激发生产加工企业和经营者的积极性，驱动企业发展和提高竞争力。第三，促进西峡香菇产品类型呈现多样化，西峡香菇产品作为该区域最具代表性的农副产品之一，需要在多样化、同质化中保持一定的竞争力。其中，新品种和新产品的研发是提升竞争力和满足消费者需求的重要途径。要实现这个目标，必须充分挖掘市场需求，不断推陈出新，并强化产品营销策略，提高附加值和增加企业效益。第四，做好香菇品牌推广，通过传播和宣传，可以提高西峡香菇品牌的知名度和影响力，并营造良好的消费者体验。此外，在进行品牌推广时，需要综合考虑西峡香菇发展策略，不断优化品牌建设，打造出具有思想性、文化性、时尚性、实用性和智能性特点的品牌形象，以吸引更多的目标消费群体，促进西峡香菇的快速发展。第五，针对香菇生产加工业，政府需要制定相应的扶持政策，鼓励龙头企业快速发展，在生产条件上进行优化和改进。这些扶持包括资金支持、技术服务、政策倾斜等，以提升香菇生产加工企业的竞争实力和市场影响力。同时，政府也需要在土壤调查、温室建设、种植技术研发等方面提供更多支持，从而促进整个香菇生产加工行业向着高效、智能化、现代化方向迅速发展，提升生产效率和产品质量，满足消费者需求。

参考文献

刘丰华、吕玉花:《三产融合视角下西峡县香菇产业发展研究》,《农村经济与科技》2017 年第 15 期。

尹昌斌、李福夺、张英楠、尹彦舒:《农业生产“三品一标”的内涵、推进逻辑与实现路径》,《中国农业资源与区划》2021 年第 8 期。

王延涛、郭艳春:《浅析乡村振兴背景下农产品品牌战略》,《农业经济》2021 年第 5 期。

彭青秀、轩利芳:《乡村振兴背景下农村三产融合发展路径研究》,《郑州轻工业大学学报》(社会科学版)2023 年第 1 期。

李铜山:《论乡村振兴战略的政策底蕴》,《中州学刊》2017 年第 12 期。

Abstract

County economy, which includes both urban economy and rural economy, is an important part of national economy. High-quality development of county economy is the cornerstone of realizing high-quality development of national economy. After years of development, our country's county economy has become a whole strength, development level and momentum of development, in the construction of our country's economic development plays a fundamental role in the new pattern. In recent years, new industrial cities, including various industrial parks and development zones, have developed rapidly, the new industrial city can promote the high-quality development of county economy through various mechanisms, such as efficiency reform, energy conversion, structure optimization, factor gathering and so on. With the theme of "New industrial cities and high-quality development of county economy", this book objectively evaluates the current situation and trend of high-quality development of county economy in our country, this paper comprehensively summarizes the achievements and problems of the new industrial city in promoting the high-quality development of the county economy, and probes into the mechanism and paths of the new industrial city in promoting the high-quality development of the county economy, the paper also puts forward some countermeasures and suggestions to improve the quality of county economic development through the construction of new industrial city. This book is of great theoretical value and practical significance for promoting the construction of new industrial cities and the high-quality development of county economy.

This book is divided into four parts, structure and content as follows. The first part is the general report. The general report summarizes the development achievements of our county economy, Combs the constraints and challenges faced by the high-quality development of our county economy at present, and probes into the mechanism of the new industrial city to promote the high-quality development of our county economy, this paper sums up the paths of promoting the high-quality development of county economy by new industrial city, and advances some countermeasures and suggestions for promoting the high-quality development of county economy by new industrial city. The main challenges of high-quality development of county economy in our country are obvious regional disparity, insufficient support of key factors and low quality of industrial development. In order to promote the development level of new industrial city and give full play to its role in promoting the high-quality development of county economy, the construction of new industrial city at county level should focus on the following aspects: developing characteristic industries by utilizing the comparative advantages of county level, gather innovative factors to promote park innovation capacity, create industrial chain system to promote industrial transformation and upgrading, enhance park functions to promote brand management. The second part is about the development of county economy. Consisting of nine reports, this paper reports the status quo, problems and suggestions of the high-quality development of county economy from the aspects of county industry, county agriculture, county service industry, county finance industry, county tourism, County Digital Economy, county private economy, county characteristic industry cluster and commercial system construction. Industry development is the foundation of high-quality development of county economy, the foundation of county industry development is relatively weak, and the resource elements such as land, capital, technology and high-end talents are seriously insufficient, as a result, the development quality of county-level industry is not high, the degree of industrial agglomeration and the degree of integration of urban and rural industries are low, which restricts the high-quality development of county-level economy. It is necessary to promote the high-quality development of county economy by strengthening the support of resource factors, introducing high-end factors and promoting innovation ability.

The third part is the development of new industrial city. Consisting of seven reports, the paper reports the achievements, problems and suggestions of the new industrial city in promoting the innovation development, coordinated development, green development, shared development, open development, optimizing business environment, high-quality employment and undertaking industry transfer of the county economy. The new industrial cities can promote the high-quality development of the county economy through various ways: gathering innovative resources and factors to promote the innovative development of the county economy; We will promote coordinated development of the county-level economy; accelerate industrial and technological upgrading and promote green development of the county-level economy; strengthen international cooperation and promote the open development of the county-level economy; promote the development of the private economy and raise people's income, we will promote shared development of the county economy. The fourth part is the case. It consists of three reports, introducing three typical cases of new industrial cities promoting high-quality development of county economy. Case 1 introduces the development experience of the Taikang County industrial cluster in Henan province. Four leading industrial clusters, such as textile and clothing, boiler manufacturing, energy saving and environmental protection, food processing, have been formed in this industrial cluster area. The second case introduces the experience of promoting high-quality development of county economy in Zichang industrial park of Shaanxi Province. The park has increased the total amount of county economy, promoted industrial upgrading, created jobs, promoted the level of urban construction, and effectively promoted the high-quality development of county economy. Case 3 introduces the experiences of the county-level characteristic industries revitalized by the integrated development of the primary, secondary and tertiary industries in the Xixia County Mushroom Industrial Park of Henan province.

Keywords: New Industrial City; County Economy; Integration of Industry and City; High-quality Development

Contents

Ⅰ General Report

Abstract: County economy includes both urban economy and rural economy, which is an important part of the national economy. After years of development, our country's county economy as a whole strength, development level and momentum of development, in the construction of our country's economic development plays a fundamental role in the new pattern. However, the county economy of our country is facing many constraints and challenges, such as obvious regional disparity, insufficient support of key factors and low quality of industry development. In recent years, new industrial cities, including various industrial parks and development zones, have developed rapidly, the new industrial city can promote the high-quality development of county economy through various mechanisms, such as efficiency reform, energy conversion, structure optimization, factor gathering and so on. In order to promote the development level of new industrial city and give full play to its role in promoting the high-quality development of county economy, the development of new industrial city in county should focus on the following aspects: developing characteristic industry by utilizing the comparative advantage of county; Gather innovative factors to promote park innovation capacity, create industrial chain system to promote industrial transformation and upgrading, enhance park functions to promote brand management.

Keywords: New Industrial City; County Economy; Integration of Industry and City; High-quality Development

Ⅱ Reports on Development of County Economy

B.2 Report on High-quality Industrial Development in County

Li Guozheng, *Li Beilei* / 046

Abstract: The development of the economy cannot be separated from the development of industry, and the high-quality development of industry is the new requirement of the new era. The realization of high-quality development of county industry is of great significance to the development and progress of China's industry, but at present, the industrial development of each county in China is not the same. By describing the development profile of county industries in various regions, this paper finds that county industries specifically still face the problems of insufficient industrial configuration, innovation capacity and comprehensive competitiveness in the process of high-quality development, and in this direction, puts forward relevant suggestions in terms of increasing innovation investment, industrial upgrading and integration. At the same time, it is realized that digital technology has a sustainable role in the innovative development of the county's manufacturing industry, thus promoting the county's manufacturing industry to the middle and high end and enhancing the competitiveness of the county's high-quality industrial development.

Keywords: County Industry; Manufacturing Industry; Scientific and Technological Innovation; High-quality Development

Abstract: The key to the high-quality development of county agriculture is the popularization and use of new technologies. The application of blockchaintechnology in agriculture can profoundly change the means of production and management, and effectively promote the high-quality development of agriculture. "Blockchain + agricultural industry chain" is the realistic need of China's agricultural modernization. As the expansion of "Internet Plus", "blockchain +" has the characteristics of decentralization, information cannot be tampered with and peer-to-peer. The combination with agricultural industry chain can further release the productivity of industrial chain information, eliminate information asymmetry, and improve the organization's anti-risk ability. At present, the agricultural industry chain enabled by blockchain still faces difficulties in data collection, weak technical support and farmers' cognitive biases. Based on this, it can be solved by optimizing the data collection process, strengthening personnel training, increasing capital investment and eliminating the cognitive bias of farmers.

Keywords: Blockchain; Agricultural Industry Chain; Agricultural Modernization

Abstract: The service industry is not only the "ballast stone" to develop the national economy, but also the "booster" to promote the transformation and upgrading of traditional industries, and also the "incubator" to promote the accelerated growth of new economy and new kinetic energy. The high-quality development of county service industry will become an important engine to improve the resilience and vitality of county economy. At present, there are a series of problems in the development of county service industry. First, there is a big gap between the east and west of county service industry, and the head advantage is obvious. Second, County public service industry lags behind, and the gap with the city is obvious; Third, the development of county producer services industry is unbalanced and the level of development is low. Fourth, the scale of county consumption service industry is small, and product homogeneity is serious. The high-quality development of the service industry is affected by the following constraints: the support from county government is not enough; capital investment and financing channels are single; knowledge based talents drain seriously; radiative driving effect of urban agglomerations and metropolitan areas are insufficient. Therefore, this paper proposes the following high-quality development paths for county service industry: continuously optimize the soft environment for county service industry development; speed up the development of characteristic industries to build a solid foundation for the development of county service carriers; actively build a high-quality modern service industry system; construct a perfect service talent supply system; create a distinctive service brand with regional recognition.

Keywords: New IndustrialCity; County Economy; County Service Industry; High Quality Development; Service Brand

B.5 Report on High-Quality Development of Financial Industry in County

Abstract: As the core component of the modern economic system, finance is the power and engine to promote the high-quality development of county economy. County finance is of great significance to solve the problem of "agriculture, rural areas, and farmers" and achieve common prosperity. In the face of opportunities and challenges, the high-quality development of county financial industry can be achieved by strengthening the leadership and policy guidance of the government, improving the financial service system, improving the financial regulatory capacity, building a risk prevention mechanism, and innovating financial service products and models.

Keywords: County Finance; County Economy; Financial Service; Financial Supervision

Abstract: The high-quality development of county tourism is the only way to promote high-quality economic development. With the progress of society and the improvement of people's quality of life, traditional tourism can no longer meet people's needs, so it is necessary to vigorously promote the high-quality development of county tourism. Based on this, this paper explains the development status of county tourism from "scenic spot tourism" to "global tourism". However, at present, there are still unreasonable industrial structures in the county tourism industry, and the lack of in-depth excavation of cultural heritage. Practical problems such as imperfect infrastructure and weak awareness of ecological environmental protection. Therefore, it is necessary to achieve the high-quality development of county tourism from the aspects of optimizing the industrial structure, highlighting the local characteristics of the county's tourism and cultural industry, improving the supporting elements of tourism, and enhancing the awareness of environmental protection.

Keywords: County Domain; County Tourism; Global Tourism

Abstract: The report of the 20th National Congress of the Communist Party of China pointed out that it is crucial to promote digital economy and in-depth integration of digital and real economies. The size of digital economy keeps growing and extends to county economy. As the basic unit of the national economy and the link between urban and rural economies, the high-quality development of county digital economy is an important component of the development of the digital economy. The main issue is how to effectively analyze the development of the digital economy, leverage the power of digitization, and achieve high-quality development of the county digital economy. This paper analyzes the importance and present status of the high-quality development of county digital economy, and proposes some policy recommendations.

Keywords: Digital Economy; County Economy; Digital Empowerment

B.8 Report on High-quality Development of Private Economy in County

Liang Wenhua / 126

Abstract: County private economy is the basic unit of China's national economy, and county modernization is the basis of Chinese path to modernization, as well as an important starting point to comprehensively promote rural vitalization. In the new era, China's county-level private economy has made great achievements, but at the same time, its high-quality development is restricted by various internal and external factors. This report focuses on the high-quality development of the private economy in the county. Firstly, it gives a brief overview of the development process of the private economy in China, and explains the current situation of high-quality development of the private economy in the county in terms of development speed, development mode and contribution to the national economy. On this basis, it summarizes the main problems in high-quality development of the private economy in the county of China, concludes advices from the aspects of improving the internal management system, strengthening human resources development, improving the financing mechanism and building a policy support system. Countermeasures and suggestions are promoting to the high-quality development of China's county private economy.

Keywords: County Economy; Private Economy; Industrial Cluster

Abstract: With the sustainable and healthy development of economy and society, high-quality development has become the primary task to promote further economic development, including "building a new development pattern with domestic large circulation as the main body and domestic and international double circulation promoting each other" . Based on this pattern, new requirements are put forward for the development of characteristic industrial clusters in counties, namely to promote the high-quality development of industrial clusters. The development of industrial clusters has always maintained a good trend of positive growth, and the coordinated development of regions has become the basis for promoting the high-quality development of industrial clusters. However, with the continuous development of industrial clusters, a series of problems have emerged: weak innovation and development ability, unbalanced regional development, big pollution of industrial enterprises, low governance ability of the government. Based on the five development concepts of "innovation, coordination, green, openness and sharing", this report proposes corresponding solutions to the problems existing in the high-quality development of industrial clusters, including seven aspects: improving innovation ability, optimizing industrial layout, implementing sustainable development strategy, promoting open development and transforming government functions. In order to promote the county characteristic industry cluster of high quality development.

Keywords: County Economy; Industrial Cluster; Characteristic Industry; Characteristic Brand

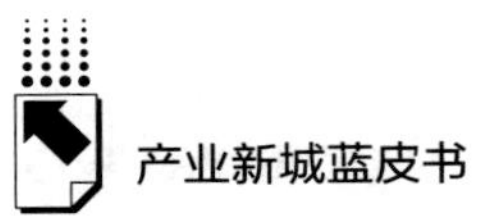

B.10 Report on Construction of High-quality Business System in County *Ran Jingfei* / 152

Abstract: The construction of countybusiness system is an important engine for the development of county economy and an important link in the implementation of the rural revitalization strategy. The construction of county business system is also the micro business basis for unblocking the international and domestic double circulation and establishing a unified domestic market. After years of development, China's county commercial system has greatly improved in terms of circulation scale and structure, quality and technology. However, there are still problems such as lack of planning for commercial development, imperfect circulation facilities, small circulation scale, unreasonable circulation structure, low level of circulation technology and disordered circulation order. These problems have seriously restricted the construction of China's Xianyushan industry system, It affects the circulation modernization level of county commerce in China. To solve these problems, we must do a good job in county commercial planning, strengthen the construction of county circulation infrastructure, introduce large circulation enterprises, enrich county commercial formats, improve the level of county circulation technology, and standardize county circulation order.

Keywords: County Economy; County Business System; Commercial Layout

Ⅲ Reports on Development of New Industrial City

B.11 New Industrial City and Innovative Development of County Economy *Liu Ke*, *Chi Mengmeng* / 169

Abstract: Counties are the basic units of urban and rural integration and an important entry point for rural revitalization. In the historical process of building a socialist modern country with high quality, county economy has a pivotal strategic position. However, due to the differences in resource endowment, industrial base, location and other aspects, the problem of unbalanced and inadequate county economic development has become increasingly prominent. Only by firmly implementing the innovation-driven strategy and promoting the high-quality development of county economy can we effectively solve the problem of unbalanced and inadequate development of county economy, accelerate the integrated development of urban and rural areas, and accelerate the modernization process. As a new urbanization mode with both urban and industrial functions, new industrial city adds new impetus to the innovative development of county economy by developing modern industries, gathering high-quality talents and urban commerce, cultivating, upgrading and innovating regional industrial chain, and optimizing regional industrial structure.

Keywords: County Economy; New Industrial City; Urban-rural Integration; New Urbanization

Abstract: New industrial city is a new form and mode of urban comprehensive development, and its main symbol is "integration of industry and city". It is an important spatial aggregation form of county economic development, industrial adjustment and upgrading. It gathers innovative resources, nurtures emerging industries, promotes urbanization construction, industrial structure evolution and agglomeration economic effect. It can play a key role in promoting the development and construction of county economy. Starting from the interaction between new industrial city and county economy and the contradiction between them, this paper explores the optimization countermeasures for the coordinated development of new industrial city and county economy, and provides decision-making reference for promoting the high-quality coordinated development of new industrial city and county economy.

Keywords: New Industrial city; County Economy; Integration of Industry and City

B.13 Green Development of New Industrial City and County Economy *Xue Long* / 196

Abstract: New industrial city and county economy occupy an important positionin China's economic and social development, and promoting the economic development of new industrial city and county is the basic work to promote the overall economic and social development of China. However, some new industrial cities and counties have gradually exposed some environmental problems while focusing on economic development. Promoting the green development of the new industrial city and county economy is an effective way to improve the economic development environment of China's new industrial city and county. Therefore, this paper will put forward corresponding countermeasures and suggestions around the current situation and existing shortcomings of the green development of the new industrial city and county economy, hoping to provide reference for China's economic and social development.

Keywords: New Industrial City; County Economy; Green Development; Integration of Industry and City

B.14 New Industrial City and Sharing Economy Development in County *Li Li* / 209

Abstract: The shared economy development of new industrial city and county economy is the logical necessity of urban-rural integration and the only way to build a powerful modern socialist country. Based on the concept of shared development, new industrial citys and counties in the new era not only focus on regional advantages and county characteristics to jointly build industrial development, but also create high-quality shared public services to improve people's livelihood. However, the shared economy development is still face with the dilemma of the convergence of industrial structure and the sustainable development of characteristic resources at present, and the contradiction of the large gap in public service. This paper puts forward measures to realize the shared economy development of new industrial city and county. We should transform and upgrade the industrial structure, optimize the development mode of characteristic industries and improve the sharing mechanism of social security. At the same time, it should vigorously promote the balanced sharing of educational resources, promote the sharing of public cultural services and talents, so as to provide reference for promoting high-quality development.

Keywords: New Industrial City; County Economy; Shared Development

Abstract: In the context of new urbanization with the county as an important carrier, creating a good business environment in the county is an effective booster for regional economic development and an important grasp for promoting the high-quality development of industrial new cities. Starting from the background of optimizing the business environment, this paper analyses the current dilemma and proposes countermeasures to promote good interaction between industrial new cities and the business environment in four aspects: governmental environment, market environment, factor environment and rule of law environment, with the aim of stimulating the economic vitality of the county and providing support for accelerating the new urbanization and rural revitalization centered on the county.

Keywords: County Economy; New Industrial City; Business Environment

B.16 New Industrial City and High-quality Employment in County

Song Yongchao / 234

Abstract: The construction of new industrial city is a powerful driving force for the economic and social development at county level, and the development of new industrial city plays an important role in promoting high-quality employment at county level. At present, under the background of great employment pressure in China, the development of new industrial city will strengthen the development level of county economy, enhance the attraction of talents, and realize the two-way positive interaction between talents introduction and county development. However, there are some deficiencies in the construction of infrastructure and public service, industrial structure, talent introduction policy, employment service platform, etc. , we will thoroughly implement the new urbanization strategy and promote economic and social development and high-quality employment at the county level.

Keywords: New Industrial City; County Economy; Urban and Rural Co-ordination; Employment

B.17 New Industrial City and High-Quality Undertaking Industrial Transfer in County

Li Hanna / 246

Abstract: Under the strategic guidance of building a new development pattern, counties, as the strategic hinterland of the domestic cycle, usher in new opportunities to undertake industrial transfers, extend chains, supplement chains, and strengthen chains. As a platform for my country's counties to undertake industrial transfers, the new industrial city is based on the local industrial base and resource endowment characteristics, clarifying the direction of industrial undertaking and development, drawing a map of investment attraction for leading industries, and accurately undertaking the "local characteristics" of becoming bigger and stronger. The development model of the new industrial city not only provides a good environment for the imported industries, but also integrates resources in the county, combines undertaking transfer with transformation and upgrading, highlights superior leadership and cluster drive, and continuously develops and strengthens the characteristic industries in the local.

Keywords: New Industrial City; County Economy; Industrial Transfer

Ⅳ Case Study

B.18 High-quality Development of Taikang Industrial Park

Zhou Xiaodong / 258

Abstract: It is a realistic problem for the central provinces to explore a way of modernization in the tide of economic development in traditional agricultural counties. Taikang County's industrial clusters have grown from scratch, from weak to strong, forming advantageous industries such as equipment manufacturing, textile processing, energy conservation and environmental protection. At the same time, it promotes the integration of industry and city, and forms the development pattern of benign interaction between industrialization and urbanization. Under the situation of increasingly fierce regional competition, the pressure and challenges it bears are also increasing day by day, it is also faced with the problems of the shortage of land resources, the upgrading of industrial structure and the difficult business environment to meet the changes of market demand. Focusing on the goal of high-quality development of the county economy, Taikang County's industrial clusters should focus on three fundamental issues: development direction, incentive and constraint mechanism, and resource guarantee.

Keywords: County Economy; Industrial Cluster; Business Environment; Taikang County

B.19 Zichang Industrial Park Promoting High-quality Development of County Economy

Chen Yu, Li Jinyu / 270

Abstract: The high-quality development of county economy is an important engine for national economic development. The development of New Industrial Town is an important means to promote the prosperity of countyindustry and promote the high-quality development of county economy. Taking Zichang Industrial Park as an example, based on the high-quality development of county economy, this paper introduces the general situation and development goals of Zichang Industrial Park, and analyzes the path of promoting county economy development in detail. Zichang City uses industrial parks as the main carrier and important platform for the development of the city's industrial economy, producing good benefits in terms of increasing economic aggregate, industrial upgrading, medical security, creating jobs, promoting urban construction and promoting the high-quality development of the county economy. Finally, it is pointed out that the New Industrial Town needs to define the industry, increase investment, innovate the development mode, optimize the industrial structure, and promote the high-quality development of the county economy.

Keywords: New Industrial City; County Economy; Industrial Park; Zichang County

B.20 Industrial Integration in Xixia Mushroom Industrial Park Promoting Revitalization of County-level Characteristic Industries

Peng Qingxiu, Zhang Shipeng / 281

Abstract: Promoting the integration of rural three industries is one of the important measures to promote thestructural reform of agricultural supply side. It is the necessary way to implement the rural revitalization strategy and promote urban-rural integration. It is also an important way to improve agricultural quality, boost rural prosperity and increase farmers' income. Taking Xixia Mushroom Industrial Park as an example, this paper introduces the general situation and development status of Xixia Mushroom Industrial Park in detail. Based on the analysis of the integration of three industries in Xixia Mushroom Industrial Park, the shortcomings of Xixia Mushroom Industrial Park were analyzed, and on this basis, three suggestions were put forward, one was to strengthen the organization and promote integration, the other was to do a good job in ecology and promote integration, and the third was to build brands to help integration.

Keywords: Industrial Integration; Rural Revitalization; Industrial Clusters; Xixia County

皮 书

智库成果出版与传播平台

✤ 皮书定义 ✤

皮书是对中国与世界发展状况和热点问题进行年度监测，以专业的角度、专家的视野和实证研究方法，针对某一领域或区域现状与发展态势展开分析和预测，具备前沿性、原创性、实证性、连续性、时效性等特点的公开出版物，由一系列权威研究报告组成。

✤ 皮书作者 ✤

皮书系列报告作者以国内外一流研究机构、知名高校等重点智库的研究人员为主，多为相关领域一流专家学者，他们的观点代表了当下学界对中国与世界的现实和未来最高水平的解读与分析。截至 2022 年底，皮书研创机构逾千家，报告作者累计超过 10 万人。

✤ 皮书荣誉 ✤

皮书作为中国社会科学院基础理论研究与应用对策研究融合发展的代表性成果，不仅是哲学社会科学工作者服务中国特色社会主义现代化建设的重要成果，更是助力中国特色新型智库建设、构建中国特色哲学社会科学“三大体系”的重要平台。皮书系列先后被列入“十二五”“十三五”“十四五”时期国家重点出版物出版专项规划项目；2013~2023 年，重点皮书列入中国社会科学院国家哲学社会科学创新工程项目。

权威报告·连续出版·独家资源

皮书数据库

ANNUAL REPORT(YEARBOOK) DATABASE

分析解读当下中国发展变迁的高端智库平台

所获荣誉

- 2020年，入选全国新闻出版深度融合发展创新案例
- 2019年，入选国家新闻出版署数字出版精品遴选推荐计划
- 2016年，入选“十三五”国家重点电子出版物出版规划骨干工程
- 2013年，荣获“中国出版政府奖·网络出版物奖”提名奖
- 连续多年荣获中国数字出版博览会“数字出版·优秀品牌”奖

皮书数据库

“社科数托邦”
微信公众号

成为用户

登录网址www.pishu.com.cn访问皮书数据库网站或下载皮书数据库APP，通过手机号码验证或邮箱验证即可成为皮书数据库用户。

用户福利

- 已注册用户购书后可免费获赠100元皮书数据库充值卡。刮开充值卡涂层获取充值密码，登录并进入“会员中心”—“在线充值”—“充值卡充值”，充值成功即可购买和查看数据库内容。
- 用户福利最终解释权归社会科学文献出版社所有。

数据库服务热线：400-008-6695
数据库服务QQ：2475522410
数据库服务邮箱：database@ssap.cn
图书销售热线：010-59367070/7028
图书服务QQ：1265056568
图书服务邮箱：duzhe@ssap.cn

社会科学文献出版社 皮书系列
SOCIAL SCIENCES ACADEMIC PRESS (CHINA)
卡号：782442629986
密码：

S 基本子库
SUB DATABASE

中国社会发展数据库（下设 12 个专题子库）

紧扣人口、政治、外交、法律、教育、医疗卫生、资源环境等 12 个社会发展领域的前沿和热点，全面整合专业著作、智库报告、学术资讯、调研数据等类型资源，帮助用户追踪中国社会发展动态、研究社会发展战略与政策、了解社会热点问题、分析社会发展趋势。

中国经济发展数据库（下设 12 专题子库）

内容涵盖宏观经济、产业经济、工业经济、农业经济、财政金融、房地产经济、城市经济、商业贸易等12个重点经济领域，为把握经济运行态势、洞察经济发展规律、研判经济发展趋势、进行经济调控决策提供参考和依据。

中国行业发展数据库（下设 17 个专题子库）

以中国国民经济行业分类为依据，覆盖金融业、旅游业、交通运输业、能源矿产业、制造业等 100 多个行业，跟踪分析国民经济相关行业市场运行状况和政策导向，汇集行业发展前沿资讯，为投资、从业及各种经济决策提供理论支撑和实践指导。

中国区域发展数据库（下设 4 个专题子库）

对中国特定区域内的经济、社会、文化等领域现状与发展情况进行深度分析和预测，涉及省级行政区、城市群、城市、农村等不同维度，研究层级至县及县以下行政区，为学者研究地方经济社会宏观态势、经验模式、发展案例提供支撑，为地方政府决策提供参考。

中国文化传媒数据库（下设 18 个专题子库）

内容覆盖文化产业、新闻传播、电影娱乐、文学艺术、群众文化、图书情报等 18 个重点研究领域，聚焦文化传媒领域发展前沿、热点话题、行业实践，服务用户的教学科研、文化投资、企业规划等需要。

世界经济与国际关系数据库（下设 6 个专题子库）

整合世界经济、国际政治、世界文化与科技、全球性问题、国际组织与国际法、区域研究 6 大领域研究成果，对世界经济形势、国际形势进行连续性深度分析，对年度热点问题进行专题解读，为研判全球发展趋势提供事实和数据支持。

法律声明